Guerrier de la paix

Alexandre **GOODARZY**

Guerrier de la PAIX

Irak, Syrie, Jordanie, Éthiopie, Arménie, Pakistan : un volontaire aux côtés des chrétiens menacés

éditions du
ROCHER

Photographies du cahier hors texte :
© SOS Chrétiens d'Orient - DR.

Éditions du Rocher
28, rue Comte-Félix-Gastaldi - BP 521 - 98015 Monaco

www.editionsdurocher.fr

ISBN : 978-2-268-10516-1
EAN Epub : 9782268105390

« Je connais ta conduite ;
tu passes pour vivant, mais tu es mort. Réveille-toi,
ranime ce qui te reste de vie défaillante ! »

Apocalypse 3,1

« Tu n'es ni froid ni chaud [...] Ainsi, puisque te voilà tiède,
ni chaud ni froid, je vais te vomir de ma bouche. »

Apocalypse 3,15-16

À ma femme, Fimy, et à mon fils, Joseph.

1

Kidnappés !

Par le hublot, je distingue la capitale irakienne. Un fouillis de maisons, d'immeubles et de mosquées. Le ciel est clair. Il fait beau en cette fin du mois de janvier.

J'avais quitté la maison à 6 heures du matin, donné un dernier baiser à mon fils et à ma femme tandis que Wael, mon adjoint, m'attendait dehors, moteur tournant. Damas était encore en train de se réveiller. Wael m'avait accompagné tandis que je passais les derniers check-points. La déroute de l'État islamique d'abord, puis d'Al-Nosra ensuite, avait un peu éclairci la situation dans tout le pays. La face hilare, Wael m'avait embrassé avant de me lancer un dernier *Allah maak* (« Que Dieu soit avec toi ») avant de reprendre le volant.

Dans l'aéroport, le vol Damas-Bagdad était à l'heure. Les passagers, nombreux, étaient des Irakiens pour la plupart, réfugiés en Syrie depuis l'invasion américaine de 2003 et qui vivaient dans le quartier de Jaramānah. Parmi eux, je reconnaissais des pèlerins venus visiter le sanctuaire chiite de Saidet Zeinab au sud-ouest de la capitale, la mosquée de Roqiye et le tombeau de Hossein, dans la mosquée des Omeyyades du Vieux-Damas.

Le vol est court. À peine deux heures. Lorsque nous atterrissons à Bagdad, il est 11 heures. À la douane, quasi vide comme l'aéroport, je présente l'invitation de l'évêché arménien catholique. Je suis en Irak afin de participer à un projet de pèlerinage aux côtés des chrétiens et des chiites dans le sud du pays.

En Orient, si les facteurs de divisions étaient multiples étant donné l'hétérogénéité des populations qui composaient la région, de nombreux responsables politiques et ecclésiastiques mettaient en œuvre des projets communs pour rapprocher les différentes communautés d'un même peuple. Dans le but de maintenir une unité nationale largement fragilisée, surtout dans un contexte de guerre, il n'était pas rare que les représentants des différentes religions se retrouvent lors de célébrations importantes. Ainsi, des hauts dignitaires de l'islam venaient saluer les chrétiens à Noël ou à Pâques. Réciproquement, les chrétiens rendaient visite aux musulmans lors de la fête de l'Aïd. Chez les chiites, immensément plus présents en Irak qu'en Syrie, les chrétiens assistaient aussi à la commémoration du martyre de Hossein lors d'Ashoura. Une grande marche était organisée pour Arbaeen – le quarantième jour de deuil –; le pèlerinage partait de Najaf, où se trouvait le tombeau de l'imam Ali, pour rejoindre Kerbala, qui abritait ceux de Hossein et d'Abou al-Fazl.

Il fallait trois jours pour parcourir cent kilomètres, l'équivalent de Paris-Chartres pour nous autres, catholiques. Nous voulions soutenir les Irakiens dans leur « vivre ensemble ». Un réel défi qui durait depuis mille quatre cents ans et dont dépendait la survie des chrétiens…

L'aéroport est dangereux, il ne faut pas faire confiance aux chauffeurs de taxis bien souvent impliqués dans des affaires d'enlèvements ! Je vois mon nom inscrit sur une feuille de papier A4 entre les mains d'un homme âgé d'une cinquantaine d'années, trapu, cheveux et moustache grisonnants, de taille moyenne. Il s'agit de mon chauffeur, son signalement correspond à celui donné par mes collègues déjà sur place qui me l'avaient envoyé.

Nous sommes le 20 janvier 2020. Cela fait dix-sept jours que Qassem Souleymani, le commandant de l'unité d'élite du corps des Gardiens de la révolution islamique en Iran, ainsi que son premier lieutenant irakien, Abou Mahdi al-Muhandes, ont été tués par une attaque de drone étasunien sur la route de l'aéroport. Nous avons un programme chargé. Une liste de visites dans les différents évêchés de la ville, à commencer par celui des Arméniens catholiques.

Je retrouve Julien, chef de mission Irak, venu d'Erbil dans la nuit avec Tarek, dit Abou Dany, son interprète et conseiller, ainsi qu'Antoine, notre directeur adjoint des opérations, responsable Sécurité-Sûreté, arrivé de Paris à quelques heures d'intervalle. Ils terminent leur visite à l'évêché syriaque catholique où notre association a construit une école quelques années plus tôt.

— Il y a des grosses manifs prévues dans tout Bagdad à partir de cet après-midi.

J'acquiesce. Depuis qu'un drone a pulvérisé le 3 janvier dernier le numéro 2 iranien, la capitale est en ébullition. Des manifs anti-américaines se déroulent au quotidien, rendant délétère le climat pour les étrangers.

Quarante ans que le pays est en guerre dont vingt de chaos bien enraciné en Irak. La guerre Iran-Irak de 1980 à 1988, suivie par l'invasion du Koweït par Saddam Hussein en août 1990, avait précipité l'Irak dans un enfer sans fin. Il y avait eu la première guerre du golfe, puis la deuxième en 2003 avec l'occupation de Bagdad, la mort de Saddam, la résistance irakienne contre l'envahisseur, Al-Qaïda et les assassinats, puis Daech dès 2014 et la chute de Mossoul entraînant sa fin, et une guerre entre chiites et sunnites qui durait depuis de longues années. Aujourd'hui, l'Irak entame sa quarantième année de guerre.

Une fois installés dans un restaurant dont les tables sont disposées sur le trottoir au soleil, nous faisons le point. Les chances de voir la route de l'aéroport de Bagdad bloquée sont très grandes, explique Antoine. Je suis d'accord. Il vaut mieux écourter notre séjour et modifier les dates retour de nos vols sur Iraqi Airways juste après avoir déjeuné. Dans l'agence de voyage, l'employé prend son temps pour changer nos billets. Dehors, nous entendons quelques rares voitures passer. Enfin sortis de l'agence, nous hélons un taxi.

Il nous faut vite rejoindre notre premier rendez-vous. Nous passons d'abord devant l'ambassade de France, puis la voiture dépasse le rond-point sur lequel est écrit en grosses lettres de couleurs « I LOVE KARADA ». Alors que nous roulons depuis quelques minutes, un gros GMC blanc lance la sirène afin de nous dépasser.

Je ne me rends pas vraiment compte de ce qu'il se passe sur le moment. Une intersection se profile à notre droite. Le véhicule nous double à vive allure, nous coupe la route et force le passage afin de s'y engager. Le gros GMC vient de piler juste devant nous, empêchant notre avancée. Impossible de continuer ni de tourner à droite.

Soudain un GMC identique vient se coller à l'arrière de notre voiture. Nous sommes bloqués. Plusieurs hommes jaillissent des portières. Les types sont costauds et bien énervés. Merde ! C'est la police qui veut nous contrôler, je marmonne entre mes dents. Contrôle musclé ! Vêtus de t-shirts et de gilets de combat noirs, les têtes recouvertes de cagoules, les hommes encerclent notre taxi. L'un d'entre eux tape à la fenêtre avant avec le canon de son arme. Abou Dany, directement visé, n'ouvre pas tout de suite. Ça commence à gueuler. Les types s'impatientent. Certains tapent sur le capot en criant. Abou Dany sort enfin et se retrouve poussé vers le GMC devant nous. Je l'entends crier, puis plus rien. Un homme s'escrime à ouvrir la portière arrière gauche, de mon côté.

La plupart des taxis ont la portière scellée de ce côté-là. Les clients sortent généralement du côté du trottoir, pour plus de sécurité. L'homme a compris et abandonne pour faire rapidement le tour de la voiture.

Je m'aperçois que la porte arrière droite est déjà ouverte et qu'Antoine a disparu. Mon cœur bat. Julien, le chauffeur et moi sommes toujours à l'intérieur. Julien sort du véhicule de lui-même, le canon d'un fusil d'assaut pointé dans sa direction et je le vois se faire mener en direction de la voiture où est déjà monté Abou Dany. Un court instant de silence dans ma tête, comme si je devenais sourd.

Ces ombres qui ont arraché mes amis du véhicule dans lequel nous étions tous assis il y a encore quelques secondes ne me sont désormais plus perceptibles. Les deux portières sont encore ouvertes, j'appréhende le moment où ils vont revenir pour me prendre à mon tour !

Notre chauffeur semble ailleurs. Nonchalamment accoudé sur son volant, il a l'air de se foutre de ce qui se passe. Je lui crie :

— Vas-y, démarre !

Il ne tourne même pas la tête.

— Dehors, qu'on en finisse, marmonne-t-il en indiquant la porte ouverte d'un geste de la main.

Encore assis au fond du taxi, j'espère un instant que ces types m'ont oublié. Je comprends vite que non.

Un petit homme trapu et assez gros m'intime de sortir d'un ton sec. À peine suis-je dehors qu'il m'empoigne par le bras et me pousse vers le véhicule garé derrière nous. Arrivé à hauteur de la porte arrière, je vois Antoine, la tête penchée en avant, les mains dans le dos ; son visage se tourne vers le mien et en dit long. Dès ce moment, les expressions d'Antoine vont être mon baromètre du malheur durant tout ce qui va suivre.

Une main me force à m'asseoir à côté de lui. Tout va très vite. Antoine et moi sommes coincés entre deux marmules qui font deux fois notre poids et notre corpulence. Nous sommes quatre à l'arrière de ce GMC, Antoine et moi partageons une place pour deux. Il est assis sur le rebord du siège, sa tête dépasse presque entre les deux fauteuils de devant, tandis que je suis allongé latéralement derrière lui. Les voitures démarrent en trombe et roulent à toute allure.

Des tapes sur la tête nous font comprendre que nous ne sommes pas autorisés à observer le trajet emprunté tandis que des mains commencent à nous fouiller les poches pour en extraire téléphone et papiers. Je me sens comme violé.

— Mobile ? Mobile ? Mobile ? GPS ? GPS ? GPS ?

Ça ne s'arrête pas. Les mains arrivent de devant, de ma gauche, de ma droite, elles prennent tout ce qu'elles peuvent trouver.

Je redeviens sourd. Je prends conscience que notre enlèvement est en cours, que mes ravisseurs sont en train de me demander de leur remettre tout ce qui va les aider à m'ôter tout espoir d'être retrouvé ! Mon visage se crispe. Je voudrais crier, mais rien ne sort. Les mains semblent avoir une vie autonome. « Dieu ! Sauve-moi ! »

Mes deux passeports et un de mes téléphones disparaissent. Tandis qu'ils les feuillettent, ils me demandent ce que je fais ici. Ils ne parlent pas, ils crient. On sent bien qu'ils ne font pas ça pour la première fois. Je me sens faible et comme une proie entre les griffes de prédateurs. Je me demande juste désormais comment je vais être mangé. Vont-ils me dévorer ou bien me déguster ? Ma mort sera-t-elle rapide ou bien lente ? J'ai envie de pleurer, mais même si j'avais essayé, mes larmes n'auraient pas coulé. Pas le temps pour ça ! Il faut penser, se concentrer ! Un instinct de survie se développe malgré moi, je suis docile. Tous mes sens sont en alerte. Je ne cherche pas à résister ni à montrer que je suis plus fort. J'écoute ce qui se dit, je comprends leurs échanges en arabe et je n'entends encore rien d'inquiétant. Ils s'interrogent à notre sujet.

Tout se bouscule dans ma tête, des milliers de questions me taraudent. Qui sont-ils ? Travaillent-ils pour le gouvernement ? Sont-ils sunnites ou chiites ? S'ils sont chiites, appartiennent-ils au gouvernement ou bien sont-ils de ces milices incontrôlables qui n'agissent que pour leur compte ? Sont-ils connectés à l'Iran voisin ? Qui les envoie ? Je prie pour qu'ils ne soient pas sunnites ! Jusqu'ici, je ne les entends pas crier frénétiquement *Allah Akbar* et je n'entends rien de religieux !

Leurs motifs sont sûrement politico-crapuleux, je doute que ce soit idéologique ou religieux. Je ne comprends rien quand ils me posent leurs questions. Mes yeux sont obstrués par la cagoule que mon voisin de droite a mise sur le sommet de ma tête. Mes yeux sont recouverts, mais pas ma bouche. Dans un anglais approximatif, ils demandent pourquoi je suis là. Je réponds que nous étions en train de nous rendre à l'évêché arménien catholique pour rencontrer l'administrateur Joseph Zabara. Mon anglais est cassé volontairement afin de le leur rendre compréhensible. Ils me répondent :

— *Arman ! Ente Arman ? You Armanian ?*

— *No, I am french.*

— *Ah, french ! It's good !*

Ils n'en finissent pas de tourner les pages de mes passeports. Ils regardent les visas sur toutes les pages en continuant de hurler :

— GPS ? GPS ? Mobile ? Mobile ?

De peur qu'ils trouvent mon deuxième téléphone eux-mêmes un peu plus tard, sans ouvrir la bouche je fais signe avec mon doigt en désignant la poche intérieure gauche de mon cuir.

Le gars s'empresse de s'y engouffrer et me lance, énervé, en arabe :

— Et c'est maintenant que tu le dis !

Je ne réponds pas, je ne suis à la limite même pas censé savoir que ça m'est adressé ! Les gars continuent d'échanger entre eux, Antoine est penché en avant, juste à côté de moi, je ne l'entends pas ou très peu. Lui aussi répond aux questions qui lui sont lancées furtivement.

Chacun est concentré sur son interrogatoire improvisé mêlé au brouhaha généré par l'excitation et les échanges fusant de l'un et l'autre d'un bout à l'autre du véhicule. La voiture continue de rouler à vive allure. Nous suivons le GMC dans lequel sont retenus Julien et Abou Dany. Notre conducteur semble ne pas vouloir le perdre d'un mètre. Il les colle, empêchant toute voiture de se glisser entre nous et les autres.

Pour se frayer un passage dans le trafic de Bagdad, la conduite nerveuse et agressive de nos ravisseurs se double de coups de sirène, de klaxons. Leurs visages cagoulés aux regards noirs dépassant des fenêtres à moitié ouvertes finissent de simplifier les choses !

Le véhicule de devant fend la circulation en deux et, à hauteur d'un carrefour, évite de justesse une voiture arrivant sur sa droite. Nous arrivons juste derrière et c'est finalement nous qui la percutons.

La cagoule qui me recouvre la tête, mal mise, me permet de voir à travers. Le conducteur du véhicule endommagé a compris à qui il avait affaire. Je peux distinguer à travers les mailles l'expression de son visage : il n'a pas intérêt à réclamer un constat ! Les deux voitures ont repris leur course et sortent peu à peu de la capitale. Toujours mes passeports à la main, mon voisin en riant me dit :

— *Houti ? Ente Houti ?!*

Houti, Houti ! Comme si j'avais une tête de Yéménite !

Même si je dois me concentrer pour obtenir cette réponse, je reste lucide. Il y a peu de chances pour que des islamistes proches de l'État islamique opèrent en plein cœur de Bagdad ! Mes mains sont posées sur mes jambes. Subitement celle de mon voisin de droite se plaque dessus comme pour les empêcher de se sauver !

Il ouvre ma main gauche, la saisit fermement et retire mon alliance pour l'enfiler délicatement sur son annulaire. Pendant que son voisin se décide à ligoter mes mains dans le dos à l'aide d'un câble, je le vois admirer sa nouvelle prise de guerre en regardant ses doigts qu'il plie et qu'il allonge comme pour bien fixer l'anneau et en tester le confort. C'est à ce moment que je vois à son majeur une grosse bague dont la couronne est argentée, mais dont la pierre est proéminente et noire.

Cela confirme ce que je pensais. Des chiites. Nous avons peut-être une chance de survivre. Mais je veux en être sûr ! Car s'il s'agit de chiites autonomes, ne répondant ni à l'État irakien ni à l'État iranien voisin, alors rien ne les empêche de nous vendre à Daech. Leurs méthodes semblent crapuleuses et je ne crois pas à des gars du gouvernement. Je ne pense plus qu'à ça. Je n'ai pas très envie de mourir. Du moins pas aujourd'hui...

Nous nous éloignons de Bagdad de plus en plus. Le trajet semble interminable.

Tout n'est plus que ténèbres dans mon esprit. Mon alliance arrachée, c'est comme s'ils me privaient de ma femme. Je sens la moitié de mon cœur se détacher pour disparaître. J'ai mal. Je prie Dieu de me rendre fort. De mauvaises visions... Je nous vois déjà suspendus à des crochets de boucher, nous faire éclater le visage et le corps à coups de barres de fer et de câbles électriques. Ici, la vie ne vaut rien. Toutes ces décennies de guerre et d'horreur ont endurci les habitants et banalisé toute forme de violence. La notion d'humanité est toute relative.

L'éloignement se poursuit. Dehors, il fait nuit noire. Nous nous arrêtons pour changer de véhicule. L'homme retire ma cagoule en me maintenant la tête vers le sol. Il place un bandeau de tissu sur mes yeux.

En quelques instants, je peux distinguer les mains des nombreux hommes qui nous entourent. Je vois beaucoup de bagues, généralement deux par main. De belles pierres turquoise comme j'ai l'habitude d'en voir aux doigts des Iraniens. Il y a quelque chose de raffiné à arborer ce type de bagues. Elles sont souvent portées par des hommes religieux, ou par des croyants. Selon eux, elles éloignent le mauvais œil. Leur couleur peut être noir, rouge, jaune, turquoise. Les mains de nos ravisseurs sont épaisses et puissantes. Je me dis que ça va être douloureux et que les bagues ne feront qu'ajouter à notre souffrance.

La nouvelle voiture dans laquelle on est installé est plus petite. On s'assoit à l'arrière avec difficulté. Pas beaucoup de place pour nos jambes. Les liens qui nous entravent les bras dans le dos nous forcent à nous pencher. Les sièges avant sont pas mal reculés et par conséquent nous amènent à avoir quasiment le nez dedans. Je parviens à libérer ma main droite, mais je la laisse à la même place.

Je me tiens prêt au cas où ! Le type qui va conduire est juste devant moi. Il se retourne à plusieurs reprises. Il passe par-dessus les sièges et vérifie en empoignant mes épaules que mes liens sont bien ficelés. J'ai bien fait de replacer ma main dedans ! Il attend ses collègues ; le moteur tourne, toujours personne. Le silence dans la voiture. Un dernier coup d'œil pour voir si quelqu'un arrive depuis l'extérieur et il se retourne vers nous vivement, il fait une dernière fois mes poches au cas où il resterait encore un petit quelque chose pour lui, quelque chose qui aurait échappé à ceux qui l'ont précédé.

Où allons-nous ? Qui sont-ils ? Toujours les mêmes questions qui passent en boucle dans ma tête. Antoine est toujours à côté de moi. Cette fois-ci nous avons la banquette uniquement pour nous deux. Pas de portières, pas de sortie. De toute façon nous sommes cernés. J'ai mal à la jambe gauche d'avoir été aussi longtemps allongé sur ce côté du corps.

L'homme qui est devant moi, me surveille depuis son rétroviseur. L'obscurité est complète. Je fais tout ce que je peux pour ne pas lui laisser comprendre que je peux entrevoir sous mon bandeau ce qui m'entoure. Celui-là est plus méfiant, il se retourne souvent vers nous, vers moi. Il applique alors des morceaux de coton sur mes yeux qu'il fait tenir par le bandeau. Ainsi il est sûr que je ne peux rien voir du tout.

Les voix qu'on entend plus loin se rapprochent. Un autre homme monte dans la voiture. Nous voici repartis pour trois quarts d'heure de route. Je sens le véhicule s'arrêter à plusieurs barrages. Au dernier, une main nous fait baisser la tête. Ils nous cachent. Pourquoi nous cacher s'ils sont du gouvernement ? Pourquoi avoir peur d'être vus ? À plusieurs moments les voitures qui nous ont enlevés font des écarts, on sort de l'autoroute pour emprunter des voies secondaires.

Mon cerveau s'est transformé en gros ordinateur qui analyse tout. Les odeurs, la conduite du chauffeur. D'un sol lisse où la conduite est rapide et fluide, nous passons à ce qui ressemble à un chemin de terre cabossé et pierreux. Notre vitesse diminue. Les bruits sont différents, plus étouffés, la voiture continue.

Nous terminons les dernières centaines de mètres sur ce type de sentier. Mon bandeau s'est desserré légèrement en cours de route. Par un interstice, je peux percevoir un brasier et un petit attroupement où nous sommes attendus.

Les portières se déverrouillent. Des bras nous sortent des véhicules. Une porte en fer s'ouvre, nous sentons la lumière mais nous ne pouvons rien distinguer du lieu où nous nous tenons. Les hommes nous entourent et nous assoient. Nous sommes enfin réunis tous les quatre. Nous sentons la présence des uns et des autres. Nous ne sommes pas sereins, mais de nous savoir les uns à côté des autres nous procure un grand réconfort ! Quelle est la prochaine étape ? Jusqu'ici tout va bien, jusqu'ici je gère la chute, jusqu'ici je respire, je m'économise, je concentre mes forces, j'attends l'impact…

2

Première nuit, premier matin

Épuisés, nous nous écroulons simultanément en nous allongeant à même le sol, là où nous avions été déposés. Nos mains sont encore liées dans le dos, nos yeux encore bandés, nous ne parlons pas. Un des gardes nous dit en déposant deux couvertures au sol et en refermant la lourde porte en fer derrière lui :

— Abou Dany! C'est à toi que nous nous adresserons quand nous aurons à vous parler. Si vous avez quelque chose à demander, c'est par toi que ça se fera, pas par les Français...

La porte claque, le bruit du verrou vient sceller notre sort, nous attendons docilement ce qui va suivre. La pièce semble grande, il fait froid, il fait nuit, on a faim... Je n'ai qu'un polo sous ma veste. Les couvertures sentent le bouc, je n'arrive pas à coller ça sur ma figure. Par-dessous nos bandeaux, je peux voir à quoi ressemble le lieu de notre détention. On dirait un garage, ou peut-être une étable. Le portail d'entrée prend toute la largeur du bâtiment. Il est en fer et laisse apparaître une ouverture sur tout le haut de la porte. Le vent s'y glisse et s'engouffre dans les fenêtres à barreaux aux vitres cassées qui se situent en hauteur de l'autre côté de la pièce.

Le lieu a dû être utilisé comme cuisine. Je distingue des meubles de rangement pour de la vaisselle, une gazinière et un évier. Le mobilier occupe le fond de la pièce ainsi que toute la longueur à droite. Au bout à gauche, une cloison en bois derrière laquelle se laver et se soulager. Un robinet d'eau froide, un petit récipient pour se doucher, une sorte de rigole pour évacuer les eaux usées, besoins y compris. Les « toilettes » sont dans la même pièce, mais avant de les utiliser, il faut prévenir les gardiens pour qu'ils nous mènent jusqu'au pas de la porte…

Nous dormons à même le sol sur un tapis de couleur rouge disposé au centre de cet abri de béton. Les murs sont blancs, un enduit recouvre la construction faite en briques couleur torchis. Le plafond lui aussi avait dû être blanc à une époque, mais il est aujourd'hui recouvert d'une épaisse couche de graisse. De la poussière collante en tombe en fines lianes. La surface est mouchetée de couleurs, noir, orange, marron et jaune. Visiblement des barbecues gigantesques ont dû avoir lieu dans cette pièce, sinon comment expliquer un tel carnage. La gazinière est huileuse, tout est gras. Je suis totalement découragé…

Abou Dany s'active. Julien reste la bouche ouverte ; comme moi, il semble abattu par ce qu'il vient de découvrir :

— C'est vraiment dégueu, non ?

Je hoche de la tête.

J'improvise intérieurement des *Je vous salue Marie* et des *Notre Père*. Je les récite parfois sans arriver à les finir. J'en perds sans cesse le fil. Je m'endors en plein milieu de ma prière en y mêlant des paroles insensées. Je délire, pris entre réalité et cauchemar. Les courts moments de sommeil sont interrompus par mes mains toujours liées dans le dos qui me rappellent que je ne suis plus libre. Je dors debout et reste éveillé en dormant. Mille questions me harcèlent. Que va-t-il se passer ? Que vont-ils nous faire ? Où sommes-nous rendus ? Qui sont-ils et que veulent-ils ? Mon bébé me revient à l'esprit et mes pensées reprennent là où elles s'étaient arrêtées… Je suis cassé physiquement. Je suis glacé. La fatigue m'accable de douleur, de froid, de peur… Ligoté, je m'endors sur mes récents souvenirs, sur nos derniers instants vécus en famille, il y a encore quelques heures…

Au matin, nous sommes réveillés de bonne heure. Des bras anonymes nous détachent les mains du dos pour les lier devant.

— Vous pourrez enlever votre bandeau et libérer vos mains quand nous aurons refermé la porte. Compris ?

Nous acquiesçons de la tête. En revanche, nous devrons nous attacher les mains et nous couvrir les yeux dès qu'ils entreront. Ils nous le font généralement savoir en interpellant Abou Dany du couloir par un « *Jahezin* ? », « Vous êtes prêts ? ».

Au retour de nos geôliers et à l'approche du petit-déjeuner, Abou Dany ne tarde pas à exprimer à haute voix la peur qui le ronge. Il crève l'abcès tout de suite. Je me rappelle ne pas avoir eu le temps de prêter l'oreille à ce qu'il leur avait demandé, mais la réponse du garde me fait tout de suite comprendre la question qui a été posée.

— *La la ento mo daesh mnsawi shi !* (Non, non, vous n'êtes pas de Daech pour que nous vous fassions quoi que ce soit !), dit une voix grave.

Abou Dany continue de poser des questions en geignant. Il ne leur fait pas confiance et craint sérieusement d'être abattu. En effet, si nous, Français, avons peut-être une chance de survivre, lui en théorie n'en a aucune ! Un homme tente de le rassurer, mais Abou Dany énumère comme une litanie toutes les raisons de mourir.

Soudain c'est la voix d'un autre homme qui détonne dans la salle avec sévérité !

— Maintenant, tais-toi !

L'effet est immédiat. Nous nous figeons tous à l'intrusion de cet homme. Mon regard se tourne dans sa direction et je le vois, malgré le tissu qui recouvre partiellement mes yeux, se baisser à hauteur de Abou Dany qui est assis en tailleur la tête penchée en avant :

— *Skot ow beétlak ! Smaanak ktir !* (Maintenant tu te tais ou je te tue, on t'a assez entendu !)

Je sens Abou Dany se replier sur lui-même comme un bernard-l'hermite.

Si j'ai peur qu'ils découvrent mes origines iraniennes et qu'on m'envoie dans le pays voisin, Abou Dany, lui, a de grandes raisons de craindre pour sa situation dans son propre pays.

Au moment du changement de véhicules après avoir quitté Bagdad, il a cru qu'il serait exécuté puis jeté dans un fossé et que, nous autres Français, continuerions notre voyage, seuls... Abou Dany sait qu'il représente une menace pour ces hommes. Il peut comprendre tout ce qui se dit, les coups de téléphones, les échanges radio, les subtilités de langage et les différents codes utilisés, les accents selon les régions, le niveau social, les religions, etc. À l'air qu'il respire, il pourrait savoir si nous sommes détenus au nord ou bien plus au sud. À la nourriture préparée, il pourrait localiser le lieu de notre captivité, la région où nous sommes retenus. Il sait que, pour ces raisons, il est un témoin gênant. Et si l'exécution n'a pas lieu au début, elle serait probablement effectuée à la fin de tout ce cirque. Pas possible de laisser vivant un homme capable de les identifier.

De notre côté, Antoine, Julien et moi essayons de comprendre ce qui a bien pu se passer. La perspective d'être habillés en combinaison orange avec un couteau sous la gorge s'éloigne. Je me dis que si nous sommes séquestrés par ceux qui torturent des hommes de Daech, c'est que nous avons peu de chances de finir entre leurs mains.

En même temps, si ce sont des milices chiites indépendantes comme il en existe une myriade dans le pays, cela complique le problème. Nous arrivons dans un contexte où ces groupes armés viennent de perdre leur interlocuteur et leur fédérateur, le général iranien Souleymani. Privées de tête, de nombreuses milices se sont reformées sur des logiques de quartier. Toutes sont sur les dents et recherchent les espions qui ont permis de localiser Souleymani et Muhandes !

Retrouver des otages dans cette nouvelle logique de recomposition paramilitaire n'allait pas être simple. À quelle autorité répondraient ces milices ? L'argent allait-il devenir leur unique source de motivations ? Retour à la case départ dans mes scénarios les plus pessimistes ! S'ils ne recevaient aucun ordre d'en haut, s'ils n'agissaient que pour leur compte personnel, alors rien ne les empêcherait de nous revendre à Daech qui n'avait jamais totalement disparu du pays, dont les cellules actives se reformaient dans le sud, à l'est et même à l'ouest autour de Bagdad.

3

« Atteinte à la sûreté de l'État »

J'ai calculé. Cela fait quarante-huit heures que nous avons été faits prisonniers. Nous devons être le mercredi 22 janvier. En fin de journée, les gardes nous demandent de remettre nos bandeaux sur les yeux et de rester assis, dos à celui qui va entrer. Visiblement, c'est une personne importante qui arrive. On lui installe une chaise. L'homme entre et s'approche de nous en lançant un audible « *Salam Alaikoum* », auquel nous répondons.

Il s'assoit et commence à nous poser quelques questions.

— Qui êtes-vous et qu'êtes-vous venus faire en Irak ?

— Nous sommes des humanitaires et nous travaillons essentiellement au Kurdistan irakien. Nous sommes à Bagdad pour nous enregistrer auprès des autorités locales afin de travailler dans le reste du pays.

— Vous êtes des espions et vous êtes venus donner de l'argent aux manifestants pour les aider à déstabiliser le pays.

— Non, monsieur, dit respectueusement Abou Dany. Vous vous trompez ! Il ne s'agit pas de nous, nous n'aurions jamais fait ça ! Nous sommes une organisation humanitaire et nous travaillons pour aider les populations victimes de la guerre. Appelez Mgr Zabara qui est à l'origine de notre présence en Irak ! Contactez l'ambassadeur de France et vous verrez !

— Non ! Vous êtes des espions. On témoigne vous avoir vu donner une somme d'argent à un certain Youssef ! reprend-il.

Et concernant votre ambassadeur, il n'est pas là, il est en voyage aux États-Unis!

— Non, monsieur! Ce n'est pas nous! Nous sommes chrétiens et nous reconstruisons des maisons dans les villages dévastés de la plaine de Ni…

— Pourquoi n'allez-vous pas aider votre pays? dit l'homme en coupant Abou Dany et en rétorquant :

— Les Français n'ont pas l'air très contents de leur situation économique, alors vous devriez employer votre argent en les aidant plutôt qu'en venant aider les Irakiens…

Derrière mon masque, j'étais un peu interloqué de la tournure de la discussion. Bientôt ils allaient nous parler des gilets jaunes…

Il passe ensuite à un autre sujet :

— Pourquoi certains d'entre vous ont deux passeports?

Toujours assis, dos à notre interrogateur et la tête baissée, Antoine et moi demandons la possibilité d'intervenir. Antoine explique le pourquoi de l'association SOS Chrétiens d'Orient, et moi pourquoi les humanitaires ont droit à deux passeports.

Il demande alors nos noms et prénoms, et veut savoir si nous sommes tous français.

Quand nous lui disons que nous sommes trois Français et un Irakien, l'homme en désigne un parmi nous en affirmant :

— Lui n'est pas français, il ne ressemble pas à un Français!

Derrière nos masques sur les yeux, impossible de savoir qui il désigne.

Abou Dany demande de qui il s'agit.

— Lui, là, dit-il en me décrivant.

Abou Dany me traduit. Je réponds que je suis pourtant bien français! L'homme insiste comme pour faire comprendre qu'il ne me croit pas. Je ne rajoute alors rien de plus…

— Êtes-vous déjà allé en Israël?

Un par un, nous répondons en donnant notre identité :

— Alexandre Goodarzy. Non, je ne suis jamais allé en Israël.

L'homme à la voix étrange nous quitte en disant que nous allons bientôt être transférés dans un lieu plus propre et plus chaud avec une télévision. Nous nous mettons à rêver. Il nous décrit les lieux comme s'il s'agissait d'une chambre d'hôtel.

— Nous allons faire une enquête pour vérifier tous vos propos. Dans une semaine à dix jours, je reviendrai.

La nuit est tombée depuis longtemps. Dehors je peux entendre les hyènes qui ricanent par dizaines tout autour de nous. Les gardiens leur tirent dessus à l'arme automatique, nous réveillant à chaque détonation tant elles résonnent sur la porte en fer du garage.

Ils font des travaux tout autour. La fumée des engins de chantier nous étouffe et nous force à ouvrir encore plus grand les fenêtres pour laisser entrer encore plus de froid.

On se surprend les uns les autres à prier, comme si nous étions gênés. Comme si ce type de prières trahissait, pour celui qui la récite, un aveu de faiblesse, une peur de craquer, une peur d'y passer. Il nous faudra quelques jours pour les réciter à haute voix et ensemble. Dans notre chapelet, nous confions aussi nos geôliers. Nous les confions d'ailleurs chaque fois que nous bénissons les repas. Nous remettons leur âme et leur vie entre les mains du Christ. Nous prions pour qu'ils ne détournent pas le regard de la Vérité, pour qu'elle se manifeste à eux. Nous sommes innocents.

Je redouble de prières quand j'entends la tractopelle derrière le mur qui nous envoie sa fumée et qui creuse le sol. J'imagine que ce sont nos futures tombes qu'ils sont en train de creuser. Qu'ils vont nous jeter dedans vivants ! Même chose quand j'entends le bruit d'un camion. J'imagine qu'il a une grande remorque et qu'ils vont s'en servir pour nous cacher dedans et nous envoyer en Iran ! Mon imagination déborde, dévaste tout. Les dizaines d'histoires d'otages refont surface à ma mémoire. Je pense à ceux qui sont restés longtemps retenus captifs, j'essaie de me souvenir des trucs qu'ils avaient utilisés pour survivre, pour ne pas craquer, pour sortir intacts, mais ma mémoire s'y refuse. Elle ne se souvient plus de rien.

Pourtant les gardiens sont corrects, parfois rassurants même. Mais je ne parviens pas à déceler si c'est par sincérité ou par cruauté. Peut-être caressent-ils le bétail avant de l'égorger, ça rend la viande plus tendre ! Les yeux bandés, impossible de lire dans les leurs, impossible de pénétrer leur âme. Seules leurs voix nous guident. C'est à leur intonation que nous nous fions.

Nous passons les jours et les nuits allongés sur un tapis qui couvre à peine le sol avec une couverture chacun pour nous réchauffer. À chaque nuit qui tombe, j'ai froid, je me sens sale. Les hyènes hurlent, les soldats leur tirent dessus, je sursaute, je mets ma tête sous ces couvertures puantes, je manque d'air, j'étouffe, j'angoisse, je sors ma tête pour respirer, j'ai froid, je crève, je m'endors éveillé…

4

Des ombres et des voix

26 janvier 2020, quelque part en Irak, non loin de Bagdad

Je tiens mon calendrier mental. Aujourd'hui, nous sommes le dimanche 26 janvier. Je m'oblige à me répéter les dates pour ne pas perdre pied. Une coupure d'électricité plonge la pièce dans l'obscurité. Le temps d'un silence pour laisser place au bruit mécanique d'une arme que l'on recharge. La porte s'ouvre, l'instant suivant une voix nous dit :

— Vous allez nous suivre dehors un par un !

Ils sont plusieurs. Nous nous levons et nous tenons prêts, à mesure que Abou Dany nous traduit. Mon cœur bat. Ils vont nous buter. Ça y est, c'est terminé !

Antoine est déjà empoigné, je sens sa présence qui quitte la pièce. J'aurais voulu avoir le temps de dire au revoir aux autres, mais une main attrape mon bras pour me tirer en dehors du garage, dans la nuit noire et fraîche. L'homme qui me tient semble jeune. Il prend soin de me guider avec délicatesse et veille à ce que je ne heurte aucun objet en sortant. Je tremble, le froid et la peur sont mêlés. Je me ressaisis, ça ne doit pas se voir. Je prie, et basta ! Nous avançons sur une dizaine de mètres et la voix me dit de soulever le pied. Apparemment, je dois monter une marche. Je comprends à la résonance qu'il s'agit de l'entrée d'une remorque de camion. Ça semble vide. Je marche jusqu'au bout et je m'assois, à côté d'Antoine qui me dit : « C'est moi ! »

Les autres ne tardent pas à arriver à leur tour. Le jeune homme qui nous a amenés ici un par un s'assied face à nous et demande :

— Pourquoi est-il triste, lui ?

— Qui ? demanda Abou Dany.

— Celui-là, tout à droite !

— Julien ?

Abou Dany s'adresse alors à Julien en lui posant la question.

— Ma famille me manque... lâche-t-il du bout des lèvres.

Il n'en dira pas plus.

Le jeune homme réplique d'un ton amical et compréhensif :

— Ne sois pas triste, tu seras un héros à ton retour en France ! Je ne devrais pas vous le dire, mais vous serez libérés dans deux jours ! Soyez patients, c'est bientôt la fin !

Puis il change de discussion en nous parlant de football, des joueurs français qu'il aime. Il nous questionne sur nos équipes préférées. Les échanges sont simples et subitement interrompus par une voix provenant de l'extérieur, lui enjoignant de façon impérative de nous faire rentrer. Dans le garage, toutes nos couvertures sont en boule. Pourquoi fouiller nos affaires ? Pourquoi nous avoir emmenés dans ce fourgon ? Nous ne nous posons pas plus de questions que ça. Nous remettons les couvertures en place, une sur le tapis pour nous protéger du froid du sol, puis par-dessus, deux autres couvertures pour deux personnes pour nous protéger du vent et des courants d'air. Je réajuste le parpaing pour y bloquer mon oreiller, une épaisse pièce de tissu bourrée de coton et décousue, de laquelle provient une odeur de pisse de souris et dans laquelle on peut voir les crottes séchées des rongeurs.

Nous sommes restés toute la semaine à gamberger, à retourner la situation dans tous les sens, à nous torturer les neurones. Les jours passent et se ressemblent. Le temps est long, si long et il fait froid. Les gardiens nous amènent d'abord des cigarettes à l'unité, puis ce sont des paquets. Je me remets à fumer, j'avais arrêté il y a quinze ans. La nuit tombe, je gèle, je veux être ailleurs, je trouve refuge sous ma couverture... Huit jours se sont écoulés. Huit jours de remords, de larmes et de sanglots ravalés, de contenance, de déchirure.

En fin de journée, un gardien hisse son visage jusqu'en haut du portail. Il ne laisse apparaître que ses yeux et le sommet de sa tête. En tournant la mienne dans sa direction, nos regards se croisent.

— Désolé !

— Pas de problème ! répond-il d'un ton amical.

Celui-ci nous disait souvent : « Ne vous inquiétez pas, votre cas sera réglé rapidement. » Là, il vient nous dire au revoir parce que le changement d'équipes veut qu'il cède sa place à d'autres gars. Cette fois-ci, avant de partir, il nous lance :

— Priez pour moi quand vous serez déplacés et ne m'en voulez pas pour ce qui vous arrivera par la suite !...

Peu après, on vient échanger nos bandelettes de tissus posées sur les yeux contre des sortes de lunettes de ski dont l'écran est bombé de peinture noire, à l'extérieur comme à l'intérieur. Ça sent le changement de prison.

Celui que l'on surnomme « l'officier » vient nous voir. Cela fait sept jours qu'il était parti. Je le reconnais à sa voix étrange, une voix de vieil homme, sage et un peu cruel. La peinture des lunettes étant très légèrement écaillée par endroits, je parviens à entrevoir l'homme qui a autorité sur nous comme sur les gardiens. À ma grande surprise, il est beaucoup plus jeune que ce que j'imaginais. Trois-quarts bleu marine en coton, pantalon bien coupé, chaussures de ville assez branchées, le type est habillé élégamment et avec un goût vestimentaire qu'on retrouve dans toutes les capitales du monde. J'incline la tête pour bien pouvoir le regarder, puis je la tourne dans une autre direction lorsque je le vois me fixer sèchement. Il semble qu'il se sente observé. Il vient nous dire que nous allons emménager dans un lieu plus adapté, un lieu plus « conforme aux standards européens ».

L'officier se retire, ses hommes nous ligotent et nous amènent aux véhicules. Il fait nuit, le froid me fait frissonner. On nous mène à une voiture de petite taille à en croire l'étroitesse de l'habitacle. Le trajet ne dure pas plus de dix minutes. La route est tout terrain, du départ à l'arrivée. J'aperçois de grands spots de lumière sur ma gauche en hauteur d'un bâtiment. On doit sûrement être dans une base militaire. Nous sortons des véhicules et entrons dans ce qu'ils appellent « une caravane ».

Mon cœur se serre et mon estomac se noue à la vue de la pièce qui nous est présentée comme notre lieu de vie définitif! La « caravane » est en fait un Algeco. Les humanitaires s'en servent souvent dans ces pays comme cabine médicalisée. On a vite fait le tour. Les hommes reviennent, nous remettons nos lunettes.

— Alors, ça vous va? lance l'officier. Ici, vous n'aurez pas froid! Constatez vous-mêmes, c'est propre et vous avez la télévision.

En fait, c'est nous la télévision, puisque, à part une caméra qui nous filme, il n'y a rien d'autre. Nous réclamons à entrer en contact avec l'ambassade de France, nous voulons leur parler, rassurer nos familles. Il nous reprend avec un ton assuré, calme et posé :

— L'ambassadeur n'est pas encore rentré! Il semblerait qu'il ne se soucie pas de vous! Concernant vos familles, vous avez eu toute une vie pour les voir, pour profiter de leur présence. Tout ça, c'est fini! Sortez cette idée de votre tête, vous ne les reverrez plus jamais! Votre vie se termine ici !

Ses mots font l'effet d'un coup de masse sur le sommet du crâne. Mon cœur saigne d'entendre ça! Avant de quitter les lieux et de disparaître, il ajoute :

— Dans la vie, il y a des épreuves et celles-ci sont faites pour les hommes!

Nous retirons nos lunettes et scrutons nos visages. L'incompréhension mêlée au désespoir se lit sur chacun de nous.

On a vraiment mal ! On aurait tous voulu pleurer, je crois... Nous repensons à SOS et essayons de jauger leur temps de réaction, ce que ça leur prendrait pour lancer la cellule de crise. Julien pense à Erbil et aux volontaires, à l'angoisse qu'ils auraient en apprenant ce qui s'est passé. Antoine rassemble les éléments que nous avons en mains. Il est rassurant et confiant envers l'association, les services français, en France comme en Irak. Il ne doute jamais et nous fortifie quotidiennement. Je lui dois beaucoup, peut-être même ma survie... Mais si Antoine est la thèse de l'Espoir et la ténacité dans les épreuves, Abou Dany ne partage pas son optimisme, c'est le moins que l'on puisse dire. Dans le garage, pendant les premiers jours, il est resté sous sa couverture à digérer le choc du kidnapping, refusant de parler et de se nourrir. Pour lui, nous sommes des morts en sursis.

Personnellement, je ne sais pas quoi penser, je suis perdu ! J'ai de la peine à le regarder. Il a peur sans arrêt. Je me rends bien compte qu'il connaît son pays mieux que quiconque. Il prend conscience des dangers de la situation bien plus que nous trois. Il a vécu la guerre toute sa vie et a connu des histoires sordides de civils irakiens enlevés et qui ne réapparaissent pas avant des mois, voire des années, ou pire, qui ne reviennent jamais ! Il a tout ça en tête et nous sommes là à positiver avec des « La France ne nous abandonnera pas ! » et des « Un Irakien qui travaille dans une ONG française est considéré comme un Français, il ne sera jamais abandonné ! ». Il tourne cela en dérision ou bien se tait. Son regard manifeste un manque de foi évident en ce que nous lui affirmons.

J'écoute Antoine et Julien qui font le point sur tous les dispositifs en amont du drame. Le Quai d'Orsay savait que nous nous rendions à Bagdad, ils avaient même affirmé que les Français ne constituaient pas une cible. Des membres de l'ambassade de France avaient été prévenus de notre passage et nous avaient avaient dit que nous pouvions venir. En tout cas, rien n'avait changé, la situation générale n'était pas pire qu'avant ! On nous avait conseillé de ne pas partir le jour de la manifestation pro-iranienne qui se tenait le vendredi. Le directeur des opérations avait estimé que nous devions nous en remettre aux conseils de l'ambassade présente sur place.

Une pièce de six mètres carrés, quatre matelas au sol posés côte à côte avec de lourdes chaînes au mur, soudées juste au-dessus de chaque couche. Les cadenas prêts à l'emploi mis en évidence, une caméra fixée au-dessus de la porte, un rectangle de fer soudé à l'emplacement de ce qui devait être une fenêtre, bloquant toute luminosité, pas d'air si ce n'est quand les gardiens ouvrent la porte pour nous domestiquer...

Mon estomac se noue de chagrin et de détresse. Combien de temps allons-nous rester dans cette cage ? Pas de place pour se mouvoir, aucune raison de se lever si ce n'est pour aller aux toilettes et à la douche quand nous en demandons la permission aux gardiens.

Quelques douches ont bien été prises dans le garage, mais dans le froid, sans rien pour se sécher et pour finalement enfiler les mêmes vêtements sales...

Le lendemain, on nous remet rasoirs, brosses à dents, caleçons et débardeurs. Déjà dix jours et dix nuits que nous vivons dans les mêmes fringues.

On nous prête également un backgammon et deux jeux de cartes. C'est mauvais signe. Si notre séquestration devient plus « confortable », c'est qu'elle va durer...

Je n'ai jamais autant haï une bouteille de shampoing et des tubes de dentifrice... Les jours passent en d'interminables heures assis et allongés. On nous apporte des cigarettes, le ravitaillement en nicotine passe du paquet à la cartouche. Plus on se fait livrer en gros, plus on se dit que nos chances de rester longtemps augmentent. La fumée de nos cigarettes remplit vite la pièce exiguë et enfume Abou Dany qui y est sensible.

Pour aérer, les soldats taillent une ouverture au couteau, un rectangle que nous voyons se former en haut à gauche de notre cage, juste au-dessus de ma couche. La grande lame aiguisée entre et sort dans la paroi, elle la découpe comme du beurre. Voilà notre petite fenêtre sur le monde, un peu d'air, un peu de lumière, une opportunité pour ne pas perdre la notion du temps.

Antoine, toujours optimiste, nous invite à un moment précis de la journée, à nous tenir en un point précis de la pièce pour sentir ce léger faisceau de lumière et de chaleur sur notre visage. C'est un rayon qui ne dure que quelques minutes. L'attraper, c'est comme saisir le moment d'une éclipse. Un instant rare à ne pas manquer.

J'essaie de prier, je n'arrête pas de penser, je n'arrête pas de regretter. C'était mon dernier voyage, le dernier !

Je revois Fimy sur le pas de la porte me disant au revoir de ses grands yeux noirs et tristes. Ce regard qui, la veille au soir, me sondait avec tendresse en m'invitant à réviser mon jugement, à revenir sur mes pas, à ne pas aller à Bagdad. « Pourquoi vas-tu dans un lieu que tu sais être dangereux ? N'y va pas ! N'y va pas ! »

Je m'en veux tellement, j'ai tellement de remords, de peine pour ce que je lui fais subir. Tellement de peine de la laisser seule, de n'avoir pas pu lui dire au revoir comme il le fallait. Je n'arrive pas à effacer son image de mon esprit. Son visage inquiet qui me regarde partir à l'aube, me hante. Elle se tient là, à l'entrée de la maison, la lumière n'éclaire que la moitié de son visage, l'autre moitié dans la pénombre. Et mon fils, mon bébé, qui dort à poings fermés à hauteur de la tête avec sa petite bouche en cœur... Je me souviens l'avoir câliné, d'avoir reniflé une dernière fois au niveau des joues et du cou son odeur de bébé apaisante.

Assis contre la paroi, je me remémore les dernières années. Je me plonge chaque jour un peu plus dans le passé. Je n'ai aucun pouvoir sur le présent, et encore moins sur mon avenir. Se raccrocher à quelque chose de tangible, de concret. Je me dis durant de longues heures que ma vie ne peut s'arrêter dans cette boîte de conserve. Que Dieu a d'autres projets pour moi. Que c'est une épreuve de plus à ajouter à ces cinq dernières années. Je repense à Cholet où j'étais professeur d'histoire-géographie, aux élèves à qui j'avais enseigné, à ma mère et à ma sœur, à cette banlieue où j'avais grandi dans la violence, à mon père arrivé en 1980 en France, en provenance d'Iran. Ma rencontre avec Dieu, mon sauvetage par ses soins alors que j'avais maudit son nom durant tant d'années.

Le temps s'écoule sans que rien se passe. Je repense à ma première rencontre avec SOS, à mon engagement à leurs côtés. Au départ, il y avait eu le couvent. Neuf mois pendant lesquels je m'étais retiré du monde. Neuf mois…

5

Éducation peu nationale

J'ai 30 ans quand je quitte le couvent. Après neuf mois à me battre contre mes démons. Neuf mois à extirper ma colère. Neuf mois à réapprendre à vivre en raison de toute la violence qui a façonné ma vie. Une nouvelle naissance...

À peine sorti, je m'étais mis à la recherche d'un travail dans l'enseignement. Avec ma licence d'histoire et de langues, ainsi que mon master de géopolitique en poche, je me suis renseigné auprès du rectorat pour savoir s'il avait besoin d'enseignants en histoire et géographie. Rapidement, on m'a proposé de faire des remplacements dans des lycées professionnels. D'abord à l'ensemble Dom Sortais, puis à l'établissement du Pinier Neuf, dans la ville de Beaupréau, à côté de Cholet. J'avais également fait des candidatures à l'université catholique d'Angers où nous suivions nos cours de théologie. En effet, le programme hebdomadaire au couvent franciscain de Cholet pour les « postulants » incluait deux passages à l'UCO d'Angers pour bénéficier de ses cours.

À la fin de l'année, j'en avais profité pour anticiper ma sortie et mon retour à la vie civile en y déposant des CV. Là aussi j'avais reçu une réponse favorable, un poste de vacataire pour enseigner à des étudiants en troisième année de licence d'histoire la géopolitique du Moyen-Orient. Un intitulé étrange qui consistait à apporter quelques nuances et clarifications aux explications données par les médias *mainstream* concernant la situation brûlante au Proche et Moyen-Orient. Parallèlement, je cheminais toujours avec l'Église en vue de recevoir le sacrement de la confirmation. C'était le baptême non par l'eau cette fois-ci, mais par le feu de l'Esprit Saint.

Un jour de février, juste après les examens, les élèves à peine plus jeunes que moi m'avaient sollicité pour boire un verre. J'acceptais avec plaisir. Alors que nous étions attablés, l'un d'entre eux m'a expliqué qu'une organisation chrétienne était partie célébrer la Nativité aux côtés des chrétiens de Syrie. J'étais impressionné.

La guerre qui se déroulait là-bas mobilisait mon attention depuis qu'elle avait éclaté en 2011. J'avais auparavant visionné des heures de vidéos, regardé des kilomètres de documentaires sur les événements politiques et géopolitiques concernant le pays plongé dans ce chaos sanglant.

La Syrie, j'y étais déjà allé à quatre reprises auparavant. À l'époque, je fuyais ma ville, mon quartier, et ma vie en général. Je voulais voir autre chose. J'avais aimé le pays, les gens, cette bonté naturelle et cette façon de vivre qui ne se discute pas. La tradition survivait au modernisme, alors qu'en France j'avais l'impression d'un suicide collectif quotidien… Comme pour tous les pays de la région, la démocratie était un mot lointain. La Syrie était devenue un régime autoritaire depuis qu'un général de l'armée de l'air nommé Hafez al-Assad y avait pris le pouvoir en 1970. Pendant trente ans, il tiendra le pays d'une main de fer en y apportant stabilité et prospérité. Père de quatre fils et d'une fille, il avait préparé à la succession son aîné, Bassel al-Assad mais celui-ci allait mourir dans un accident de voiture en 1994. Hafez al-Assad décidera alors de faire de Bachar al-Assad son héritier. Ce dernier, à l'époque, est étudiant en médecine à Londres, en ophtalmologie. Avant d'être rappelé à Damas après le décès du Raïs en 2000, Bachar al-Assad avait toujours été tenu à l'écart du pouvoir et n'avait jusqu'à ce jour jamais disposé d'expérience politique. Il était le dernier auquel les observateurs auraient pensé comme successeur. À 35 ans, il succède à son père, le vieux lion, qui le désignait comme le lionceau.

Le pays s'était libéralisé lors du Printemps de Damas, juste après son accession au pouvoir. La vieille garde mise en place par son père lui avait alors rappelé quelques réalités de politique locale, à savoir l'arrivée d'Ariel Sharon en Israël, la pression des États-Unis sur l'Irak et la Syrie, et que la rue libanaise devenait de plus en plus contestatrice vis-à-vis de la présence de l'armée syrienne. En 2011, il suffira de quelques mois, aux yeux de la presse mondiale, pour que l'étudiant en ophtalmologie devienne pire que Hitler, Staline, Mao et Milosevic réunis. La nuance à son sujet avait disparu d'un coup. Une sorte de monstre assoiffé du sang de sa jeunesse. Fini les articles sur sa femme, tellement moderne, fini son passage en France pour le 14 juillet et sa Légion d'honneur remise par le président Sarkozy. Face à lui, un regroupement d'officiers et de sous-officiers s'était levé comme un seul homme, afin d'apporter la démocratie que tous les peuples arabes réclamaient à cor et à cri. C'était beau comme une tragédie de Corneille. Je n'avais jamais vu des médias autant à l'unisson. Cela me troublait. Aucune note discordante dans cette tragédie en noir et blanc sans aucun sous-texte. Et pourtant le sous-texte était là, il fallait juste mettre ses lunettes pour le lire. Le pays à majorité sunnite composait avec des minorités chrétiennes, alaouites, druzes, ismaéliennes ou chiites. Hafez al-Assad faisait partie d'une de ces minorités méprisées, les alaouites.

République laïque, le système syrien fonctionnait au prix d'un écrasement sans faille de l'opposition. Une opposition principalement sunnite, regroupée au sein d'une confrérie nommée « Frères musulmans ». Créée en 1928 par Hassan al-Banna, la confrérie avait d'abord pris son envol en Égypte, puis avait essaimé dans plusieurs pays arabes avant d'embrasser le monde. Les frères étaient l'opposition la plus réactionnaire, la plus féodale, la plus moyenâgeuse du monde arabe, mais ils étaient aussi les seuls organisés, les seuls à même de prendre le pouvoir comme ils le prouveront des années plus tard en Égypte et en Tunisie. Cette organisation n'avait eu de cesse de combattre l'arrivée des Assad.

D'apprendre que des cathos s'étaient rendus sur place m'avait laissé bouche bée ! Je ne savais pas quoi penser.

6

SOS Chrétiens d'Orient ou la mission de Dieu

La confirmation est un moment important dans la vie d'un chrétien. C'est le jour où le Seigneur nous envoie son Esprit Saint afin de partir en mission. Le jour où l'on s'engage pour la chrétienté. Dans la cathédrale d'Angers, nous étions une dizaine à vivre ce sacrement. À tour de rôle, Mgr l'évêque Delmas nous avait appelés par nos nom et prénom. Les noms résonnaient dans l'immensité de pierre. Nous devions répondre par un « Me voici ».

Je réponds d'un ton assuré et décidé. Envoyé en mission, c'est le but de la confirmation. Je prends cet envoi très au sérieux, je suis animé d'un zèle pour le Seigneur que je veux faire fructifier. Je lui demande de tout cœur de me dire en quoi je peux lui être utile...

L'année était passée. J'avais repris du service dans mes deux lycées choletais, ainsi que mon poste d'enseignant vacataire à l'UCO d'Angers. Les cours s'enchaînaient et je désespérais un peu plus chaque jour. Mon moral s'en ressentait. Non pas que les élèves soient désagréables. Au contraire. Plutôt attentifs, je déroulais sous leurs yeux une histoire géopolitique du Moyen-Orient.

Mais l'ambiance générale de la France me minait. Rien de grand, rien de beau, rien de puissant n'arrivait dans le pays.

Chaque jour qui passait, nous sortait de l'histoire avec un grand H. L'Europe que l'on nous promettait commençait à prendre l'eau et depuis vingt ans ressemblait à une grande maison de retraite où Soudanais, Syriens, Afghans, Éthiopiens et autres Africains venaient vider nos poubelles, torcher nos vieux, nettoyer notre saleté que nous n'avons plus envie de ramasser.

Un grand hospice. On y naissait, on y mangeait, on s'y reproduisait, en consommant pour maintenir une économie déclinante. Puis on mourait sans avoir rien risqué, rien vécu, rien surmonté, sauf des embouteillages le week-end et des files d'attente au supermarché...

On défilait dans les rues de la capitale pour sa retraite. J'avais vu des mômes de 20 ans participer au cortège place de la Bastille et clamant haut et fort à qui voulait les entendre « qu'il fallait préparer l'avenir! » 20 ans. Ils n'avaient rien vécu et ils pensaient déjà à leur retraite... Des vieux avant l'âge. C'était ça, la jeunesse française? Affligeant. J'avais eu un peu honte. Un sentiment indéfinissable entre mépris et gêne.

Tout le monde vivait dans la peur de perdre les petits riens qui faisaient son quotidien. Un peu d'APL par-ci, une petite aide par-là, un peu de RSA, un peu d'aide au transport, une misérable obole du gouvernement qui faisait croire que l'on vivait alors que l'on ne faisait que survivre. Une population aidée, des vies sous perfusions vécues à coup de subventions. De petites aides que personne ne remettait en cause et qui grignotaient chaque jour un peu plus l'envie de se révolter. Quarante ans que cela durait, bien avant notre naissance!

Le gouvernement avait acheté la hargne et les envies de révolte à coups de RSA et de prime de Noël. La *furia francese* avait été terrassée non par les armes ou une armée d'occupation, mais par un ennemi pire : la fureur française, que l'on avait craint des siècles durant, avait succombé au confort. On ne mourait plus au combat, mais terrassé par une obésité galopante et un AVC...

On ne croyait plus en rien et surtout pas en soi-même. Pas une journée sans repentance... Repentance d'être français, d'être blanc, repentance d'avoir colonisé des pays et leur avoir apporté l'eau, l'électricité, l'alphabétisation et construit des routes et des capitales qu'ils n'avaient été capables de construire jusque là. L'Église n'y avait pas échappé, avec ses derniers papes qui s'étaient repentis des crimes ecclésiaux. Bref, il fallait baisser la tête et se fustiger. C'était la mode de l'époque.

Alors que je finissais un de mes cours sur la Syrie, un étudiant prénommé Pierre-Augustin s'est approché de moi afin de me demander si j'étais au courant d'un voyage qui devait avoir lieu fin décembre à Damas pour y fêter Noël. Un peu interloqué, j'ai répondu que non, puis me suis rattrapé :

— C'est la même association que celle qui est partie l'année dernière ?

— Oui, c'est ça, et ils recommencent cette année. C'est SOS Chrétiens d'Orient !

J'avais un nom. Mes pensées, centrées sur cette information, ne cessaient de tourner. Qui étaient-ils ? D'où venaient-ils ? J'étais dans l'admiration et l'envie à la fois.

Je venais tout juste d'être confirmé et j'avais pris l'envoi en mission très au sérieux. Je ne pouvais pas rester là alors que des choses pareilles se vivaient ! Mes derniers voyages dans la région dataient de 2007, à part pour l'Iran, le Tadjikistan et l'Afghanistan où j'avais effectué des séjours en 2009 et 2010 dans le cadre de mes études. Je désespérais de revoir la Syrie un jour.

En arrivant à la maison, je pris le téléphone et composai le numéro de l'association. Il fallait que je sache. Un homme m'a répondu, il s'agissait de Benjamin Blanchard. C'était un des deux fondateurs. Je lui ai expliqué qui j'étais, que je voulais les accompagner en Syrie. Après une longue conversation, il accepta.

7

Les chrétiens d'Orient

Le christianisme en Orient était une affaire deux fois millénaire. Après avoir martyrisé les chrétiens pendant trois cents ans, l'Empire romain, au début du IVe siècle, s'était laissé convertir au christianisme. À la base de ce retournement, il y avait une victoire et un empereur. L'empereur s'appelait Constantin et suite à la bataille du pont Milvius dont il sortit vainqueur, il allait déclarer le christianisme religion d'empire et mettre fin aux persécutions contre les chrétiens en 313. Dès lors, c'en était fini des dieux divers. Un seul dieu pour un seul empire. Le christianisme était devenu religion d'un empire gigantesque. Tellement gigantesque qu'il se scindera en deux. Un empire d'Occident avec pour capitale Rome et un empire d'Orient avec pour capitale Constantinople.

En 476, Rome s'écroulera face aux poussées barbares. Depuis l'ouverture de ses frontières, l'empire n'était plus l'empire. Trop vaste, trop peu homogène, il n'était plus l'Empire romain, mais un agrégat de tribus barbares qui avaient cherché refuge et protection sous l'aigle de Rome. Alors que Rome s'effondre, Constantinople continue et avec elle le message du Christ qui va s'enraciner en Orient.

Depuis la conversion de l'Empire romain au christianisme, les persécutions contre les chrétiens qui avaient cessé amenèrent les moines à vivre ce que l'on appelait un martyre blanc, une ascèse poussée à l'extrême qui conduira des milliers d'entre eux à vivre en ermitages. On les retrouvera sous forme d'habitations troglodytes dans le nord de l'Irak, notamment à Al-Qosh, ou bien encore en Syrie, à Maaloula, de même qu'en Jordanie, à Petra, et au Liban, dans la Qadisha. Ces moines pouvaient être des centaines à vivre en voisinage dans la même vallée. Cette période prendra fin avec l'arrivée des combattants musulmans au milieu du VIIe siècle.

Unifiées sous les ordres de Khalid ibn al-Walid, les tribus arabes du Hedjaz frapperont successivement en 633 les Perses et en 634 les Byzantins, deux empires affaiblis par des siècles de conflits. En 636, les Byzantins seront défaits au sud et les Arabes poussent jusqu'en Terre sainte dès 638. La Syrie est entièrement conquise en 639.

Parallèlement, en 642, les Arabes gagnent peu à peu contre les Perses avant de les dominer entièrement dix ans plus tard.

En une décennie, la poussée arabo-musulmane s'empare militairement de territoires que les chrétiens avaient mis plus de trois cents ans à convertir, au sacrifice de leurs vies. Cent ans après la mort de Mohammad, les Arabes sont à Poitiers.

Les chrétiens du Croissant fertile, notamment du territoire syrien, ne se convertissent pas en masse à l'islam. La majorité des populations locales restent fidèles à leur foi et leurs traditions. On parle de 200 000 Arabo-musulmans au milieu de 2 millions d'autochtones. La *jizya*, une taxe financière, est imposée aux populations chrétiennes. Les églises ne seront pas détruites par les musulmans, mais ne seront pas reconstruites pour autant.

Entre-temps, les musulmans se déchirent entre ceux qui deviendront les sunnites et ceux qui deviendront les chiites. La population musulmane s'est accrue au fil de ces quelques siècles ; les taxes, les mariages mixtes, la polygamie, l'arabisation de la société par son islamisation et les querelles internes aux différentes églises issues du Christ ont eu raison d'une bonne partie de la population chrétienne.

En 1055, les Turcs venus des steppes d'Asie centrale arrivent aux portes de Bagdad. Fraîchement convertis par les Perses samanides, qui assurent une frontière entre le califat musulman abbasside et le monde nomade chamaniste et zoroastrien, ils demandent l'ouverture de la ville pour y effectuer un pèlerinage.

Si les conquérants arabes avaient quelques liens de parenté avec les peuples soumis et, par conséquent, une certaine tolérance envers les populations restées non musulmanes, les Turcs venus d'horizons plus lointains n'avaient aucun état d'âme. Il n'y avait pas de gènes communs, pas de passé partagé avec les autres sujets minoritaires du califat. Alors que les Arabes étaient parvenus à développer une culture commune en se syncrétisant avec les cultures des empires vaincus, les Turcs arrivent avec le zèle des nouveaux convertis. Une fois qu'ils sont entrés dans Bagdad, ils contraignent le calife al-Qa'im à reconnaître la tutelle seldjoukide. Il doit épouser une des leurs, afin que le prochain calife soit turc. L'homme ne parvenant pas à procréer, les Turcs lui couperont la tête et prendront la place du calife.

Dès lors, les Turcs seldjoukides prennent le contrôle de la communauté musulmane de tout l'Orient. À leur initiative, les routes de Jérusalem seront fermées aux pèlerins et nombre d'entre eux seront massacrés. C'est dans ce contexte que les chrétiens d'Occident, en proie eux-mêmes à des guerres intestines en Europe, rallieront le pape Urbain II pour mener une guerre juste : la défense des chrétiens d'Orient et la libération des lieux saints. Ce seront les premières croisades pour protéger les pèlerins.

En 1453, en faisant tomber Constantinople, les Ottomans mettent fin à l'Empire romain d'Orient et reprennent le flambeau du califat. Leur expansion sera marquée par une menace constante sur l'Europe, depuis les Balkans et depuis le nord de l'Afrique. Leur avancée sera stoppée sous les murailles de Vienne en 1683.

Ce contexte d'hostilité durera cinq siècles jusqu'à la Première Guerre mondiale, qui verra le califat ottoman s'écrouler, précipitant la revanche des vieilles nations européennes qui dépèceront entièrement l'empire turc.

Après le premier conflit mondial, les États arabes bâtis sur les décombres de l'Empire ottoman n'étaient pas seulement conçus pour conduire les peuples vers la modernité sous l'égide de la SDN puis de l'ONU. Leurs chefs d'État avaient pour mission, tels des garde-fous, de protéger l'Europe de l'immigration sauvage et de l'islamisme radical.

Pourtant si la patte de l'Occident, dans ce nouveau modèle de société, avait séduit des hommes comme Nasser et Assad, elle avait poussé *a contrario* aussi à une radicalisation de pans entiers de ces sociétés qui basculeraient sous l'influence des Frères musulmans. Les régimes autoritaires avaient pour mission de nous prévenir de leurs débordements. Leurs intérêts à ne pas les laisser accéder au pouvoir était le nôtre. De fait, encourager la démocratie, c'est-à-dire la loi du nombre, fut un vrai crime pour ces peuples en première ligne, et un suicide pour nos États qui se trouvaient en aval.

La Syrie d'al-Assad en paiera les conséquences. Coupable d'être restée fidèle à ce que les Européens d'hier attendaient d'elle, à savoir être un régime autoritaire séculier, comme l'avaient été précédemment la Lybie, l'Irak de Saddam, l'Égypte, l'Algérie ou la Tunisie.

Ces pays devaient protéger l'Europe de l'immigration ou de l'islamisme. Mais aux yeux des instances européennes, la démocratie primera sur la sécurité. Là où une transition douce aurait dû être mise en place, l'Occident, masochiste, encouragera les pires mouvements à détruire ceux qui nous protégeaient.

Dix ans après les « Printemps arabes », les résultats s'étalaient sous nos yeux chaque jour. Terrorisme islamique et vagues migratoires incontrôlées sans l'ombre d'un début de démocratie pour les pays concernés…

Un seul résistera, notre meilleur ennemi, celui que nous aimions haïr. La Syrie d'al-Assad restera fidèle à cette politique d'endiguement du wahhabisme et de l'idéologie des Frères musulmans. Ils mouraient là-bas pour que nous vivions ici…

Les chrétiens, pendant mille cinq cents ans, avaient donc vécu pour certains, survécu pour d'autres, dans cet immense territoire qui courait tout le long du Maghreb, passant par la Palestine pour arriver jusqu'aux confins de l'Inde et de la Perse.

Aujourd'hui, le monde chrétien oriental, c'est près de 3,5 millions de chrétiens répartis sur l'Irak, la Syrie, le Liban, la Jordanie, la Palestine et Israël, soit environ 750 000 kilomètres carrés. En incluant l'Égypte, on compte 20 millions de chrétiens supplémentaires, pour un pays d'un peu plus d'un million de kilomètres carrés.

8

Noël à Maaloula

Les semaines passaient et c'étaient déjà les vacances de Noël. Le grand jour arrivait. J'allais enfin retourner en Syrie. Pour moi, vivre sa foi auprès de ceux qui la vivaient en des temps bien sombres était une fin en soi. J'allais rencontrer ceux grâce à qui j'allais vivre un moment fort, les membres de SOS Chrétiens d'Orient.

À l'aéroport de Roissy, nous étions huit. Huit à partir. Il y avait Benjamin, Damien, Jérémie, Anne-Lise, Anne-Marie, Gérald, Thibault et Caroline. Notre vol pour la Syrie était indirect et passait par l'Algérie.

C'était la première fois que j'atterrissais directement à l'aéroport de Damas. Avant la guerre, j'avais l'habitude d'entrer au pays du Cham essentiellement par le Liban, ou parfois aussi par la Turquie et la Jordanie.

À peine sortis de l'avion, nous fûmes bloqués aux douanes. Quelque chose n'allait pas. Nos visas qui devaient nous attendre sur place n'avaient pas été préparés. Ce fut le père Toufic qui débloqua la situation après sept heures de questionnements et de justifications avec les autorités. Il est le curé de Maaloula. Libanais, il vit en Syrie depuis très longtemps.

Notre entrée en voiture dans la capitale fut tumultueuse. C'est l'Orient et le Code de la route n'est pas la chose prise le plus au sérieux. Dans mes souvenirs, la Syrie faisait la différence.

Pas aujourd'hui. À présent, un trajet en voiture équivalait à une séance de rodéo. Trafic, klaxons, voies de communications entravées par des barrages tous les cinquante mètres, véhicules qui roulaient à contre-sens, hommes en treillis un peu partout, des civils avec la kalach en bandoulière… Un joyeux foutoir où pourtant tout le monde semblait détendu. Le père Toufic nous expliqua alors que la population de Damas était passée de 5 à 7 millions d'habitants en quelques mois. « Les populations des différentes régions de la Syrie sont venues se réfugier ici. Il y a quelques mois encore, la ville était la cible fréquente des attaques aux voitures piégées… »

Nous roulions en direction de Jeramanah, au sud-est de Damas. Ce quartier s'était formé avec l'arrivée des nombreux réfugiés irakiens, après l'invasion américaine en 2003, puis la mort de Saddam Hussein en 2006. Kashkoul, qui était une petite partie de Jeramanah où nous allions résider, signifie d'ailleurs « la diversité ». Chrétiens de tous rituels, musulmans sunnites ou chiites, druzes et alaouites… tous ceux qui avaient quitté les régions menacées par les islamistes avaient trouvé refuge dans la capitale encore bien tenue par le gouvernement et l'armée nationale.

Le père nous parla de 15 millions de Syriens sur les 22 que compte la Syrie, qui avaient dû quitter leur maison à cause de la guerre.

La foule fit remonter en moi de vieux souvenirs. Lors d'un de mes passages à Damas en 2006, la ville était déjà surpeuplée de réfugiés de tous les pays limitrophes : des Irakiens qui continuaient à fuir leur pays ; des Libanais qui fuyaient les trente-trois jours de bombardements qui opposaient le Hezbollah à Israël ; des Iraniens qui étaient là en pèlerinage. Pas une place dans les hôtels et les dortoirs qui bordaient le Vieux-Damas.

La voiture s'arrêta devant le couvent de Mar Mikhail dans le quartier de Kashkoul, à proximité de Jeramanah. C'était là que nous allions dormir. De l'autre côté, c'était la Ghouta orientale. Elle bordait tout l'est et le nord-est de Damas et se prolongeait jusque dans le désert syrien vers l'est. Les destructions causées ici par les islamistes étaient nombreuses et de grosses tranchées de terre délimitaient la zone. Quelques commerces ici et là, pauvrement éclairés par un générateur, assuraient une alternative bruyante pour un peu de lumière dans un lieu ténébreux. Bien souvent, un *no man's land* marqué par quelques guérites aux couleurs de la République arabe syrienne signalait que la voie était sans issue. Au bout, derrière, c'étaient les autres. Les barbus...

La nuit venait de tomber et le quartier était plongé dans l'obscurité la plus totale, seulement éclairé par les lumières des échoppes. On commanda des *shawarmah*, j'étais le seul arabophone du groupe avec Caroline. Les marchands souriaient. Mon arabe littéral leur donnait l'impression de converser avec un personnage sorti d'un livre. Je voyais bien que ça les amusait, mais en même temps je les sentais touchés de voir que des étrangers pouvaient dialoguer dans une langue qui habituellement ne servait qu'à l'écrit.

Le lendemain, nous partîmes effectuer les visites des différents patriarcats du Vieux-Damas, à Bab Sharqi et à Bab Toma. Les quartiers de Bab Sharqi, de Qassa, le rond-point des Abbassides, la place Tahrir, la rue d'Alep, l'hôpital français étaient des zones d'habitations principalement chrétiennes.

— Bab Toma est visée tous les jours, m'expliqua le père Toufic, c'est une zone où cohabitent chrétiens et chiites.

Devant nous, le bruit caractéristique des tirs de mortiers interrompit la conversation quelques secondes. Nous avions tous sursauté. Le père rit.

— Ne vous inquiétez pas, c'est un coup d'arrivée mais qui est tombé loin. Vous apprendrez vite à faire la différence entre les coups de départ et les coups d'arrivée.

J'acquiesçai en silence.

Le lendemain matin, nous étions tous prêts devant la grille du couvent, parés au départ. Pendant que les camarades se racontaient leurs frayeurs nocturnes sous les tirs d'obus et de pistolets-mitrailleurs, je regardais vers l'extérieur et j'aperçus un homme, pistolet à la ceinture qui dépassait de sa chemise, qui embrassa ses doigts après avoir fait un signe de la croix en regardant du côté du couvent.

Le mini-van qui nous servait de moyen de locomotion était conduit par un Maaloulite d'une trentaine d'années du nom de Samer. Il était grand et fort, son regard ne laissait pas indifférent. Il contrastait avec sa carrure imposante tant il était doux et bienveillant. Samer était un homme bon, ça se sentait. Le père Toufic nous expliqua que notre chauffeur avait fait partie des volontaires de la Défense nationale de Maaloula, un groupe armé qui avait participé à la défense du village face aux islamistes.

Maaloula se situe dans la chaîne de montagnes du Qalamoun, appelée aussi Anti-Liban par les Libanais situés de l'autre côté de cette frontière naturelle. Petit village accroché à la montagne, il tient sa particularité des habitants qui parlent encore l'araméen, la langue parlée du temps du Christ. Le village se trouve au nord-ouest de Damas, à environ trois quarts d'heure de la capitale en voiture. Pour sortir de Damas dans cette direction, il faut passer par un axe routier qui longe les quartiers de Jobar et de Harasta. Ce sont les positions avancées de la Ghouta orientale, qui se situe dans la périphérie est de Damas. L'autoroute que nous empruntions à vive allure traçait la ligne de séparation entre eux et nous. Les attaques étaient fréquentes ici. Circuler sur cette route était extrêmement dangereux, il fallait en sortir le plus vite possible de peur d'être abattu par un franc-tireur. Les islamistes positionnés dans les décombres qui bordaient la voie de communication n'attendaient que ça : blesser un automobiliste pour voir arriver les renforts et ainsi augmenter le nombre des pertes humaines en les assassinant à leur tour.

Devant moi, le chauffeur fit son signe de croix, je fis de même, tandis qu'il accélérait autant qu'il le pouvait ; à côté, le père Toufic bénissait la route, quelques-uns entamaient un chapelet, les plus insouciants discutaient et ricanaient entre eux.

Nous longeâmes la ville d'Adra après avoir dépassé Douma (Nord Ghouta). Cette ville avait été occupée et saignée par Al-Nosra, les mêmes hommes qui occupent actuellement la Ghouta. Les affrontements entre ces derniers et l'armée syrienne l'ont sérieusement abîmée. De loin, depuis la route, la ville ne semblait pas habitée.

En 2012, la branche d'Al-Qaïda en avait pris possession. Toutes les personnes travaillant dans la fonction publique avaient été exécutées pour complicité avec le régime. Les femmes avaient été traînées par les cheveux, nues, dans la neige avant d'être décapitées ; leurs têtes avaient été accrochées dans les arbres.

— Les pères de famille alaouites de la ville avaient réuni femmes et enfants avant de dégoupiller une grenade. C'est ça ou bien regarder les siens violés et démembrés avant de disparaître dans une douleur interminable à leur tour, nous expliqua notre chauffeur.

Après avoir passé quelques barrages qui contrôlaient la circulation, la voiture s'était avancée péniblement sur la route étroite. Je sentais l'air frais envahir mes poumons. Maaloula, qui signifie « la porte » en araméen, se découvrait à mesure que nous remontions les longs virages qui s'accrochaient à la montagne. Un village encastré dans la pierre, l'impression d'un cocon où régnaient la paix et la sérénité.

— Que ce silence ne vous trompe pas, lâcha le père Toufic. Tous les villages du Qalamoun qui s'étendent de Damas à Homs ont été envahis et occupés par l'Armée syrienne libre, puis successivement par les hommes d'Al-Qaïda rebaptisés Jabhat al-Nosra. La même horreur sous un autre nom, conclut le père.

L'occupation avait duré de décembre 2013 à avril 2014. Avant que chacune de ces villes et chacun de ces villages aient été libérés du terrorisme islamiste par l'armée syrienne et le Hezbollah libanais. Alors que nous roulions, nous vîmes un peu partout des drapeaux de la République arabe syrienne et du Hezbollah libanais, plantés à intervalles réguliers pour rappeler que la zone était sous contrôle.

Nous entrâmes dans le village par une arcade qui portait encore les stigmates d'une attaque kamikaze survenue quelques mois plus tôt. Un attentat-suicide mené par un Jordanien à l'aide d'un camion avait tué quatorze soldats.

Déjà, après quelques virages, nous apercevions le village quasi fantôme et son lot de destruction. Les champs en contrebas étaient calcinés. Sur les hauteurs, l'hôtel 5 étoiles *Al Safir* surplombait Maaloula. Défiguré. Il avait servi aux islamistes de base de commandement. L'armée syrienne l'avait détruit afin d'en déloger les égorgeurs. L'hôtel avait pour habitude d'y recevoir des milliers de touristes l'été. Maaloula intriguait, attirait et émerveillait tant par sa beauté, par son histoire que par sa population chaleureuse et accueillante. Il n'y avait plus foule. L'endroit était désert. Il faisait froid, il faisait nuit et le sol était gelé par endroits.

Nous irions dormir dans le presbytère de la paroisse Saint-Georges reconstruit par l'association, c'est là où vit le père Toufic. Benjamin put enfin donner la statue de saint Georges terrassant le dragon avec laquelle il voyageait depuis Paris. Elle remplacera désormais celle, d'origine, qui reposait juste à l'entrée de l'église et que les islamistes avaient détruite.

Nous étions le 24 décembre et prêts à célébrer Noel. Il faisait froid, même à l'intérieur de l'église. Apprêtés pour l'occasion, nous portions tous le même haut blanc, un chandail aux couleurs de l'association. La façade de l'église sur laquelle est dessiné le Christ en mosaïque était déformée par des impacts de balles. À l'intérieur, nous découvrîmes le carnage, les icônes lacérées au couteau, les yeux bien souvent crevés, la sensation que le diable était venu se défouler à en voir toutes les traces de griffes un peu partout. Les peintures murales calcinées ou noircies par une tentative d'incendie révèlaient la haine qui animait les assaillants. Sur les portes principales de l'église où l'on distingue en relief le calice, la croix et d'autres symboles chrétiens, on distinguait là aussi des trous faits au couteau. Aucune icône, aucun tableau n'avait été épargné.

La célébration commença, nous nous scrutions avec les paroissiens qui voyaient des étrangers pour la première fois depuis le début du conflit. Quelques jeunes avaient pris place. Il y avait peu de monde. Impossible pour moi encore de déterminer si c'était parce que le village n'était pas encore assez repeuplé ou bien si c'était parce que tout simplement la Nativité n'intéressait pas.

Le lendemain nous visitions le village à pied. Une rue assez large nous permit de faire le tour de Maaloula assez rapidement, on accèda facilement sur les hauteurs jusqu'au couvent Saint-Serge. De là, on pouvait admirer tout Maaloula qui s'étalait à nos pieds. En arpentant cette longue montée, nous observâmes un char de l'armée syrienne allongé sur le côté dans un ravin le long de la montagne.

Accroché sur les hauteurs, Saint-Serge offrait une vue imprenable sur tout le village. Samer était déjà là avec ses amis. Tous en tenue militaire, ils étaient en contact permanent avec l'armée syrienne dont ils assuraient le relais pour la sécurité de Maaloula depuis ce couvent. Sur le toit, le père Toufic nous montra les montagnes derrière lesquelles on devinait le Liban, puis il obliqua de quelques degrés pour nous indiquer la direction de la petite ville de Yabroud. C'était de là-bas qu'étaient venus les islamistes qui avaient pris Maaloula par les hauteurs, coinçant ainsi l'armée syrienne en contrebas…

Avant de redescendre vers l'église Saint-Georges, nous avions accédé au couvent Sainte-Thècle par un canyon. On dit que la terre se serait ouverte quand cette disciple de saint Paul, convertie par sa rencontre, fut traquée par les siens qui refusait sa conversion. C'est ainsi que se serait formée cette étroite gorge dans la montagne. Le couvent avait été l'objet de graves dégradations et les seize sœurs qui y résidaient furent enlevées pour devenir plus tard l'objet d'un chantage : leur libération en échange de celle de cent cinquante terroristes islamistes enfermés dans les prisons du pays.

Le soir, nous passâmes la soirée dans une des maisons de Maaloula. Dans le cœur du village que l'on appelle le Vieux-Maaloula ; les rues sont étroites et les habitations troglodytes semblent sortir de la roche même.

Le lendemain, nous finîmes notre voyage par Homs, la troisième ville du pays. Nous voulions visiter le quartier chrétien d'Hamidiye. Pris d'assaut par les islamistes des quartiers voisins, les chrétiens avaient été poussés à la fuite par Al-Nosra. Devant le fait accompli, l'armée syrienne avait sévèrement répliqué en envoyant l'aviation. Là, sous mes yeux, se déployaient les nombreuses rues lourdement détruites. C'était ici aussi que siégeaient de nombreux évêchés chrétiens que nous voulions visiter. Le premier était celui de l'Église grecque-melkite. Sa cathédrale avait été réquisitionnée par les djihadistes pour en faire une base. Les dalles de béton dans la cour extérieure avaient été arrachées pour y planter du cannabis, tandis que les sous-sols avaient été transformés en hôpital privé. Avant de fuir devant l'armée syrienne, les djihadistes avaient caché une bombe sous la chaire où l'évêque se tenait pour prêcher. Elle explosera peu de temps après, tuant deux paroissiens.

Avant notre retour en France, le père Zahlaoui de la paroisse Notre-Dame de Damas nous adressa un message à nous, les membres de SOS Chrétiens d'Orient. Puis il en adressa un à la France. En fixant les caméras que nous tenions à la main, Thibault et moi, c'était comme s'il s'adressait à nous personnellement ! Du haut des marches qui mènaient à l'autel, au milieu de tous ces choristes et musiciens, ce prêtre réputé pour ne pas avoir sa langue dans sa poche disait fièrement ce qu'était la Syrie et ce qu'elle serait si elle n'avait pas ses chrétiens. À quoi ressemblerait la Syrie sans un gouvernement qui protège ses minorités ? À quoi ressemblerait un peuple sans la musique, la littérature, sa culture. Tout l'enjeu était là…

Dans l'avion qui me ramènait en France, je repensai au père Zahlaoui… Je me sentais lié comme par une promesse envers ce prêtre. Il parlait avec tant de passion et ses affirmations le laissaient assuré de la victoire de son pays sur les ennemis de la civilisation. Un ennemi commun au nôtre, mais que nos sociétés occidentales ignoraient. La seule question de ce prêtre était : « Pourquoi ? » Tout cela résonnait en moi.

9

Retour à Cholet la grise – Démission

La tête encore pleine d'images, j'avais retrouvé Cholet où je préparais mes cours avant la rentrée scolaire de janvier. J'aimais mon travail, mais je n'étais plus serein. Ce que j'avais vu sur place m'avait profondément bouleversé. Toutes ces communautés chrétiennes prises entre le marteau et l'enclume... Mon cœur et mes pensées étaient encore là-bas. Nous nous étions vu confier une sorte de devoir, celui de faire écho du drame vécu par tous ces gens qui souffraient et mouraient en silence.

À quoi servait notre voyage et le témoignage reçu si c'était pour retourner à nos routines et nos conforts respectifs? Comment porter la voix de ceux qui n'en avaient pas si c'était pour nous terrer dans l'indifférence?

Nous avions une mission. Et il fallait y faire face.

Les cours se poursuivaient tranquillement. Quand j'abordais le Moyen-Orient, je faisais parfois quelques digressions sur ces pays du Levant, j'appelais les élèves à voir les choses autrement qu'à travers leur poste de télévision. La réponse d'une étudiante fut cinglante : « Pourquoi n'allez-vous pas vivre là-bas si ça vous plaît tant? » Sa remarque me fit réaliser deux choses. Le message que je voulais donner n'était pas ici. Cette étudiante avait raison : dans cette société incohérente, je me devais d'être cohérent!

Parallèlement aux cours, je suivais une formation avec le rectorat de Nantes pour améliorer notre pédagogie d'enseignement. On nous avait bien fait comprendre que cette formation n'était absolument pas fondée sur nos connaissances de la matière que nous enseignions, mais sur les outils utilisés pour le réaliser. La méthode m'était désagréable et se rapprochait plus d'un nivellement par le bas institutionnel qu'autre chose. Peu importe si les plus beaux passages de l'histoire de France sautaient d'année en année, peu importe si on faisait plus du social que de l'éducatif. Je ne me sentais plus du tout à ma place. Et puis, j'avais besoin de vivre une histoire que la France ne nous offrait plus depuis bien longtemps...

Depuis mon retour, je n'arrêtais pas de ressasser mon voyage en Syrie. Repartir là-bas était devenu une obsession. La Mission Syrie à laquelle j'avais participé était ponctuelle. Elle n'avait eu lieu que pour Noël, mais j'avais appris sur place qu'une autre mission avait été montée en Irak.

J'appelai Benjamin Blanchard afin de lui proposer, s'ils avaient des besoins, de m'y rendre pour une année entière. Je pensais y faire du bénévolat et en même temps étudier en vue d'une thèse et également écrire des articles comme journaliste indépendant.

Tanneguy, qui était le chef de mission-adjoint Irak, avec qui je m'étais mis en relation par téléphone, échangeait avec moi sur la situation sur place. Les membres de l'organisation proposaient un mois minimum et en général les volontaires ne s'y rendaient guère plus de trois mois. Un an! C'était bien la première fois qu'on leur proposait ça! Benjamin me dit alors : « Il y a déjà une Mission qui tourne plutôt bien en Irak, François-Xavier et Tanneguy en assurent la gestion. Pourquoi ne monterais-tu pas la Mission Syrie? Est-ce que ça t'intéresserait? »

Mon cœur bondit. Sans hésiter, je répondis oui.

Le lendemain, après une nuit agitée, je partis comme chaque matin donner mes cours dans les deux lycées professionnels sauf que cette fois-ci, je savais que ce seraient les derniers.

Je n'avais pas eu à réfléchir très longtemps. Cette opportunité était comme une réponse à mes prières. Dans le bureau de mes sous-directeurs respectifs, j'expliquai ma situation. Je leur fis part de mes nouvelles perspectives en Orient auprès des chrétiens. Les directeurs comprenaient ma décision. Ils devaient se dire que ce type d'engagement était plus adéquat pour quelqu'un comme moi. Deux mois auparavant, l'un d'eux m'avait convoqué dans son bureau pour me rappeler à l'ordre. Le zèle avec lequel j'enseignais l'histoire de France m'avait valu auprès de certains élèves une réputation d'« exalté extrémiste ». Les élèves avaient juste oublié que l'histoire de France était « extrême » dans tous les sens du terme. Le sous-directeur était resté bienveillant malgré tout. « Les élèves sont inquiets de la manière dont vous transmettez l'histoire de France. Ils n'ont pas l'habitude d'entendre ça ! » J'aurais dû souiller notre passé comme le faisaient certains professeurs, volontiers repentants et ayant la haine du pays et de soi-même. Ce n'était pas mon caractère. Ma décision de partir sera saluée par mes deux chefs d'établissement, mes collègues me souhaitant bon vent.

10

Irak – Partout des chrétiens chassés…

À Roissy, je rencontrai Samuel, un autre volontaire. Nous allions faire le voyage ensemble. Dans l'avion je repensai aux dernières vingt-quatre heures. Trois jours auparavant, j'étais encore un professeur d'histoire-géographie à Cholet. Au siège de l'association, Benjamin avait précisé mes missions : chargé de la communication de SOS Chrétiens d'Orient sur place, alimenter le site en photos et vidéos des actions qui seraient menées.

Je n'étais jamais allé en Irak, et encore moins à Erbil en territoire kurde. La guerre que vivait le pays depuis 1990 m'en avait empêché. Jusqu'à présent, j'avais eu l'occasion de visiter tous les pays de la région sauf celui-ci.

Je me rappelai que, lors de l'un de mes voyages en Syrie au début des années 2000, j'avais fait route vers Alep depuis Deir ez-Zor en bus avec de nombreux passagers irakiens. Alors que je leur évoquais mon envie de découvrir l'Irak et mon intention de m'y rendre, leurs visages devinrent sombres et tristes. L'un d'eux prit ma main, comme pour me couper la parole, et dit : « Ne va pas là-bas, ne fais pas cette bêtise ! Ils te feront du mal… » Et de son autre main, il mima un égorgement en ajoutant : « Al-Qaïda ! »

L'Irak résonnait de mille manières différentes dans mon esprit. Pour moi, l'Irak, c'était la Mésopotamie avec les néo-Babyloniens au nord et les Akkado-Sumériens au sud. C'était le code d'Hammourabi. C'était le pays natal d'Abraham. C'était Nabuchodonosor, le prophète Daniel, la captivité des Juifs et leur libération par les Perses. L'Irak, c'était aussi le peuple assyrien avant de devenir « la petite Iran », la clé et la porte de l'Empire perse. C'était aussi Ctésiphon, la capitale hivernale des Parthes. À l'époque médiévale, c'était encore le califat abbasside, Haroun al-Rashid et la Beyt al-Hikma. Le haut-lieu de l'islam chiite avec ses garnisons militaires de Kufa et Bassora, mais surtout ses villes saintes Najaf et Kerbala.

À l'aéroport d'Erbil, Tanneguy nous attendait au beau milieu de la nuit. L'accueil fut agréable et j'ai senti tout de suite en lui une personne sérieuse et aimable. Il nous offrit à boire avant d'effectuer un débrief de la situation et nous donner des conseils de sécurité.

— Les autres volontaires dorment, vous ferez leur connaissance demain matin…

Positionnés entre quatre camps de déplacés chrétiens avec lesquels nous travaillons, la maison de SOS Chrétiens d'Orient à Erbil se situait dans le quartier chrétien d'Ankawa.

— Nos activités reposent essentiellement sur les évaluations de familles en termes de besoins, les livraisons de produits alimentaires et hygiéniques, la retranscription de témoignages, les activités avec toutes les générations dans les camps : coloriages et chants avec les petits, jeux de balles avec les adolescents, dominos avec les anciens, nous expliqua Tanneguy devant sa tasse de café.

Les volontaires étaient au nombre de cinq et venaient d'horizons différents. Il y avait d'abord Matthieu l'Arménien, Nicolas le dessinateur, Bertrand le rugbyman, Mélanie, et Lucie, ma future secrétaire générale à Damas. Tout ce petit monde cohabitait sans se marcher dessus malgré les différences marquées de caractère.

Erbil était la capitale du territoire autonome du Kurdistan irakien. À l'extrême nord du pays, il abritait depuis la nuit des temps le peuple kurde. Peuple indo-européen de famille iranienne, dès l'Antiquité les Kurdes avaient vécu dans les montagnes tandis que les Perses s'étaient installés dans les piémonts. Mercenaires employés pour le compte des grandes puissances dominantes, les Kurdes avaient toujours vécu en marge, tels des peuples-tampons dont les empires ne cesseront de se servir pour faire leurs sales besognes et en leur refusant toujours de se constituer en un État souverain. Cela avait commencé dès le XVIe siècle avec les Kurdes du clan Barzani qui avaient combattu pour le compte des Turcs ottomans contre les Kurdes du clan Talabani, employés eux par les Perses safavides. Leur rivalité avait persisté jusqu'à ce jour. Aujourd'hui encore, ces deux grandes familles politiques se partageaient le pouvoir au Kurdistan irakien avec des alliances inchangées : les Barzani d'Erbil sont à la tête du PDK pro-turc face aux Talabani de Souleymanie à la tête de l'UPK pro-iranien. Les Kurdes syriens, eux, étaient à part.

Avec près de 30 millions de personnes, les Kurdes s'étaient répartis entre la Turquie, l'Iran, l'Irak et la Syrie. La frustration de ne pas avoir d'État constitué n'avait cessé de grandir au sein des quatre pays où ils étaient présents. Frustration d'autant plus légitime du fait de leur présence dans la région bien avant l'arrivée des Arabes et des Turcs. Peuple maudit, les Kurdes avaient été les seuls à ne pas avoir bénéficié d'un État lors du remplacement du traité de Sèvres par celui de Lausanne en 1923. Les divisions claniques ne leur avaient jamais permis d'être pris au sérieux par les Nations européennes lors du partage territorial de la région. L'ampleur de leurs divisions, proportionnelles au nombre de pays entre lesquels ils étaient répartis, était leur réalité quotidienne.

En Turquie, le Kurdistan était appelé « Turquie de l'Est ». Positionné sur un territoire immense, la création d'un Kurdistan restait le cauchemar des Turcs qui, s'il était viable, perdraient un gros morceau de leur pays. Haïs des Turcs, les Kurdes leur avaient pourtant servi de porte-couteaux en débarrassant la région de toute présence chrétienne. Assyro-Chaldéens, Syriaques et Arméniens y avaient été massacrés durant la Première Guerre mondiale, devenant ainsi le premier génocide du XXe siècle. Un ami avait entendu toute son enfance son grand-père, survivant du massacre, lui raconter l'anecdote de l'Arménien attendant son supplice prophétiser au Kurde qui s'apprêtait à l'égorger : « Nous sommes le petit-déjeuner, vous serez le déjeuner… »

Dès 1984, les guerres opposant armée turque et guérilla kurde ne cesseront de faire couler le sang. En Irak, certains Kurdes avaient combattu pour les Iraniens et en Iran pour les Irakiens, de 1980 à 1988, dans un conflit qui opposait le nationalisme arabe incarné par Saddam face à la première manifestation de l'islamisme politique incarné par l'imam Khomeyni. Les conséquences furent sanglantes : 5 000 Kurdes seront gazés par Ali « le Chimique », le beau-frère de Saddam, et sur l'ordre de ce dernier, à Hallabja à la frontière iranienne en 1988.

En Syrie, ils avaient tout simplement été privés de la nationalité syrienne de 1962 à 2011. Jusque-là, ils ne bénéficiaient que d'un droit à la citoyenneté et c'est à l'aube d'un conflit nouveau qu'elle leur avait été donnée, sans doute pour s'assurer leur soutien…

Ironie de l'histoire, les chrétiens de cette région, descendants des rescapés du génocide de 1915, côtoyaient aujourd'hui les descendants de ceux qui les avaient égorgés un siècle plus tôt. Je comprenais l'appréhension et la méfiance des chrétiens envers leurs hôtes.

Les Kurdes n'avaient jamais autant connu de gloire que depuis l'invasion américaine de 2003. L'Irak ayant éclaté en trois morceaux : un Sunnistan à l'ouest, un Chiistan à l'est et un Kurdistan autonome au nord dès 2005. Leur région, riche en pétrole, avait soudainement fait couler des milliards de dollars qui tombaient directement dans les poches des Kurdes. Les ventes de pétrole avaient changé la donne et les Kurdes pouvaient prendre enfin leur destin en main. D'une petite bourgade poussiéreuse ancrée dans les montagnes, Erbil, à l'aube des années 2000, était devenu une ville moderne en pleine expansion où les immeubles de verre et d'acier rivalisaient entre eux. Jusqu'en 2014, où la guerre contre l'État islamique avait stoppé net cette ascension économique et les constructions de nombreux immeubles avec.

Erbil était devenu l'épicentre de l'aide humanitaire internationale. Un terrain vague, une succession d'immeubles, un bâtiment qui servait jadis de supermarché, un autre dont les constructions avaient été stoppées par le début du conflit... c'était dans des lieux comme ceux-ci que les déplacés étaient installés.

Les bâches de l'agence des Nations unies pour les réfugiés (UNHCR) étaient visibles à des kilomètres et faisaient office de séparations entre les différentes habitations. Les lieux de vie ressemblaient à des squats ou à des bidonvilles. Les réfugiés avaient l'allure de nomades, errant de toiles de plastique en toiles de plastiques, sans savoir où se poser. Quelques kilomètres les séparaient de leur terre natale, mais pour l'heure, c'étaient les hommes de l'État islamique qui les occupaient.

Les Yezidis étaient nombreux également, en fuite devant l'avancée de l'EI. Les rumeurs sur ce qu'ils avaient vécu dépassaient l'entendement. Femmes violées, marchés aux esclaves, les témoins qui en avaient réchappés décrivaient des scènes horrifiques.

Les élites avaient quitté le pays depuis fort longtemps. Ces années de persécutions ajoutées à la perte de tout ce qui les définissait avaient fait des chrétiens d'Irak des déracinés dans leur propre pays. Nombreux étaient ceux qui soupiraient en repensant à l'époque de Saddam. Avec nostalgie, certains nous disaient que le Raïs avait été un véritable rempart contre l'islamisme. Depuis sa mort, beaucoup de musulmans avaient montré leur vrai visage et le chaos avait révélé leurs fantasmes d'un califat désormais réalisable.

À la même époque, en France, Mgr Daoud, archevêque syriaque orthodoxe de Mossoul, était invité pour une série de conférences. Quelqu'un lui avait demandé un jour s'il y avait eu des musulmans qui les avaient aidés durant la guerre. Sa réponse, sans détour, avait fait rire toute l'assistance : « Oui ! Ceux qui n'avaient pas lu le Coran... »

Après quatre mois sur place, je quittais Erbil et l'Irak avec regrets, mais j'avais juste hâte de me retrouver en Syrie.

11

Chef de mission en Syrie – Damas en temps de guerre

La guerre avait commencé depuis déjà quatre ans. Alors que nous roulions vers le centre de la capitale, j'avisai de grands portraits de Bachar al-Assad. Il y en avait partout. Le chauffeur de taxi, silencieux, scrutait la route embouteillée. Je lui demandais en arabe :

— Vous aimez beaucoup votre président ? Vous avez des portraits de lui partout !

Il m'a retourné un coup d'œil dans le rétroviseur pour voir si je me fichais de lui. Ou si j'étais un agent provocateur. Je l'ai rassuré :

— J'arrive d'Irak et avant, j'étais en France, dis-je pour le rassurer.

À peine avais-je fini que sa bouche se transformait en moulin à paroles.

— Le docteur Bachar al-Assad est notre héros. S'il n'était pas là pour nous défendre, nous serions tous morts depuis longtemps. Les islamistes sont dans le pays depuis des années, vous savez ? Son père Hafez, que Dieu le bénisse, les a écrasés en 1982 à Hama, quand ils se sont soulevés contre le gouvernement. Monsieur, nous sommes un pays laïque et la religion est une affaire personnelle. Nous savons tous que les Frères musulmans essaient depuis quarante ans d'imposer leur pouvoir ! Heureusement que notre président est là, sinon ma femme ne pourrait pas conduire, ne pourrait pas aller dans des cafés fumer la chicha, et ne pourrait pas sortir seule. Voilà la vérité !

Le taxi me déposa devant un hôtel pittoresque dans le quartier de Bab Sharki. Le soir, je retrouvai Antoun, dit Tony, un de nos contacts de Maaloula. Assis autour d'une bière, nous étions contents de nous revoir. Six mois avaient passé déjà depuis notre fameux voyage de Noël.

Comme beaucoup de Syriens, il ne comprenait toujours pas comment le pays avait pu basculer dans la guerre, quel engrenage fatal les avait tous entraînés.

— Tu sais, au début, il y avait une relative entente entre les manifestants et l'Armée syrienne libre. Il y avait ceux qui avaient choisi de brandir des pancartes et ceux qui avaient choisi de porter les armes. Nous nous connaissions, nous étions voisins. Même chez les plus virulents, il y avait une certaine bienveillance à notre égard. Ils nous disaient : « Vous, les chrétiens, restez en dehors de tout ça ! C'est une affaire entre nous et Assad ! » C'est ce que nous avons fait à Maaloula au début. On ne s'en est pas mêlé, et on a laissé les islamistes s'installer sur les hauteurs du village. Ce sera notre erreur. Il faudra plusieurs mois et des morts pour que les Maaloulites se décident à se défendre des fanatiques. On nous a assez critiqués pour avoir pris les armes trop tard. C'est vrai. Mais peut-être que les gens étaient simplement fatigués de devoir subir les dommages collatéraux d'affrontements opposant des musulmans à d'autres musulmans. Nous avons compris trop tard, comme des milliers de Syriens, que le problème était plus profond et que les déchirures politiques cachaient un différend bien plus grand, un conflit confessionnel !

Je savais qu'il avait raison. Le nationalisme arabe était censé transcender le clanisme et les différences communautaires sur fond confessionnel, mais c'est pourtant bien par une logique de clan que les Assad étaient montés au pouvoir. C'était la raison pour laquelle une bonne partie sunnite, proche des Frères musulmans, souhaitait les évincer du pouvoir, voire, pire, les exterminer en référence à la fatwa d'Ibn Taymiyya jetée sur les « hérétiques alaouites » au XIIIe siècle.

Tony s'interrompit quelques secondes, avant de me rappeler que « dès sa prise de fonction en 1970, Hafez al-Assad avait dû faire des compromis avec une majorité sunnite pour que sa légitimité soit contestée le moins possible. »

— En trente ans de règne, il avait fait construire plus de mosquées qu'il n'y en avait jamais eu durant mille quatre cents ans de califats islamiques successifs. Surtout il avait fait accepter l'alaouisme comme religion de l'islam alors que jusqu'à sa prise de pouvoir, cette branche du chiisme n'avait jamais été considérée comme telle. Il avait ensuite fait en sorte que jamais un non-musulman ne puisse être éligible à la présidence, fermant ainsi la porte aux chrétiens qui étaient pourtant les habitants authentiques du pays ! La charia, malgré la laïcité en vigueur, restait une des bases de la Constitution syrienne et nombreux étaient les chrétiens qui prenaient conscience que leur présence était tolérée, qu'elle ne dépendait pas de tous, mais seulement de la bonne volonté de quelques-uns. Qu'arriverait-il si Bachar al-Assad venait à être renversé ? Quel serait l'avenir des chrétiens et des minorités en général ? Quel serait l'avenir des druzes, des alaouites, des ismaeliens, des chiites duodécimains, ou encore des Kurdes ?

Les questions posées par Tony reviendraient inlassablement au cours des rencontres que j'allais faire.

Un prêtre m'avait raconté qu'en Syrie, l'erreur consistait à penser que le pays était entré en guerre contre le fanatisme sunnite en 2011. C'était faux, m'avait-il assuré, « le pays était déjà en guerre en 1979, quand un commando de Frères musulmans s'était introduit dans l'école d'artillerie d'Alep : le commando avait alors séparé les élèves alaouites des sunnites, et avait massacré quatre-vingts cadets alaouites en application de la fatwa d'Ibn Taymiyya. Voilà la vérité, mais même ici en Syrie, personne ne veut parler de cela… »

Les Frères musulmans l'avaient payé cher. En 1982, le fief de la confrérie, basé dans la ville de Hama, serait assiégé par Hafez al-Assad, le père de Bachar, qui les décimera. Les chiffres des tués n'avaient jamais été clairs et oscillaient entre 3 000 et 20 000 morts. La ville de Hama et la confrérie ne s'en étaient jamais remises. Pas même aujourd'hui.

Les vieilles haines avaient ressurgi très rapidement. Les sunnites, qui représentaient cette opposition armée, n'avaient pas tardé à ouvrir les portes à des combattants étrangers pour faire pencher le rapport de force de leur côté. Des factions de l'Armée syrienne libre (ASL) syrienne accueillaient et combattaient avec des djihadistes de Libye, de Tunisie, du Qatar, ou d'Arabie saoudite. Il n'avait fallu que quelques semaines pour que l'ASL ne soit plus ni syrienne ni libre. Elle ne faisait pas que combattre avec eux, elle recevait aussi ses ordres d'eux. En effet, c'étaient des cheikhs religieux de pays étrangers qui dictaient à ces groupes armés les actions à mener. Leurs slogans n'étaient plus empreints de démocratie, mais résonnaient désormais aux sons des *Allah akbar*.

Dans les villages du Qalamoun, entre Damas et Homs, les habitants de Maaloula, Dmeneh, Rableh, Qusayr, Yabroud, Maamoura ne reconnaissaient plus les musulmans avec lesquels ils avaient grandi et vécu. Chaque vendredi, à la sortie de la mosquée, c'est avec un mégaphone qu'ils hurlaient : « Les alaouites au tombeau et les chrétiens à Beyrouth », autrement dit l'exil. La semaine suivante, à nouveau après la prière du vendredi : « Élargissez les tombeaux des alaouites pour qu'on y jette aussi les chrétiens ! »

Mais le pire avait été l'emprise dès 2012 de l'État islamique sur les combats naissants. Ainsi, le Syrien Abou Mohammed al-Joulani, basé en Irak, avait rejoint la Syrie pour prendre la direction du Front al-Nosra dès janvier 2012. Baghdadi, chef de l'État islamique d'Irak, souhaitait alors faire reconnaître le Front al-Nosra comme extension de l'EI au Levant. Al-Joulani avait refusé, préférant se rallier à l'Égyptien al-Zawahiri, chef d'Al-Qaïda et successeur de Zarqaoui et de Ben Laden. Dès 2012, Al-Nosra s'était enraciné auprès des populations locales à majorité sunnite, ceux-là mêmes qui formaient l'ASL. Ensuite, il n'avait eu simplement qu'à phagocyter l'Armée syrienne libre. Son rapprochement avec Al-Qaïda, l'abondance d'armes et sa dimension désormais internationale allaient faire d'Al-Nosra le parfait interlocuteur pour tous les combattants étrangers pressés de s'engager dans le djihad.

C'est ainsi que naquirent les rivalités sanglantes entre Al-Nosra et l'État islamique. Les manifestations de violence entre ces deux entités djihadistes éclateront lorsque Daech, venue d'Irak à l'été 2014, empiétera sur les positions d'Al-Nosra encore présente à l'est de la Syrie, notamment à Deir ez-Zor et aux portes de Hassake.

Je m'installais en Syrie dans ce contexte, entre un Daech conquérant en pleine expansion et un Al-Nosra qui ne capitulait pas.

Le pays avait énormément changé depuis mes derniers passages avant la guerre en 2007. Des milliers de djihadistes affluaient depuis les frontières poreuses de la Turquie, de l'Irak, du Liban, de la Jordanie et d'Israël. Leur présence avait transformé en quelques années la carte du conflit syrien en une peau de léopard, tant les fronts s'étaient ouverts par dizaines aux quatre coins du pays, se transformant très rapidement en réservoirs à terrorisme...

En cas d'implosion de l'État syrien, des micro-États se formeraient à partir des communautés druzes, alaouites, kurdes et arabes sunnites. En revanche, il n'y aurait pas de terre pour les chrétiens. Il y avait certes des zones de concentration de populations chrétiennes en Syrie : le Qalamoun, la Vallée des chrétiens et la Jezire ; mais pas de continuité territoriale géographique dans laquelle ils soient implantés. Rien de comparable avec les territoires bien délimités que possédaient les autres minorités.

Dans chacune de ces régions, les chrétiens étaient une minorité parmi les sunnites, les alouites et les druzes ainsi que parmi les Kurdes. En cas d'éclatement, les chrétiens deviendraient apatrides. Pour eux, il n'y avait pas d'autre refuge que l'État syrien qu'ils s'étaient employés à façonner au fil des siècles. Aucun chrétien, même le plus anti-Bachar, n'avait envie de redevenir un *dhimmi* ! C'était aussi simple que cela.

On comprenait également ce qu'avait voulu dire Nicolas Sarkozy le 5 septembre 2011, lorsqu'il expliquait à Mgr Bechara Boutros Rai, patriarche maronite libanais, qu'il était préférable que les chrétiens de Syrie et du Liban viennent se réfugier en Europe car ils n'avaient plus leur place au Proche-Orient et que déjà deux millions de chrétiens irakiens s'étaient exilés.

Cette politique n'était pas celle de SOS Chrétiens d'Orient. Nous étions farouchement contre. Ce genre de phrase alimentait le commerce des réfugiés dans le monde. « Ne restez pas chez vous ! Fuyez votre pays, devenez un déraciné, surtout, surtout ne vous battez pas pour votre terre, venez chez nous en Europe où vous deviendrez des assistés, et on vous trouvera des *bullshit job* que personne ne veut plus faire. Venez nettoyez nos arrière-cours malodorantes. Vous serez traités comme des esclaves, vous vivrez une vie de misère. Surtout, vous vivrez à genoux… C'est ce dont nos sociétés ont besoin pour continuer à prospérer, à partir en week-end et à consommer. »

Il n'y avait aucun humanisme à tenir un tel discours, juste un projet. Les chrétiens syriens comme avant eux les chrétiens libanais ne voulaient qu'une chose : rester chez eux ! Il fallait juste se souvenir qu'avant la guerre, les Syriens ne prenaient pas le bateau pour aller en Europe !

12

Un clergé dans la tourmente – Des chrétiens entre le marteau et l'enclume

La Syrie avait été un pays chrétien autrefois. Elle avait même été LE pays chrétien par excellence. C'était sur les routes de Damas que Saul le persécuteur des chrétiens, futur saint Paul, avait été touché par la grâce du Christ. Il avait alors été baptisé par un homme religieux du nom de Ananias dans une maison du quartier Bab Sharqi dans le Vieux-Damas actuel.

De même, quand Pierre s'était établit à Antioche, dans le nord-ouest de la Syrie, une communauté chrétienne l'y avait déjà précédé. C'était ici que la première église avait été bâtie et qu'apparut le nom de « chrétien ». Cette ville fut le foyer majeur du christianisme et la base de son expansion. La Syrie deviendra très tôt une terre chrétienne puisque, en cent ans, l'Orient et l'Empire romain seront christianisés. L'évangélisation sera rapide et intense.

Avec la conquête arabe, dès 636, les chrétiens resteront majoritaires dans la région. Les musulmans leur donneront le statut de *dhimmi* (protégés) parce qu'ils considéraient les chrétiens comme un peuple appartenant aux « Gens du Livre » du fait de leur croyance en un seul Dieu. Cependant, cette « protection » avait un prix : la *jizya*, l'impôt que le non-musulman devait reverser pour bénéficier de cette protection. Cette taxe allait devenir de plus en plus lourde et contraindre les chrétiens à la conversion à l'islam ou à l'exil.

Chaque conquête musulmane nouvelle intensifiera l'islamisation des pays et les chrétiens retrouveront la dhimmitude, l'esclavage, les persécutions et le martyre.

Les premières invasions arabo-musulmanes face aux Byzantins et aux Perses vont relativement tolérer la présence chrétienne, voire l'utiliser pour tenir l'empire, au moins administrativement. Du califat omeyyade à celui des abbassides, des Arabes aux Turcs seldjukides jusqu'aux Ottomans en passant par les Mamelouks, les Mongols et les Timourides, les chrétiens deviendront une minorité dès le début du XVIe siècle…

La progression de l'islam ira de pair avec la diminution des chrétiens qui ne retrouveront la paix au milieu des musulmans que lorsque le nouvel empire ou califat se stabilisera avant de subir de nouvelles persécutions lors d'une nouvelle vague islamique conquérante pour repousser encore plus loin les bases d'un nouvel empire…

Aujourd'hui, la Syrie abrite les Églises grecques, syriaques, arméniennes, maronite, assyrienne, chaldéenne et latine. Les Grecs orthodoxes, les Grecs catholiques et les Syriaques orthodoxes y ont leur patriarcat.

13

Voyage en Jezire

Cela faisait une semaine que j'étais en Syrie, lorsque Benjamin m'envoya de Paris un long récapitulatif des missions à organiser.

— Prendre contact avec toutes les représentations chrétiennes de Syrie et leur demander ce dont ils ont besoin... dans la mesure de nos capacités, bien sûr, insista Benjamin.

C'était en Jezire que se trouvait une des plus grosses concentrations de chrétiens syriens. Les nouvelles que je glanais à travers mes contacts n'étaient pas très bonnes. Les chrétiens étaient pris en tenaille entre les Kurdes et Daech.

En arabe, Jezire signifie « île ». Cette région est un morceau de terre coincé entre les deux grands fleuves que sont le Tigre et l'Euphrate. Formée de plusieurs provinces, la Jezire comprend la province de Hassake, l'est de la province d'Alep, le sud de la province de Raqqa et le sud-ouest de celle de Deir ez-Zor. Pour les Kurdes, c'est le « Kurdistan » ou « Rojava », leur terre sacrée, « l'Ouest » en kurde. À leurs yeux, cette région riche et fertile, est un des quatre morceaux du grand puzzle kurde qui va des montagnes iraniennes du Zagros jusqu'au centre de l'Anatolie turque, en passant par toute la partie nord irakienne. Un pays qui n'existe que dans le cœur des Kurdes.

La concentration de chrétiens sur la zone ne datait pas d'hier. Ils sont les descendants directs des Assyriens et des Araméens. Il y a plusieurs millénaires, les Assyriens originaires de la

Mésopotamie avaient conquis tous les territoires du Croissant fertile, transformant ainsi les royaumes araméens situés plus à l'ouest en provinces assyriennes. En se convertissant au christianisme, les Araméens devinrent ce qu'on appelle les Syriaques.

Cette population sera rejointe dès 1915 par les rescapés du génocide perpétré par les Turcs sur les Arméniens, les Assyro-Chaldéens et les Syriaques. *Safer barlek* ou « la grande marche ». Hommes, femmes, enfants, vieillards, ils seront des centaines de milliers à mourir, poussés par les Turcs lors de la traversée du désert qui allait de Raqqa à Deir ez-Zor. Aussi, quand la guerre frappa la Jezire en 2012, pour toute la population c'étaient les Turcs, les Arabes et les Kurdes qui revenaient finir le travail commencé un siècle auparavant.

Pour s'y rendre, il fallait prendre la ligne aérienne Damas-Qamishli. Il y avait juste un bémol. L'avion devait survoler l'État islamique qui isolait le Nord-Est syrien avec la Turquie et le Kurdistan irakien. Savoir que durant une heure et demie j'allais survoler cette zone ne me rendait pas tranquille. Plusieurs histoires circulaient sur des avions commerciaux qui auraient été abattus au-dessus de la zone. Le contrôle à l'aéroport de Damas était sérieux. Le document de l'Église qui me permettait de voyager de ce côté-là du pays était reçu difficilement par les autorités. Le responsable de la sécurité fit une grimace en voyant mon passeport. L'homme moustachu, petit et grassouillet n'appréciait pas. Il me fit patienter longuement pendant qu'il passait des coups de fils. Au bout d'une demi-heure, il me rendit mes documents et me laissa passer avec agacement. Le vol était décalé de plusieurs heures. Le trafic aérien était visiblement perturbé par les événements qui se déroulaient dans l'est du pays, du côté de Deir ez-Zor. Cette ville était alors assiégée depuis trois ans par l'ASL qui progressivement avait dû laisser sa place aux islamistes. Ainsi les hommes de l'État islamique avaient-ils supplanté massivement les premiers islamistes d'Al-Nosra en leur proposant deux choix : ou bien combattre sous les ordres de Baghdadi ou bien quitter leurs positions. Ceux qui avaient refusé avaient été liquidés impitoyablement, les autres s'étaient enfuis vers Alep grossir les rangs d'Al-Nosra.

Un des passagers m'expliquera que « les couloirs aériens sont occupés et partagés entre les Américains qui opèrent à l'est de l'Euphrate et les Syriens et les Russes qui volent à l'ouest du fleuve. »

J'avais patienté tout en attirant le regard des curieux. Je pouvais reconnaître le faciès carré des Kurdes, les grands sourcils de leurs femmes aux traits indo-européens, tandis que les Arabes, bédouins pour cette partie du pays, étaient reconnaissables à leur allure. Parfois allongés sur le sol en position latérale, certains dormaient, d'autres discutaient. Les passagers étaient essentiellement des ruraux, des hommes en veste-djellaba coiffés d'un keffieh rouge. Certains avec une canne à la main, moustachus et bedonnants. Les femmes étaient fortes, elles aussi, tatouages sur le visage, vêtues et voilées de noir. Dans l'avion, ils encombraient tous les espaces de rangements après avoir dévalisé Damas.

Avant de partir, j'avais contacté l'église syriaque orthodoxe de Qamishli via leur patriarcat à Damas. À mon arrivée, un prêtre vint me chercher avec un chauffeur. Très austère, abouna Saliba était cordial, mais peu bavard. Grand avec une longue barbe, vêtu de noir, il me sonda du regard, comme s'il cherchait à scruter mon âme. Poliment, il me demanda si j'avais fait bon voyage. Abouna ne semblait pas savoir pourquoi j'étais là, ni même pourquoi c'était à eux que je venais rendre visite.

14

Qamishli – Nadia

Nous avions quitté la zone aéroportuaire. Les salutations du père Saliba aux hommes de l'armée syrienne qui assuraient la sécurité nous permettaient de passer plus rapidement les barrages. Dans toute la Syrie, les hommes de Dieu étaient respectés, quelle que soit la religion. Ce fut au son des « *Faddal abouna, ahlen !* » (Je vous en prie mon père, bienvenue !) que nous évitâmes les embouteillages et regagnâmes le centre-ville qui n'était guère loin.

Les églises arménienne catholique, chaldéenne, syriaque orthodoxe s'ont alignées les unes à la suite des autres dans une seule et même rue au cœur de Qamishli. On ne pouvait pas rater les bâtiments et la singularité architecturale spécifique à chaque rite.

Nous arrivâmes à l'église syriaque orthodoxe peu avant la messe. Je suivis le père Saliba avant d'entrer dans la sacristie. Les hommes qui travaillaient aux côtés des clercs dans la paroisse me saluèrent, m'offrirent un rafraîchissement et me posèrent des questions. Je voyais bien qu'ils s'interrogaient à mon sujet. On me demanda qui j'étais, d'où je venais, ce que je comptais faire ici en Jezire, à quelle organisation j'appartenais, si j'étais arrivé de Damas ou bien d'Irak, si j'aidais les chrétiens à rester ou à migrer...

Le rendez-vous n'était pas hostile, mais curiosité et méfiance étaient mêlées. Je les rassurai en me présentant et en expliquant les fondements de SOS Chrétiens d'Orient, qui nous étions, quelle était notre mission, mais ils fixaient autre chose. Des cicatrices bien visibles sur mes avant-bras, stigmates d'un passé agité, attiraient leurs regards. Je sentais bien dans leurs yeux qu'il y avait quelque chose qui ne collait pas avec le personnage que j'étais censé représenter. Je sentais la gêne, mais elle fut tout de suite surmontée par une nouvelle série de questions. Je restai moi-même, je répondis avec honnêteté.

Les Occidentaux arrivaient souvent en fraude dans cette région, qu'ils soient journalistes ou humanitaires. Cette manière de procéder était très mal interprétée et jugée comme un non-respect de la souveraineté nationale. En effet, ceux qui arrivaient du Kurdistan irakien pour venir dans le « Kurdistan syrien » le faisaient souvent par le point de passage kurde de Fishkhabour et ne se voyaient délivrer aucun visa pour la Syrie. L'entrée dans le pays était donc illégale, exceptée au regard des Kurdes qui facilitaient le passage des Occidentaux pour leurs fins politiques. Aussi, l'Église, quel que soit le rite, réputée pour être fidèle et loyale envers le pouvoir central, n'appréciait pas cette méthode. Se lier avec un étranger qui ne respectait pas les règles du jeu syrien pouvait être très mal perçu.

À la fin de la célébration, le père Saliba m'invita à l'accompagner à l'étage du bâtiment voisin de celui de l'église. Dans une grande pièce rectangulaire, les murs blancs faisaient ressortir le bleu foncé des nombreux sièges qui étaient disposés en cercle. Les places du milieu étaient pour les prêtres. J'étais assis à droite du père Saliba tandis que la place centrale revenait au père Abdallah. Les paroissiens se massaient à la porte pour venir saluer, embrasser chacun des prêtres; ces derniers leur donnaient leur bénédiction, un rituel. Les uns derrière les autres, ils entraient, saluaient et ressortaient.

Certains prirent place parmi nous. Le père Saliba, bienveillant, essaya de me traduire et de m'expliquer simultanément ce qui se passait. Devant nous, de nombreux pères de famille exprimaient leur désarroi et leur colère. Je voyais bien que le curé de la communauté peinait à les apaiser. Ici comme dans tout l'Orient, la vie paroissiale est intense : le prêtre s'occupe des affaires religieuses, supervise l'éducation des enfants et assure le lien entre la communauté, l'État et les autorités locales.

— Abouna, ils ont pris mon fils aîné ! Abouna, je dois payer une rançon pour qu'ils le relâchent ou bien il devra faire son service militaire kurde.

Un homme, les yeux cernés de chagrin et de colère, était au bord des larmes parce que son fils avait été enlevé par les Kurdes. Ces derniers lui reprochaient sa fidélité et sa loyauté à la République syrienne.

Sa punition était l'emprisonnement pour ne pas avoir rejoint les rangs du YPG, la branche du PKK en Syrie. Tandis que le plaignant s'essuyait les yeux, les visages des prêtres s'assombrissaient comme impuissants face à une situation qui n'était pas nouvelle.

Abouna me retranscrivait fidèlement tout ce qui était échangé, son regard fidèlement dur. Il n'intervenait jamais, n'ouvrait pas la bouche, ne donnait pas son avis. J'étais assez surpris de ce que j'entendais. Je n'imaginais pas les forces kurdes participer à ce type d'action. Le père Saliba, dans un anglais chantant, m'expliqua combien la situation était grave.

— Les Kurdes sont en train de commettre une regrettable erreur et ils la paieront sûrement plus tard. Nous autres, chrétiens, avons toujours été fidèles à la Syrie. Nous lui donnons le meilleur de ce que nous sommes, comme nous l'avons fait par le passé. La Syrie n'est pas Bachar al-Assad. La Syrie est éternelle et l'a prouvé plus d'une fois. Notre peuple a apporté les sciences et la littérature aux Arabes conquérants, mérites qu'ils se sont attribués mais qui leur ont donné leur âge d'or. C'est aussi grâce à cela que nous avons survécu. Les Kurdes veulent nous imposer leur lutte contre les différents États régionaux et nous font payer le prix de notre loyauté à notre président. Ils oublient que ce sont nos grands-parents qui ont appris aux leurs à lire et à écrire. Ils oublient que nous vivons ensemble depuis toujours. Ils regretteront très vite d'avoir perdu le peu qu'ils avaient…

Nous échangeâmes encore pendant environ deux heures sur des sujets d'histoire, de géopolitique, de langues, de civilisations. Cultivé, le père Saliba était amoureux de son identité et comme beaucoup, il craignait de la voir disparaître. Menacés par l'État islamique au sud et intimidés par les indépendantistes kurdes parmi lesquels ils vivaient, les chrétiens de la Jezire avaient le choix entre fuir devant les djihadistes ou rester et accepter l'oppression toujours plus grandissante du Parti de l'Union démocratique (PYD), la ramification du PKK en Syrie et de ses branches armées YPG/YPJ. Considérés comme loyalistes, les chrétiens étaient de plus en plus victimes d'arrestations de la part des indépendantistes kurdes qui les forçaient à entrer dans leurs rangs et à quitter ceux de l'armée syrienne.

À ce problème politique allait s'ajouter le problème économique. La vie des chrétiens reposait essentiellement sur l'Église. Elle était garante de la survie de leur patrimoine culturel et donc identitaire. Aujourd'hui, la crise ne permettait plus à bon nombre d'entre eux d'assurer une scolarité chrétienne à leurs enfants.

Visiblement, même les Kurdes souffraient de cette politique de force du PYD, beaucoup préférant passer la frontière irakienne et vivre sous l'autorité du PDK de Barzani beaucoup plus libéral.

Le lendemain matin, vers 9 heures, je quittai l'hôtel et rejoignis la paroisse du père Saliba. Je voulais les aider, mais comment ?

J'expliquai à nouveau pourquoi nous étions là : aider les chrétiens où qu'ils soient et leur porter secours selon nos moyens. Abouna réfléchit longuement. Je sentais une gêne doublée d'une immense fierté, teintée de pudeur. Je voyais bien qu'il ne souhaitait rien me demander.

— Allons visiter la ville.

En voiture, je découvris Qamishli. Nous passons des barrages tantôt syriens, tantôt kurdes. D'un quartier à l'autre, en l'espace de quelques mètres, nous passions d'un territoire sous autorité syrienne à un autre sous autorité kurde.

— Savez-vous que Qamishli est une création française ? me lança le père, l'air rieur. Elle a été construite par les Français en 1926 à la frontière turque juste en face de la ville turque de Nusaybin. Lors du génocide de 1915, elle deviendra un abri pour les réfugiés chrétiens fuyant les massacres. Les Kurdes viendront plus tard se greffer sur cette ville en formation. Puis quelques années après, ce sera au tour des Assyriens et des Chaldéens de Simélé de migrer dans la Syrie voisine.

Il s'interrompit.

— Regarde droit devant ! Tu vois ces voitures qui roulent en bas de ces bâtiments là-bas ? C'est déjà la Turquie !

Les Turcs ne se trouvaient qu'à quelques petites centaines de mètres, derrière un grillage.

— Les agissements kurdes ne nous font pas peur. Ce que nous redoutons le plus, c'est la réaction des Turcs ! Ils n'hésiteront pas à nous faire payer les conséquences de l'obstination kurde ! Ils n'accepteront jamais que le PKK fasse de la Syrie sa base arrière. Nous avons déjà injustement subi des représailles par le passé, de leurs mains à tous deux, des Turcs et des Kurdes…

Je constatai, au détour d'une artère, que les noms arabes des rues de Qamishli avaient été effacés pour laisser place à de nouvelles inscriptions, à la gloire des martyrs kurdes. Puis le père me montra l'établissement scolaire de l'Église syriaque orthodoxe. Il m'expliqua que les écoles privées du pays possèdaient deux directeurs, un lié à l'Église, un autre lié à l'État. J'en conclus que c'est une manière pour le gouvernement de surveiller les affaires de l'Église.

Le père Saliba restait très attentif à l'éducation et à la culture de ses jeunes ouailles. Il veillait à ce que les traditions ne se perdent pas et qu'elles soient bien transmises. L'enjeu était identitaire et spirituel. Son principal souci était l'éducation de la jeunesse chrétienne, l'avenir du pays. Pourtant, à cause de l'émigration et par faute de moyens financiers, le nombre d'inscrits dans les écoles syriaques orthodoxes de Qamishli diminuait ostensiblement d'année en année.

Après trois jours de présence, de visites, d'écoute, je rassemblai les éléments dont je disposais. J'avais compris qu'au début du conflit dès 2012, les membres du PYD avaient menacé de fermer les établissements scolaires publics si l'enseignement n'était pas donné en langue kurmandj, un dialecte parlé par la majorité des Kurdes. Le gouvernement, de son côté, avait répondu avec fermeté aux chefs de ces établissements scolaires que les enseignants ne recevraient aucun salaire s'ils acceptaient le chantage kurde.

Les Kurdes avaient donc fermé les écoles très rapidement, ce qui avait entraîné des sureffectifs dans les établissements scolaires privés, auxquels ils n'avaient pas encore osé s'attaquer. Les écoles privées, rattachées aux églises, constituaient le dernier rempart face à l'alphabétisation kurde forcée et par conséquent une dernière chance pour les jeunes du Nord-Est syrien de recevoir encore une éducation. Seulement, contrairement aux écoles publiques, elles avaient un coût. Impossible pour ces familles chassées du public par les Kurdes de sortir le moindre denier, surtout dans une crise pareille. Certains parents avaient alors décidé de ne plus scolariser leurs enfants.

— Venez.

Je visitai des salles de classe où les enfants partageaient à cinq des bancs conçus pour deux élèves. Le nombre d'enfants par classe était passé de vingt à cinquante. On y voyait des chrétiens, des Arabes et des Kurdes.

De plus en plus d'habitants de la Jezire s'insurgeaient contre la « kurdisation » de l'administration syrienne locale, qu'ils soient syriens et chrétiens d'origine syriaque ou chaldéenne, arabes musulmans ou bien même kurdes.

À mon contact, certaines langues n'hésitèrent pas à se délier. Certains explosaient de colère et me confieront : « L'autorité de l'État syrien est en lambeaux dans la région : si vous êtes soumis à un contrôle des papiers au volant d'une voiture, la police vous demande votre permis de conduire "kurde", le permis national n'étant pas reconnu par les autorités locales. Ainsi les habitants de la Jezire doivent passer deux services militaires, deux permis de conduire, apprendre une langue qui leur est étrangère, etc. »

L'État syrien maintenait un discours d'unité de façade, tout en faisant croire que les Kurdes étaient une extension du bras armé syrien dans la région de la Jezire. En réalité, ceux-ci jouaient leur partition face à un État syrien affaibli par un conflit qui rendait les autorités incapables d'assurer la sécurité partout. Les Kurdes entendaient bien en profiter pour avancer d'un pas vers la création d'un Kurdistan.

Après trois jours, je voulais aller plus loin et prendre la route vers le sud, vers Hassake. Avant de partir, il me fallait avoir une dernière réunion avec le père Saliba. Face à lui, j'insistai encore afin de savoir comment nous pouvions agir pour les aider.

— Abouna, je ne suis pas venu en Jezire pour faire du tourisme, je suis venu pour vous aider. En France, des gens ont sacrifié leurs économies pour vous venir en aide. Je ne suis qu'un intermédiaire entre eux et les chrétiens nécessiteux que vous représentez. Et si notre aide peut contribuer aux besoins des non-chrétiens qui vivent avec difficulté ce que leur imposent les événements, que ce soit de la main de Daech ou bien des Kurdes, c'est avec une grande joie que nous souhaitons leur venir en aide à eux aussi…

Abouna écouta puis se retira pour revenir avec, dans ses mains, une liasse de papier. Il s'agissait de tableaux interminables dans lesquels étaient répertoriés les nom, prénom et âge de tous les enfants admis dans leur établissement pour l'année scolaire à venir.

— Si vous pouviez nous aider à assurer les inscriptions de tous ces enfants… Ils ne sont pas tous chrétiens, ils sont pour la plupart musulmans issus du public.

De Hassake, j'étais redescendu en avion à Damas depuis peu lorsque j'appris que Daech venait de lancer deux attaques. Deux violentes explosions s'étaient succédé dans la périphérie de la ville. Quarante-huit heures plus tard, l'organisation islamiste montait à l'assaut de deux quartiers de Hassake et s'en était emparé. Dix jours durant, l'armée syrienne allait livrer bataille contre l'EI avant d'être rejointe par les forces kurdes qui n'accepteraient de combattre les djihadistes que sous certaines conditions : se battre seuls et sous leurs propres drapeaux. La chose entendue, l'armée syrienne et les Kurdes se battront séparément contre l'État islamique.

— Ils nous ont attaqués. Nous avons tout laissé !

La voix de Nadia étrangement calme, résonnait dans mon portable. Son quartier avait été pris d'assaut par Daech. Originaire de Hassake, Nadia était une proche de l'association depuis son commencement. En 2013, elle avait rencontré à Damas les premiers participants aux actions humanitaires de SOS Chrétiens d'Orient. Fidèle et enthousiaste à la venue d'étrangers dans son pays meurtri par la guerre, elle restait à la disposition de l'association si besoin. J'avais sollicité son aide lors de mon déplacement en Jezire, particulièrement à Hassake.

Sombre, elle m'expliqua qu'elle et sa famille avaient dû fuir leur immeuble devant l'offensive.

— Nous avons tout laissé derrière nous. Nous sommes restés deux jours à les regarder prendre position de l'autre côté de notre quartier. Tu te souviens la rivière asséchée en face de l'appartement ?

— C'est là qu'ils étaient ?

— Ils y sont restés deux jours. Du balcon on pouvait les voir s'organiser. Dans l'immeuble tout le monde commentait leurs déplacements. Et puis on a vu qu'ils installaient des mortiers dans notre direction. Une fois qu'ils ont été prêts, ils ont lancé l'assaut sur nos maisons. Ils ont tiré sur les immeubles et les maisons, et ont commencé à nous bombarder. C'était affreux.

Nadia et sa famille avaient fui à temps, juste avant que Daech ne traverse la rivière et envahisse l'autre rive.

— Nous sommes dans un camp pour les familles déplacées à la sortie de la ville. Nous attendons de pouvoir rejoindre Damas dès que possible. Ça va durer encore un peu, mais impossible pour nous de savoir combien de jours ou de semaines…

Depuis Hassake, Nadia arrivera enfin à Damas avec ses parents et ses trois frères. Son quartier désormais entièrement sous contrôle de Daech, ne pouvant plus retourner chez elle, comme des milliers d'autres Nadia allait s'installer comme elle le pouvait dans la capitale syrienne.

15

Première fois à Alep – La route de la mort

« Bonjour Benjamin. Nous ne nous connaissons pas. Je suis Père Fadi de Alep. Nous vivons des temps extrêmement difficiles depuis trois ans. Sans eau, sans électricité, sans nourriture, et notre jeunesse quitte le pays.

Nous faisons ce que nous pouvons pour la survie de la communauté chrétienne ici. Nous avons entendu parler du remarquable travail que vous avez fait à Maaloula.

Hier soir des affrontements ont eu lieu dans ma rue, je ne sais pas combien de temps la ville va tenir. Nous ne savons pas si nous serons encore là demain. S'il vous plaît, aidez-nous ! »

Le message de ce prêtre melkite d'Alep ne nous avait pas laissés indifférents. Court et fort, il avait fait réagir Benjamin qui me l'avait envoyé immédiatement.

« Alexandre ! Tu as lu le courriel du père Fadi ? Ce serait bien si tu pouvais te rendre à Alep dès que possible ! »

Après avoir fini d'écouter le message de Benjamin, j'avais relu le mail. On ne pouvait plus clair, c'était un véritable appel au secours.

— Pour aller à Alep ? C'est très simple. C'est tout droit. Tu en as pour plus d'une dizaine d'heures. Si tu ne te fais pas tuer, évidemment, me dit Nadia avec ironie.

Je ris jaune…

— En fait, continua-t-elle en revenant sur la carte étalée devant nous où je suivais son doigt, tu pars de Damas par l'autoroute où tu en as pour douze heures de trajet plein nord. À partir de Homs, voire un peu plus loin, c'est huit heures incertaines dans le désert avec, à moins d'un kilomètre sur ta gauche, Jabhat al-Nosra et moins d'un kilomètre sur ta droite, Daech.

La nuit fut courte. Je n'avais cessé de penser au trajet sur cette fameuse route de la mort. Il fallait vraiment avoir envie d'y aller. À 5 heures le lendemain matin, je rejoignais à la sortie de Damas le terminal de bus improvisé sur cette portion de route appelée Adaoui Autostrad. Il y en avait pour toutes les destinations, même pour Raqqa !

Après avoir acheté mon billet à un guichet qui venait d'ouvrir sa devanture sous mes yeux, j'attendis dans le jour qui se levait.

L'heure du départ approchait : à 6 heures, les passagers se massèrent à l'entrée du car qui partait en direction d'Alep. Les impacts de balles visibles sur le large pare-brise du véhicule me donnèrent une idée de ce à quoi pouvait ressembler le voyage.

Les voyageurs ne cessaient de me scruter. Ne pas lâcher quelqu'un du regard jusqu'à se retourner pour continuer à l'observer n'était visiblement pas considéré comme de l'impolitesse. En quelques minutes, j'étais devenu l'étrangeté du voyage. Certains chuchotaient entre eux, en souriant parfois. D'autres affichaient une indifférence affirmée. Je saluais poliment les regards que je croisais.

Le jour était en train de se lever sur Damas. Le moteur se mit en marche et le bus s'ébranla lentement avant de prendre de la vitesse. J'étais partagé entre la peur et l'excitation de découvrir la grande capitale du Nord. Dans le bus, les gens se racontaient des histoires terribles. Des histoires de faux barrages, d'enlèvements et de meurtres. Je me dis que dans mon cas, ils toucheraient le jackpot. À chaque arrêt, les gens se levaient pour détailler à travers les vitres les soldats en commentant à haute voix, essayant de savoir si c'étaient de vrais soldats ou des terroristes...

Le car me berçait doucement par son roulis. Je m'endormais quelques minutes, puis me réveillais en sursaut, somnolant mollement avant de me redresser tout d'un coup. Difficile de compléter un sommeil interrompu avec ces routes trouées qui faisaient bondir le poids lourd tandis que les barrages à répétition stoppaient sans cesse notre course. Je n'aimais pas que l'on s'arrête ! Je voulais qu'on roule d'une traite et le plus vite possible. À chaque ralentisseur, chaque arrêt, le car, tel un vieil animal fourbu mettait un temps fou à reprendre sa course. Pas de reprise, lourd et fatigué, le véhicule ne permettait aucune échappatoire en cas d'attaque ! Et qui ouvrirait les portes si on était pris d'assaut ? Je priais pour que cela n'arrive pas !

Certains barrages, plus importants que d'autres, nécessitaient de montrer patte blanche. L'homme qui assistait le chauffeur effectuait un passage dans les rangs afin de ramasser toutes les pièces d'identité des passagers pour les remettre au personnel de sécurité et à l'armée. Mon passeport français faisait tache et mes voisins l'avaient bien remarqué.

— Tu es originaire d'où ? me demanda amicalement l'assistant.

— De France, répondis-je le plus bas possible.

Un coup de fil de la part de l'un des passagers du car pouvait changer la nature du voyage. On ne crachait pas sur des millions d'euros, surtout durant une crise pareille !

Puis Homs apparut.

Nous passâmes le grand rond-point du quartier Al-Zahra afin d'entrer dans la ville. La file d'attente était longue jusqu'au point de contrôle. Des kamikazes se faisaient régulièrement exploser avec leur voiture à ce barrage. L'axe principal qui passait au cœur de la ville était sectionné par une route qui nous invitait à prendre à droite afin de contourner Homs par sa périphérie. Le silence tomba brusquement sur le bus. Nous étions en train de sortir de l'autoroute et prenions plein est. Par la vitre, j'entraperçus un panneau bleu routier indiquant la direction de Raqqa. J'eus un instant de frayeur. Et si le chauffeur nous emmenait directement chez les barbus ?

Sentant mon inquiétude, mon voisin qui récitait des sourates depuis le début sourit et me dit en arabe :

— Nous prenons la direction de Raqqa jusqu'à Istrye, puis on bifurque à gauche jusqu'à Khanasser. C'est dangereux, mais c'est la seule route. *Inshallah kheir.* Si Dieu veut, tout ira bien !

L'autoroute qui reliait Homs à Alep par Maarat Naaman et Saraqeb avait été coupée dès le début des combats car elle passait en plein milieu d'Idlib. C'était désormais une petite route improvisée dans le désert qui permettait de désenclaver la deuxième ville du pays par Istrye et Khanasser. Celle-ci était alors devenue le cordon ombilical assurant ainsi quotidiennement le ravitaillement de la ville en matières premières, et en munitions.

Passé les quelques kilomètres après Homs, la route devint plus angoissante. Par la vitre, je distinguai des steppes à perte de vue. Trois heures plus loin, à hauteur d'Istrye, nous avions changé de trajectoire. Ce carrefour militaire était marqué par les différentes forces en présence. Un panneau bleu apparut soudain sur lequel était écrit en arabe : *Al mout li Amrika. Al mout li Israil*, « Mort à l'Amérique. Mort à Israël ». Je reconnaissais là la patte de la République islamique d'Iran, c'était son slogan préféré.

Soudain des drapeaux jaunes apparurent, ceux des Fatemiyouns, milices chiites afghanes sous les ordres de l'Iran ; ils étaient maintenant omniprésents. Ils ressemblaient à ceux du Hezbollah libanais, à la différence que, sur ceux des Afghans, était écrit « Fatemyoun » en noir sur fond jaune et qu'au lieu d'une kalach, il y en avait deux. D'autres drapeaux flottaient eux aussi, noirs, verts, jaunes et où étaient inscrits les noms de Hassan et Hossein, les 2e et 3e imams et martyrs de l'islam chiite.

Le bus tourna sur sa gauche vers Khanasser pour atteindre Alep par le Sud. Les carcasses de voitures éventrées par les tirs de mitrailleuses et de roquettes ainsi que les cadavres de bus calcinés parsemaient la route tels des stèles ponctuant notre trajet.

— Encore quatre heures, lâcha mon voisin. Quatre heures de car à couper à travers les steppes et le désert, au beau milieu des djihadistes.

Capitale culturelle de la Syrie, à environ trente kilomètres au sud de la Turquie, Alep était assiégée par les groupes islamistes depuis maintenant près de trois ans. Les premiers combats avaient commencé en juillet 2012. Avec près de 2 millions d'habitants, la ville, véritable poumon économique du nord du pays, s'était retrouvée très rapidement prise en tenaille entre le Front de la Victoire ou Jabhat al-Nosra et Daech.

Je me remémorais les dizaines d'articles que j'avais lus, émissions entendues, vantant ces groupes rebelles « islamistes modérés et démocrates ». La vérité était malheureusement tout autre. Ceux-ci, pro-démocratiques du début, n'étaient qu'un lointain souvenir et s'étaient fait avaler par l'hydre islamiste depuis longtemps. En l'espace d'un an, les slogans « Pour la liberté et la démocratie » avaient laissé place à « *Allah akbar* ».

Khanasser était en vue. À Sfire, peu avant d'arriver à Ramousse, la zone industrielle devenue la porte d'entrée d'Alep par le Sud, tous les bus s'arrêtaient. C'était le seul endroit après Homs où l'on pouvait faire une pause pour se soulager ou pour manger. Par la vitre, je découvrais Ramousse, la zone industrielle du sud d'Alep. Le décor, dantesque, offrait au regard des images de dévastations à perte de vue.

Avant d'y accéder, il nous fallait encore passer quelques points de contrôle. L'armée était là ; les bâtiments troués de toutes parts, les sacs de sable, les barils d'essence vides, les drapeaux déchirés me firent tout de suite comprendre que ce lieu était régulièrement sous les feux. Les soldats avaient le visage have et semblaient harassés. Quotidiennement soumis à des bombardements, leurs regards étaient durs.

— Alep ! Alep ! cria le chauffeur du bus comme pour bien insister sur le formidable exploit que nous venions de réaliser.

Il était 18 heures et j'avais passé près de 12 heures dans cette carcasse de fer. À peine mis-je un pied dehors qu'abouna Fadi qui m'attendait me reconnut et vint vers moi.

Le père Fadi était à la tête d'un groupe nommé jeunesse étudiante chrétienne, la JEC.

— Ce groupe voit ses membres diminuer parce qu'énormément de jeunes ont quitté le pays par peur de mourir, me dit-il. C'est une tristesse de voir les rues dans lesquelles ils ont grandi privées de leur voisinage parce qu'il a presque entièrement émigré. Cela ne leur donne plus la force de tenir.

Le père Fadi faisait partie de ces résistants, de ces quelques rares personnes qui continuaient d'essayer de maintenir le peu de jeunes qui restaient en les occupant avec des activités et des projets. Le but était aussi de les aider à appréhender l'avenir.

Ensemble nous nous rendimes à sa paroisse, l'église Saint-Michel. Dans une salle, au sous-sol de l'édifice, étaient présents les quelques jeunes avec lesquels il préparait les activités pour les plus petits. Certains d'entre eux ne comprennaient pas ma présence.

— Tu dois être un peu fou pour venir jusqu'ici, à Alep ! Pourquoi ? me lança une fille avec un large sourire.

Un autre reprit :

— Oui, pourquoi ? Nous voulons partir, nous voulons aller en France.

Une autre coupa :

— Moi au Canada.

— Oui, et moi en Suède, enchaîne un troisième. Qu'est-ce qui t'attire ici ? Il n'y a que mort et destruction. Il n'y a rien d'autre.

Calmement, je répondis :

— Moi, je suis venu pour vous !

Le père Fadi me fit signe de le rejoindre de l'autre bout de la pièce. Je me retirai en saluant les jeunes qui reprirent aussitôt leur travail. Le père m'invita à la cuisine pour manger.

— Tu dois avoir faim après ce long voyage ! Vous nous excuserez, mais nous n'avons plus d'eau ; pour se laver, il faut aller dehors et prendre un seau. Les djihadistes, retranchés dans les quartiers Est de la ville, tiennent les stations d'eau et assoiffent les habitants de l'Ouest en la coupant. Aussi le gouvernement a ouvert les vannes des réservoirs souterrains de la ville, mais ils sont à sec depuis des mois. On utilise l'eau des nappes souterraines, mais elle n'est pas consommable. L'État a permis la purification des eaux depuis les puits situés sous les églises et les mosquées de la ville.

J'apprendrai que la ville d'Alep regorgeait d'eau, mais d'une eau souterraine. Pour l'atteindre, il fallait juste creuser des puits pour leurs ouailles. Tous les lieux de culte, mosquées et églises, s'étaient transformés en stations d'eau et répartissaient entre les habitants l'eau tant convoitée.

Tandis qu'abouna Fadi m'accompagnait à la paroisse Sainte-Mathilde chez les salésiens, je ne pus m'empêcher de lui parler des échanges que j'avais eus durant la journée avec les jeunes de la JEC. Il me dit, le regard plein de tristesse :

— J'ai besoin de vous justement à cause de ça ! J'ai besoin que vous redonniez espoir à nos jeunes ! Que va devenir notre pays s'ils partent tous ?

J'allais passer la nuit chez les salésiens. Cette communauté chrétienne latine accueillait tous les enfants chrétiens de tous les rites orientaux afin de leur donner des activités d'été. C'était devenu d'autant plus important que tous ces jeunes souffraient réellement de cette guerre. Ils ne vivaient qu'au son des bombes, des sirènes. Chaque jour quelqu'un perdait un ami, mort, déplacé ou réfugié.

Après avoir fait la connaissance des pères Georges, Monir, Luciano et du futur père Pierre, nous passâmes directement à table. Nous évoquâmes la dramatique situation d'Alep et le long chemin que j'avais fait depuis Damas. J'étais sensible au fait que ma présence les touche et j'étais impressionné par leur courage. Ils parlaient de la situation avec un sourire apaisant. Je me dis alors que ce ne devait peut-être pas être si dramatique quand soudain, j'entendis un premier bruit lourd, sourd, profond qui me remonta dans l'estomac. Un bombardement. Puis un autre. Puis encore un autre. Ce que j'avais pris pour un bruit très lointain était en train de se rapprocher. Installés autour de la table, faisant comme si de rien n'était, les frères continuaient à diner. Puis le bruit s'arrêta quelques instants. L'un des frères tendit l'oreille :

— Ça doit venir du quartier de Bani Zeyd, dit-il comme s'il parlait de la pluie qui tombait.

– C'est tous les soirs ainsi depuis trois ans, surenchérit le père Georges en riant. Bienvenue en Alep, Mr Alexandre.

Le dîner, maigre, fut expédié rapidement. Le père Georges, tout en me faisant visiter les lieux, me conduisit à ma chambre pour y déposer mes affaires. Père Georges est le supérieur des salésiens d'Alep.

— Demain, je vous montrerai la ville ou plutôt ce qu'il en reste…

Dehors, la chaleur rendait la nuit épaisse. Je me glissai dans les draps moites, l'oreille aux aguets. Alors que je m'apprêtais à fermer les yeux, une première explosion résonna non loin dans la rue. Puis une deuxième, accompagnée de tirs de mitraillettes. D'un coup d'un seul, je sortis de mon lit pour regarder dans le couloir. Personne ! Tout monde semblait dormir. Personne ne paraissait s'inquiéter de ce qu'il se passait ! Les tirs maintenant semblaient proches et les vitres tremblaient sous les effets de souffle des bombardements. Je restai pétrifié. Les tirs s'accentuaient comme si l'attaque était en train de se dérouler de l'autre côté de mon mur. Je sentais que ça se rapprochait, les combats avaient l'air d'avoir lieu juste devant le couvent. J'étais horrifié à l'idée de me dire que les djihadistes allaient entrer et nous exécuter. Mon cerveau galopait maintenant à pleine vitesse…

Malgré le fracas à l'extérieur, le couloir restait, lui, toujours silencieux. Personne n'était sorti de sa chambre. J'étais tout seul à errer en caleçon. Piteusement, je rejoignis ma chambre, en me disant que nous allions tous mourir sans que quiconque se réveille ou sorte de son lit.

La nuit avait été abominable. Au petit matin, l'œil rouge, je retrouvai les prêtres autour de la table. Tout le monde semblait en pleine forme. Le père s'enquit de mon sommeil. Je ne pouvais pas lui cacher :

— Ça a été l'enfer !

Les prêtres à l'unisson se mirent à glousser comme devant une bonne blague. Je repris, interloqué :

— Mais vous avez entendu comme moi les bombardements ?

— C'est notre bruit de fond depuis trois ans. Vous savez, nous n'y faisons plus attention.

Sur une feuille de papier, le père Georges se mit à dessiner un plan.

— Nous, nous sommes là.

D'un trait rapide, il ajouta une grosse pomme.

— Ça, c'est Alep.

Puis il dessina un petit triangle au milieu du rond, comme lorsque l'on fait des camemberts pleins de pourcentages sur les schémas d'économie.

— Ça c'est nous. Les quartiers chrétiens encore tenus par l'armée. Tout le reste, près de 70 %, est aux mains des djihadistes que vos journaux appellent les « rebelles ».

Il secoua la tête tristement.

— Ce sont ces groupes qui harcèlent les Aleppins, les assoiffent et les tuent depuis l'Est du centre-ville comme de la banlieue Ouest. Les zones rurales à l'Est, c'est Daech ; la périphérie Ouest, c'est Al-Nosra.

Le bilan humain était lourd : des milliers de déplacés, de réfugiés, de disparus, de blessés, de tués, de sans-abris, de veuves et d'orphelins.

Seule une route départementale arrivant par le sud d'Alep rejoignait la partie Ouest de la ville et permettait à la capitale économique syrienne de reprendre son souffle, quand elle n'était pas coupée par les djihadistes qui se trouvaient seulement à quelques kilomètres, voire quelques centaines de mètres, réciproquement à l'ouest et à l'est. La plupart des Aleppins qui avaient les moyens avaient quitté la ville pour trouver refuge dans des régions du pays plus sécurisées. Certains étaient partis sans se retourner pour s'installer en Europe ou ailleurs. Ceux qui n'avaient pas les moyens ou tout simplement pas l'envie, étaient restés là, prêts à affronter et à subir le pire…

— Aujourd'hui, les habitants d'Alep craignent de prendre un taxi à 5 heures du soir par peur des enlèvements qui ont déjà eu cours… Le chrétien notamment sait qu'il est ciblé en raison du fantasme de richesses auquel il renvoie, lâcha tristement abouna Monir. Et de m'expliquer, autour de la table, l'horreur dans laquelle ils vivaient depuis trois années.

Je demandai ce que nous pouvions faire pour eux.

— Sortir et aider la jeunesse d'Alep.

Et d'évoquer la Vallée des chrétiens comme un havre de paix, où les jeunes pourraient aller deux semaines en toute sécurité.

— La Vallée des Chrétiens a très peu été touchée, c'est un lieu rêvé pour des enfants qui ne vivent qu'au milieu de la mort. Sortir des enfants de tous âges de cette ville pour vivre un moment paisible dans une zone sécurisée l'espace d'un moment serait merveilleux, me dit le responsable des salésiens, les yeux brillants.

Toute la journée, je réfléchis à cette idée. Ce serait tellement formidable de pouvoir les emmener, puis je pensai au risque. S'il arrivait quoi que ce soit aux enfants, je me rongerais le cœur jusqu'à la fin des temps.

Dehors, il faisait encore lourd et nous marchions, le père et moi, dans le jour tombant. Les quartiers semblaient morts et les rues vides. Une silhouette se hâtait. J'entendis au loin des coups de départ. Je m'écrasai contre un mur en attente de l'obus qui tomba beaucoup plus loin. La ville rapidement bascula dans l'obscurité. Alep était devenue une ville d'ombres fuyantes qui glissaient le long des façades délabrées. La vie continuait malgré tout, les commerces qui pouvaient ouvrir ouvraient, ceux qui pouvaient acheter achetaient. Les personnes qui avaient le luxe de s'offrir un repas au restaurant, d'aller dans les rares cafétérias fumer la chicha le faisaient. Il faut vivre, semblait dire une petite voix. La ville, plongée dans le noir, incitait aux vols et à d'autres actes de délinquance. Je me rappelai mon passage par Alep en 2007. À l'époque, la Syrie était l'un des pays les plus sûrs au monde.

Le jour du départ, nous nous mîmes d'accord. Nous avancerons la somme nécessaire afin que le père Georges puisse monter un roulement et permettre au plus grand nombre possible d'enfants de quitter la ville une semaine ou quinze jours et de goûter à la paix de la Vallée avant de retourner dans l'enfer d'Alep, « juste pour qu'ils comprennent qu'une autre vie est possible, qu'ils ne sont pas enfermés ». Pour l'eau, l'ingénieur M. Nounou que je venais de rencontrer, proposa que SOS Chrétiens d'Orient aménage les puits déjà existants en y installant des pompes et purifie l'eau à l'aide de filtres depuis les quatre paroisses : Sainte-Mathilde, Saint-Georges, Saint-Dimitri et Sainte-Thérèse. Ces dernières avaient en effet des puits creusés. On proposa, pour ceux qui ne pouvaient se déplacer comme les handicapés, les personnes âgées ou bien ne possédant pas de véhicule, de mettre en place un service de distribution d'eau à domicile, de charger sur des fourgonnettes de grands réservoirs d'eau pour remplir les bidons qui étaient distribués chez les plus isolés. Pour l'électricité, j'appris que les djihadistes avaient fait sauter toutes les centrales qui alimentaient la ville, sauf une. Aussi tout un système de groupes électrogènes s'était mis en place pour éclairer tant bien que mal les immeubles. La seule centrale qui avait été épargnée par les islamistes sera détruite par les Américains en 2015. Là aussi, M. Nounou aura un rôle déterminant.

Je quittai le couvent salésien en saluant chaleureusement chaque prêtre. Le père Fadi me raccompagna au terminal. Dans ses yeux, il y avait toute la détresse du monde. Ce n'était pas un au revoir, mais un adieu.

— Tu sais, Alexandre, Alep ne tiendra pas. L'armée syrienne affronte chaque soir les djihadistes et nous ne savons pas combien de temps nous pourrons résister. Nous ne savons pas où nous serons quand tu reviendras, mais merci d'être venu.

Ces mots me remuèrent profondément

Je repris « la route de la mort » en direction de Damas. En regardant Alep s'éloigner, je sentis une grande force monter en moi. Je savais que j'allais revenir dans cette ville.

16

Kessab

— Il faut que vous alliez à Kessab. Ce qui s'est passé là-bas dépasse l'entendement. Ce sont les Turcs en personne qui ont attaqué la ville !

La personne qui me racontait cela était un déplacé. Agop était un Arménien d'Alep venu trouver refuge à Lattaquié où, arrivé avec sa famille, comme tant d'autres, il venait recevoir des paniers de première nécessité que nous distribuions auprès des déplacés de Qamishli et d'Alep, sous le patronage de l'église melkite.

J'interrogeai le prêtre qui me confirma ce que disait Agop, en baissant les yeux, gêné.

—Kessab a été oublié car trop près de la frontière turque. C'est un village strictement arménien au sens historique du terme, continua-t-il, parce que les Arméniens, il y a très longtemps, avaient payé les Ottomans pour conserver la ville de Kessab. Kessab en arabe signifie « gagner ». Les Arméniens ont gagné le droit de conserver Kessab après avoir payé les Turcs. C'était comme cela à l'époque… conclut-il.

Durant ce séjour sur le littoral syrien, je rencontrai pour la première fois l'évêque de l'Église melkite, Mgr Nicolas Saouaf. J'étais en compagnie de Charlotte d'Ornellas, une des fondatrices de SOS Chrétiens d'Orient, et de Nadia quand j'entendis parler pour la première fois de Kessab et du drame qui avait frappé ses 5 000 habitants un an plus tôt. On me parla des événements vécus comme d'une troisième déportation de la main des Turcs.

La ville se situe sur la frontière avec la Turquie, à mi-chemin entre Lattaquié et Antioche en Turquie. Kessab est littéralement enlacée par les montagnes turques qui la bordent au nord, à l'est et à l'ouest. La zone, encore bien sécurisée par l'armée syrienne, ne laisse pas facilement entrer les gens qui veulent s'y rendre. Je demandai à Nadia de nous trouver une autorisation. Elle fit la moue.

— Ça va être difficile. C'est un peu une zone interdite. Mais je vais demander aux responsables politiques de la province de Lattaquié qu'ils nous aident pour emprunter la route Lattaquié-Kessab et de séjourner un peu sur place.

Deux jours plus tard, nous avions en notre possession un document qui indiquait le nom de notre association, celui de son responsable, nos numéros de passeports et quelques lignes qui mentionnaient nos activités et indiquaient la permission de nous y déplacer pour quarante-huit heures. Je ne connaissais pas cette partie de la Syrie. La petite ville était à 65 kilomètres plein nord, soit environ une heure et quart de voiture. Nous quittâmes Lattaquié et passâmes les gros points de contrôles à la sortie de la ville. Une longue ligne droite nous fit longer la côte en direction du Sandjak d'Alexandrette. Nous aperçûmes rapidement, côté littoral, la montagne qui marquait la séparation entre la Syrie et la Turquie. Plus nous approchions de Kessab, plus les paysages étaient magnifiques. Nous longeâmes le barrage de Bloran sur notre droite alors que la mer Méditerranée se trouvait sur notre gauche. Nous étions entourés d'arbres, d'herbes hautes et de montagnes ; la nature était incroyable, si verte, le tout encadré du bleu de la mer et de celui du ciel.

Arrivés à hauteur de Badrousieh, nous devions prendre sur notre droite pour monter toujours plus haut en altitude. Nous n'en finissions pas de monter et de prendre de longs virages. La voiture peinait à prendre de la vitesse tant les montées étaient raides et les virages serrés. L'horizon s'élargit et se dessina, de plus en plus vaste à mesure que nous grimpions. Nous marquâmes une pause pour contempler le panorama. Derrière nous, la vue était imprenable sur la Méditerranée.

C'était le dernier tournant avant de nous retrouver derrière les montagnes, celles qui nous dissimulaient Kessab et la Turquie. La ville que nous nous apprêtions à découvrir était comme cachée derrière la montagne chauve. Kessab se présenta à nos yeux en contrebas après quelques kilomètres. Ramez réduisait l'allure chaque fois que quelque chose nous frappait, une église brûlée, un bâtiment calciné. Certains endroits de la ville semblaient totalement abandonnés, déserts. Comme si la population n'était pas revenue.

Au milieu d'une ambiance lugubre, un homme vint nous accueillir en nous tendant la main.

— Je m'appelle Garo, nous dit-il l'air enjoué dans un français accidenté. Je suis le responsable de la communauté arménienne.

Il parlait bien le français, même si son fort accent arménien le trahissait. Garo aimait sa ville et cela se voyait.

— Si vous aviez connu Kessab avant la guerre... C'était le lieu touristique de toute la Syrie. Les gens venaient de loin pour se reposer ici. Maintenant, ils n'osent plus. Ce qui s'est passé ici les a marqués. Les gens ont peur...

Avant la guerre, Kessab vivait de tourisme et d'agriculture. Garo se saisit d'une pomme et me la proposa. Je ne pouvais la refuser, selon lui c'étaient les meilleures de tout le pays.

— Les fameuses pommes de Kessab, me dit-il avec un grand sourire.

Venus pour évaluer la situation, nous prîmes le temps de visiter les églises brûlées par les islamistes l'année précédente. Nous regardâmes de l'extérieur le centre culturel arménien qui avait été lui aussi détruit par le feu. On ne distinguait plus sa couleur rouge d'origine. Tout était noirci par les cendres. Garo nous emmèna sur les hauteurs du village, dans la partie qui touchait davantage la montagne chauve.

— Ici, c'est l'église arménienne apostolique.

Il nous montra la cloche devant l'église en nous disant que les islamistes avaient tiré dessus depuis le bas de l'édifice, puis étaient montées pour la décrocher et la lâcher dans le vide...

Réduire les chrétiens au silence. Décidément, c'était une obsession des islamistes. J'avais déjà vu ça dans les villages du Qalamoun où ils avaient procédé à l'occupation des églises chrétiennes. Voler les églises et les rendre silencieuses en les dépouillant de leurs cloches.

— Vous savez, les corsaires algériens de l'Empire ottoman, que vous appelez les Barbaresques et qui travaillaient pour leur sultan, procédaient de la même façon et ce, pendant des siècles. Enlever des Européens sur leur navire ne leur suffisait pas ; ils accostaient sur tout le littoral européen pour, en plus d'enlever des hommes et des femmes, piller les villages et voler les cloches des églises...

— La population de Kessab est à 60 % arménienne, m'expliqua Garo. Il y a un tiers d'alaouites et un tout petit nombre de sunnites. Kessab est la ville arménienne la plus occidentale de ce qui fut jadis la Grande Arménie.

Puis il me rappela qu'il y eut du XIIe au XIVe siècle un royaume arménien de Cilicie au sud de l'Anatolie. Il avait été fondé par les réfugiés arméniens qui fuyaient les invasions et les persécutions seldjoukides.

— C'est l'œuvre d'Al-Nosra et de ces assassins de l'Armée syrienne libre. Ils sont venus ici le jour de la fête des mères, puis sont repartis le jour de la fête des pères, lança un des collègues de Garo.

L'invasion de Kessab s'était produite un 21 mars et son occupation avait duré jusqu'au 15 juin. Les islamistes étaient des membres du Front al-Nosra, d'Ansar al-Cham, d'Ahrar al-Cham, de Harakat Cham al-Islam et de l'Armée syrienne libre.

En début d'après-midi, Garo nous amèna dans le lieu où les islamistes avaient établi leurs quartiers, une école primaire. Un homme se dirigeait vers nous. De petite taille, trapu, l'œil vif, il nous regarda et nous aborda dans un parfait français. Pas le français appris dans les livres mais le vrai français parlé, voire un français de rue. Hovsep, Joseph en arménien, se présenta à nous comme « ancien soldat de la légion étrangère » où il avait servi durant quinze ans. Il avait vécu près de vingt ans en France avant de repartir en Syrie.

— Venez.

L'école touchait un autre bâtiment qui devait servir d'hôtel avant la guerre. En montant sur la terrasse de celui-ci, nous apercevions parfaitement la Turquie en face et en contrebas. Alors que je m'avançais, je sentis sous mes pieds des objets durs. Sur le sol de la cour de l'école, des milliers de cartouches, de douilles, de balles, de roquettes usagées, et de culots de mortiers étaient éparpillés sur plusieurs dizaines de mètres. Il y avait même une chenille de tank.

— Ce sont les traces des assassins, dit-il en se penchant sur les douilles. Le 21 mars, vers 5h30-6 heures du matin, on a été réveillés au son des « *Allah Akbar* ». Il y a eu ce jour-là des bombardements sur Kessab. Mais ce qui était étrange c'est que les obus ne touchaient jamais les maisons. Ils explosaient en l'air à deux mètres du sol. La cadence des frappes était d'une intensité et d'une rapidité inouïes. C'était plus rapide qu'une kalachnikov qui défouraille en mode automatique. Ça tombait de partout, à une énorme vitesse et sans s'arrêter. Au bout de quelques minutes, Kessab s'est vidée de toute sa population.

— Toi, tu étais ici dans l'école ?

— Oui, je suis resté parce que je suis responsable de l'école. J'attendais que mes chefs viennent récupérer les documents importants et me donnent l'ordre de partir.

Je le regardai. Il n'était plus alors le concierge d'une école au fin fond de la campagne mais le légionnaire qui attendait sous les bombes les directives de ses supérieurs.

Il continua :

— C'est la Turquie qui bombardait avec ses chars. Les frappes provenaient de quatre ou cinq kilomètres plus loin. Ils ont fait un barrage d'artillerie pour faire fuir les gens et pour dégager le terrain. Après, ils ont lancé leurs troupes à pied qui ont dévalé la montagne.

Je n'en croyais pas mes oreilles. Comment un tel dispositif avait-il pu passer inaperçu !

— Et personne n'a rien vu côté syrien. Personne n'a vu venir le coup ?

— Il n'y a pas d'armée ici, seulement un poste de police, un de la sécurité nationale et un de la police secrète. Il ne doit pas y avoir plus d'une dizaine d'hommes dans chaque poste. À Kessab, il n'y a pas de soldats, répondit-il en haussant les épaules, mais moi je les avais prévenus. J'avais vu ce qui se préparait.

— Comment ça ?

— Dans le village voisin, Sakhra, on voit mieux la Turquie que depuis Kessab. Depuis les collines, je voyais depuis plusieurs jours qu'ils avaient positionné des chars du côté turc…

Il reprit son souffle.

— Quelques semaines avant l'attaque, les Turcs se sont mis à bâtir des postes d'observation, de surveillance, juste au-dessus de Kessab. Ça se passait en haut de la montagne chauve. Souvent je regardais de ce côté de la montagne, il y avait des camions de chantier orange, deux ou trois par jour ou tous les deux jours. C'était devenu une habitude de les voir ces camions se diriger vers cette nouvelle base turque en cours de fabrication. Personne ne semblait prêter attention à ce qui se passait. Et puis il y a eu les Turkmènes du village d'à côté.

Un silence avant qu'il continue.

— Ils se sont mis à parler entre eux. Vous savez, monsieur Alexandre, nous, les Arméniens, on comprend le turc. Ces gars-là parlaient d'armes qui allaient bientôt parvenir dans les mains turkmènes du côté de Rabea, à environ trente kilomètres de Kessab. Quand j'ai entendu ça, j'ai tout de suite prévenu les militaires des barrages les plus proches, mais ils m'ont regardé, l'air idiot. Je n'ai pas été entendu. J'ai essayé de leur faire comprendre que si quelque chose arrivait, leur nombre ne suffirait pas à les repousser. Ils m'ont répondu : « Hovsep, on comprend bien, mais là, qu'est-ce que tu veux qu'on fasse ? » Quelques jours plus tard, j'apprenais qu'à l'endroit même où les Turkmènes devaient recevoir des armes de la Turquie, deux jeeps de quatorze soldats syriens qui faisaient une simple patrouille étaient tombées dans une embuscade tendue par les djihadistes qui les ont massacrés. Suite à quoi, depuis Rabea, les assassins ont envoyé des missiles et des roquettes sur Kessab. Ils visaient les postes de sécurité et de renseignements, les paraboles. Jusqu'au 21 mars, où ils sont descendus des bois et des montagnes environnants ! Le premier jour aux premières heures, lorsqu'ils attaquent, je vois quelque chose qui brille sur la route qu'ils avaient faite pour monter à la base turque. Surpris, j'ai attrapé mes jumelles.

Des centaines de types s'étaient mis à descendre en hurlant « *Allah akbar* » et en mitraillant en l'air. Les paysans du village avaient fui, les quelques policiers avaient riposté et avaient été abattus. Ceux qui tenaient les deux ou trois postes de sécurité dans les hauteurs avaient été égorgés de suite. Kevork, un jeune de 17 ans avait été exécuté. Avec sa moto, le gosse essayait de sauver les gens de Kessab en les amenant du côté du village de Nabaein. Le pauvre, il avait aux pieds des chaussures semblables à celles des militaires. Accusé d'être un soldat de Assad, le jeune garçon avait été assassiné. D'autres Arméniens avaient été tués par des snipers. Et puis il y avait eu aussi des personnes enlevées. Un couple de personnes âgées dont le vieil homme avait presque perdu la raison ; ils s'étaient enfermés dans la cuisine de leur maison avant que les salopards ne mitraillent la porte d'entrée et ne les trouvent enlacés de peur dans les bras l'un de l'autre. Ils avaient été pris comme otages et emmenés dans un village près de Jesr Shghour, Damma, dans un bâtiment d'élevage de poules. Selon ces deux personnes, au début de l'attaque, les islamistes n'étaient pas plus de 400. Au bout de deux jours, ils auraient été entre 8 000 et 12 000. De Kessab à la frontière turque, il y a quatre kilomètres. Les hommes venus attaquer le village formaient des lignes humaines allant de Kessab jusqu'à la frontière.

— Regarde, monsieur Alexandre, ils avaient divisé la cour de récréation en deux : d'un côté les officiers, de l'autre les simples soldats.

Il me montra les barreaux de l'enceinte qui entourait l'établissement :

— Ici ils installaient leurs cibles, souvent des croix qu'ils fabriquaient avec des morceaux de bois, et ils tiraient dessus.

Il y avait des sacs remplis de balles. Hovsep avait commencé à dégager le sol en nettoyant les lieux, mais le travail était immense tant il y en avait.

— Ceux que vous appelez des révolutionnaires dans votre pays, ce sont juste ce qu'il y avait de pire dans notre société. Ils se sont vendus au plus offrant. Ce sont juste des assassins et des traîtres à leur pays.

17

Les Russes arrivent – La patte de l'ours

Ramez ne les avait pas vus venir tout de suite. Ils sont arrivés juste derrière nous, précédés d'un grand coup de klaxon. Originaire de Maaloula, Ramez était le seul à avoir accepté de travailler comme chauffeur à plein temps pour l'association. Pour nourrir sa femme et ses quatre enfants, il sillonnait désormais les routes les plus dangereuses du pays avec moi. Il était du genre taiseux et discret. Au volant de sa voiture, Ramez était un vrai pilote. Il braqua à droite toute. Un premier camion nous dépassa, puis un deuxième, puis la masse suivit. Quelque chose d'imposant était en train de se déplacer, d'énorme, de majestueux. Un dragon qui soulèverait des tonnes de poussière sur son passage. Ce que tout le monde attendait et espérait depuis des mois était là, devant nos yeux. Le corps expéditionnaire russe était en route.

Accueillis en héros sur tout le trajet, pas un conducteur qui ne refusait d'ouvrir sa fenêtre pour les saluer, les klaxonner, leur faire le V de victoire.

Une force brute en marche.

Leurs tanks étaient imposants et flambants neufs, couleur beige, comme l'uniforme des soldats qui étaient assis sur le toit des engins. Du casque aux bottes en passant par les lunettes de tirs, une longue colonne beige dans un halo de poussière troué par le soleil. Les orgues de Staline, derniers modèles, fendaient l'air brûlant sans s'arrêter, suivis de colonnes de poids lourds chargés de chars. Je demandai à Ramez :

— Ils vont vers où ?

— Le nord, vers les zones reculées de la province de Lattaquié et aussi d'Idlib. Ce soir, des gens vont mourir, dit-il, l'air fataliste.

Comme beaucoup de Syriens, Ramez était déchiré par cette guerre qui tuait d'autres Syriens.

— Tout sauf les islamistes… avait-il coutume de répéter. Je ne veux pas qu'on m'oblige tous les vendredis à aller à la mosquée à coups de fouet.

J'ai rigolé. Ramez faisait une fixation sur l'Afghanistan des talibans.

— Et pourquoi tu irais à la mosquée puisque tu es chrétien.

— C'est vrai, mais je suis sûr qu'ils nous obligeraient à nous convertir et à aller à la mosquée.

18

SOS Chrétiens d'Orient – De plus en plus de volontaires

Toujours à Damas, je gérais seul l'administration de l'association, les publications, la comptabilité, ainsi que les rencontres avec les différents membres du clergé. C'était intense. Je me sentais vivre comme jamais depuis longtemps. Être au service d'autres chrétiens me remplissait de joie.

En France, les nouvelles étaient encourageantes. Il s'était passé quelque chose dans les milieux chrétiens. De plus en plus de volontaires voulaient nous rejoindre pour aider, se prouver quelque chose, vibrer pour une histoire. Ils venaient pour le dépassement de soi, la connaissance d'eux-mêmes, la connaissance de l'autre. Tout ce que la France ne leur donnait plus. Lors des entretiens, je sentais leur désir de quitter pour un temps un pays vieux et perclus qui préférait ses retraités à sa jeunesse, et qui espérait durer longtemps encore dans cette assourdissante médiocrité ambiante.

Tous avaient envie de servir la cause de la chrétienté attaquée de toute part. Quoi de plus beau que de le faire en Syrie, où les chrétiens vivaient un enfer au quotidien. Comme les Libanais avant eux ou les Arméniens. « Ici, être chrétien, ça veut dire quelque chose, m'avait dit un jeune. Ici, ils sont réellement solidaires entre eux. »

La plupart de ces volontaires venaient pour les vacances scolaires. Leur temps passé sur place n'excédait pas plus d'un ou deux mois. Quand septembre arrivait, commençaient alors les séjours de longue durée. Les volontaires étaient d'abord reçus à Paris, comme je l'avais été moi-même par Benjamin, qui leur expliquait ce qu'était SOS Chrétiens d'Orient, puis, selon les profils, ils étaient dispatchés pour répondre aux besoins de l'association. Les volontaires pour la Syrie étaient nombreux et une fois le premier filtre passé, je les recevais à Damas.

Toutes sortes de personnalités venaient frapper à notre porte.

Ancien d'un régiment d'infanterie de marine d'origine polonaise, Alf était l'un d'entre eux. La trentaine, nerveux et énergique, il n'obéissait qu'au chef et rentrait difficilement dans les rangs quand il n'était pas d'accord avec les directives données. La Syrie était pour lui un moyen de guérir, de se réconcilier avec une zone de guerre, ne venant pas cette fois en tant que soldat mais en tant qu'humanitaire. J'apprendrai, confidence après confidence, les moments douloureux qu'il avait endurés en Afghanistan avec la perte de camarades, la mort, le désespoir. Il voulait par son engagement affronter de nouveau ces démons, mais cette fois en soignant les blessures plutôt qu'en les causant. Alf était venu aussi panser les siennes…

D'autres essayaient de profiter de la situation, ainsi Patrick et Pawel. Contrairement à Alf, ils s'étaient portés volontaires avec une idée derrière la tête. Passer avec nous afin de rejoindre les zones kurdes pour s'engager chez eux. Ce seront des volontaires qui me préviendront. Je les séparerai et les enverrai dans deux lieux distincts. Patrick partirait à Maaloula tandis que Pawel rejoindrait Kessab, tout à l'ouest de la Syrie.

Ils prendront finalement leur rôle très au sérieux et s'investiront du mieux qu'ils pourront dans les tâches qui leurs seront confiées.

Les profils d'anciens militaires n'étaient pas les plus présents. Beaucoup de volontaires étaient de cette jeunesse française en mal d'engagement. Pierre-Augustin était l'un d'entre eux. Jeune

Angevin de 22 ans, il avait décidé de ne pas rester spectateur de la tragédie qui se déroulait au Levant. Fils de militaire, il avait entendu parler de ces régions avec lesquelles la France avait tissé des liens historiques. C'était un garçon nerveux et courageux.

Béatrice et Maylis étaient des jeunes femmes qui travaillaient aux côtés des infirmières de l'hôpital français de Damas. Elles étaient au service des naissances et participaient aux activités avec les enfants chez les salésiens. Toutes deux aînées d'une grande fratrie et habituées du scoutisme, elles savaient mener des équipes et développer des activités avec les plus jeunes. Le faire dans un contexte comme celui-ci prenait encore plus de sens et les motivaient encore davantage.

Olivier venait du bâtiment. Issu du monde ouvrier, il n'avait pas été baigné dans la tradition catholique française. Je dirais même que ça le gonflait un peu. Il y avait un contraste net entre lui et d'autres volontaires au profil caricatural du Versaillais modèle. Pourtant, la Syrie et ses tragédies avaient réuni ces êtres qui ne se seraient même pas regardés s'ils s'étaient connus ou croisés en France. Ce jeune maçon, à peine croyant, n'était pas insensible au rythme de prière de la mission. Comme certains Français qui avaient été privés de leurs racines, de leur identité historique, celle qui était fondée sur deux mille ans de christianisme, Olivier était en recherche. C'était ce désir ardent, cette soif de justice qui l'avaient mené jusqu'ici.

Avec ou non cette connaissance de l'histoire de France, ces jeunes étaient restés fidèles à la promesse de Saint-Louis et à l'engagement de François Ier. Par idéologie ou par bon sens, par esprit de zèle ou par curiosité, ils étaient venus de toute la France et parfois de toute l'Europe et au-delà, pour se tenir auprès d'un peuple qui souffrait.

Je n'étais pas revenu en Jezire depuis mon premier séjour en juin 2015. Je savais que la situation s'était stabilisée, mais à l'avantage des Kurdes. La ville, coupée en deux, permettait la réalisation du rêve kurde. Les groupes armés kurdo-syriens issus d'une nouvelle alliance appelée Forces démocratiques syriennes (FDS) avançaient sous la tutelle des forces occidentales. Il fallait reprendre le terrain à l'État islamique, les victoires s'enchaînaient. Plus personne ne faisait semblant. Les Kurdes, vainqueurs, étaient en passe de réaliser leur rêve, à savoir la création de leur propre État.

Au bureau, après réflexion, je demandai à Nadia si elle voulait m'accompagner à Hassake pour évaluer les besoins des habitants, voir comment les aider. Sur son visage, je voyais s'entremêler toutes sortes de sentiments. Elle acquiesça. Nous partirions le lendemain. Je savais que pour elle c'était l'occasion de revoir sa maison et ses amis qui étaient restés là-bas durant l'occupation de Daech.

Nadia était une fille de bonne humeur et pétillante de joie, mais je sentais bien que derrière tous ses sourires, il y avait de l'appréhension.

Le lendemain, nous partîmes vers l'aéroport et notre voyage se déroula comme d'habitude quand on voulait aller de ce côté-là du pays : fatigant. Les heures d'attente avec des vols dont les horaires de décollage n'en finissaient pas d'être repoussés.

Il était un peu plus de midi quand nous entrâmes dans Hassake. Il faisait chaud mais beaucoup moins qu'au milieu de l'été. Au moment de dépasser les énormes silos aux couleurs du PYD, j'entendis Nadia murmurer depuis la banquette arrière où elle était assise : « Oh mon Dieu, on n'est plus en Jezire, on est en Rojava ... » Elle n'en dira pas plus. Les larmes lui montèrent aux yeux. Je regardai sa bouche changer de forme à cause du chagrin

Les Kurdes ne s'étaient pas fait attendre pour s'imposer en maîtres. Hassake était sanctuarisé du sang des martyrs kurdes. Leurs marques étaient omniprésentes. Leurs couleurs, leurs drapeaux, leurs pancartes géantes à l'effigie des martyrs, leurs treillis, leurs points de contrôles, leurs barrages, leurs véhicules, les inscriptions sur les murs nous criaient que la ville leur appartenait. Nadia baissa la tête, comme si c'en était trop. Moi, assis à côté du chauffeur, hébété, je ne disais mot. Ce n'était pas une vue de l'esprit, je constatai que de nombreux portraits des combattants tombés avaient été dressés aux quatre coins de la ville. C'était à une surabondance de drapeaux triangulaires jaunes du YPG et verts du YPJ que tout passant était exposé en traversant les places, les carrefours et les rues de la ville.

Dès notre arrivée à l'Église syriaque orthodoxe, après quelques salutations, le sujet fut abordé. Nadia et le père Gabriel échangèrent sur la situation de la ville. L'armée syrienne avait lutté pour reprendre Nashwa et les Kurdes pour Ghweran, les deux quartiers qui avaient vécu ces quelques semaines sous le joug islamiste.

Le père secoua la tête tristement.

— Forts de leur succès, les Kurdes nous ont fait sentir leur présence comme jamais. La vie sur place devient de plus en plus difficile économiquement, ici plus qu'ailleurs.

Pendant ce temps-là, un des membres du service de la paroisse s'approcha de moi et me confia que les quartiers à majorité kurde étaient souvent impossibles d'accès.

— Dans les rues dont les noms évoquaient avant, une grande figure du temps des Omeyyades ou de la Nahda, il y a maintenant inscrit à la peinture des inscriptions kurdes, en hommage à leurs martyrs.

L'homme ne faisait que nous confirmer ce que nous avions vu en arrivant. De fait, les Kurdes étaient en train de sanctuariser et de sacraliser toute la Jezire en exposant méthodiquement les portraits de leurs martyrs le long des routes, des boulevards et au milieu des carrefours. La justification donnée était la suivante : « Les Kurdes qui ont laissé leurs noms sont morts pour la défense de la ville ! »

On parlait de 6 000 martyrs kurdes. Pourtant, un autre Syriaque présent rétorqua avec peine :

— Que devraient dire les chrétiens pour le million et demi de Syriaques, Assyriens, Chaldéens et Arméniens qui sont morts par la main des Kurdes au siècle dernier ? C'est toute la région qui devrait porter nos noms !

J'acquiesçai en silence. Le souvenir du génocide des Arméniens, des Assyro-Chaldéens et des Syriaques par les Turcs en 1915 était encore très présent. 1,5 millions de morts ne disparaissent pas des mémoires par enchantement. Surtout quand c'étaient des Kurdes qui tenaient le couteau…

Les discriminations de la part des Kurdes envers tous ceux qui restaient fidèles au gouvernement augmentaient, surtout après leur victoire sur Daech… Quant à savoir comment Daech avait pu rentrer aussi facilement, le père nous répondit simplement :

— La ville leur a été ouverte par des cellules dormantes de Daech qui s'étaient cachées au sein des milliers de déplacés venus de Deir ez-Zor. Vous savez, il n'y a pas que des héros ! Même parmi nous…

19

La cave

5 février 2020, quelque part en Irak, non loin de Bagdad...

Les jours passent. Voilà seize jours que nous avons disparu, dont huit dans cette cage en tôle.

Nous pensons entamer une grève de la faim. On ne sait pas quoi faire d'autre pour essayer d'avoir un soupçon de moyen de pression envers eux.

Je repense à mon ami Lad qui me parlait avec passion de la puissance du rosaire. Je pense à ma mère qui me disait souvent que le chapelet et le jeûne arrêtent les guerres. Je réalise qu'elle est là, notre réelle force, dans la prière, dans le sacrifice. Jusqu'ici nous n'acceptions pas cette épreuve. Je comprends qu'il nous faut l'offrir et faire confiance. Depuis deux semaines, il n'y a que la peur, le doute, l'incompréhension et la colère qui m'envahissent et m'aveuglent. J'y vois maintenant plus clair.

Plus tard, un gardien me prend par le bras alors que je me rends à la douche et me dit dans un anglais approximatif :

— *Alexander! Do you see something?* Tu vois quelque chose ?

Je lui réponds :

— *No, I don't.*

Sûr de lui, il reprend :

— *Yeeesss!! You see everything!*

Une fois retourné dans la cellule, il ordonne à Abou Dany de rendre tous les masques de ski. On comprend qu'il va remettre une couche de peinture dessus pour être sûr que nous ne voyons rien !

Une heure plus tard, face contre le mur, notre gardien nous ajuste sur le nez nos masques qui puent la peinture. En même temps qu'il nous parle, il nous ligote les bras dans le dos et serre fermement, déclenchant une douleur vive qui me prend aux épaules. Un par un, saisis par le bras, nous sommes sortis pour être placés au fond du véhicule que nous devinons être un GMC du même type que celui avec lequel on nous a enlevés. Le garde aux airs sympathiques nous demande de nous rappeler de lui. Il dit à Julien de ne pas l'oublier quand il jouera aux cartes, qu'il les lui laisse en souvenir de lui. Il nous dit au revoir en nous disant être désolé si ça nous a été difficile. Il est jovial, m'embrasse et danse la *dabke* en nous prenant le bras et en chantant. Sa jovialité est contagieuse et me rend heureux, la sortie approche. On se sent enfin libres. Une fois que nous sommes dans le coffre du véhicule, on le referme sur nous. Vingt minutes plus tard, nous y sommes toujours. Les hommes grimpent enfin dedans et allument le moteur. J'ai une poussée d'angoisse. Je m'économise, je dois tenir le temps du trajet.

Un chemin de terre puis une route asphaltée, puis, comme à l'aller, des écarts incompréhensibles entre routes plates et chemins bosselés, alternance entre vive allure et ralentissement. Mes lunettes glissent sur mon visage avec la sueur et me descendent sur le nez, compliquant ma respiration. Une bonne heure que nous roulons. Nous ralentissons pour entrer dans un espace clos. J'entends un portail s'ouvrir ; en levant la tête, je vois par-dessous mes lunettes un grand feu devant un bâtiment. La voiture se gare et les hommes en descendent. Nous patientons en silence en pensant être seuls jusqu'à ce que la sonnerie d'un téléphone retentisse à l'avant et qu'un homme réponde par un « *salam alaikoum* ». Encore une vingtaine de minutes à attendre après immobilisation du véhicule. Le coffre s'ouvre, on nous détache après quelques minutes et nous allume une cigarette. Ça fait du bien ! Deux heures qu'on est ligotés et entassés à quatre dans un espace à peine suffisant pour deux. La cigarette proposée et allumée par une silhouette armée me réconforte. On ne va pas tarder à nous sortir du coffre...

On nous descend un à un et nous conduit dans un sous-sol. Les marches nous font descendre d'environ quatre mètres, l'air est de plus en plus frais et humide. Où allons-nous ? Une étape intermédiaire avant d'être ramenés à l'ambassade ? Je suis le premier à être descendu dans cette pièce, on m'assoit alors sur ce qui me semble être un lit qui se trouve au plus profond de la pièce. J'attends l'arrivée des autres. Je ne peux m'empêcher d'observer par-dessous mes lunettes à quoi ressemble cette pièce ! Je suis tellement heureux de ne plus être dans cette maudite caravane. Je crois reconnaître plusieurs narguilés, je vois de la nourriture posée sur des tables, je vois des lits, des couleurs. Je me dis : « Merci Seigneur ! Merci, ça touche à sa fin ! »

Mes compagnons sont déposés sur les lits d'à côté. On nous explique que nous restons là jusqu'à la prochaine étape, mais on ne nous en dit pas plus. Un garde qui s'était discrètement glissé sur ma droite passe sa main d'un mouvement vif et brusque à ras de mon visage, ce qui me fait reculer ! Il comprend que je vois malgré mes lunettes. Il s'emporte et lance un « *Ichouf hadda* », « Il regarde lui ! » à son collègue. Il le répète trois fois ; « le comique » est là lui aussi. C'est lui qui répond : « *Min? Aleksander?* », « Qui ? Alexandre ? » Puis rien... Ils sortent après avoir donné quelques instructions :

— Abou Dany ! Que personne n'approche la porte à moins d'un mètre ! Dis-le bien aux Français ! Qu'ils n'approchent pas de la porte !

Abou Dany nous agace. Son obséquiosité vis-à-vis de nos geôliers nous exaspère. À leurs yeux, nous sommes des esclaves, mais lui est l'esclave en chef, celui qui traduit et donne les instructions. Il sait qu'en tant qu'Irakien, il sera le premier à mourir. Il se couche en mettant les deux couvertures sur tout son corps et sa tête. On se regarde et on comprend qu'il se laisse mourir. Ses réflexions répétées confirment nos craintes. Nous prenons la maîtrise des lieux, nous observons le nouveau décor et constatons que ce que j'avais cru être des narguilés étaient en fait les pieds de tables très kitch sur lesquelles reposaient des boîtes de conserve, des biscuits, des barquettes de fromage blanc. Quatre caméras bulles aux quatre coins de la pièce, dont une dans les toilettes... Les jours passent et nous comprenons que notre situation se prolonge! Pas de sortie, pas de libération, pas de liberté! Pour combien de temps encore? Déjà deux semaines! Seulement deux semaines! Nous avons l'impression d'avoir été ôtés aux nôtres depuis déjà deux mois...

En descendant dans notre nouveau lieu de séquestration, Abou Dany a reconnu Bagdad au bruit lointain des voitures qui passent sur les autoroutes.

— J'ai entendu le bruit des voitures qui passent sur les ralentisseurs. Il n'y en a que sur les autoroutes de la capitale et nulle part ailleurs.

Le lieu est glauque, très sombre et très froid. Le ciment est encore frais par endroit et l'odeur des toilettes remonte régulièrement. La porte est blindée. L'ouverture et la fermeture des multiples verrous de la porte en fer qui claque de manière sinistre, nous rappellent notre condition! En bas de la porte, j'aperçois une ouverture coulissante comme pour y glisser les plateaux-repas!

Avant de ressortir, un gardien demande comme un jeu à Abou Dany :

— Vous êtes qui? Pourquoi vous êtes là?

— On est des humanitaires...

— Ah, des espions!! Les Français s'en sortiront peut-être. Toi, sûrement pas...

Puis il quitte les lieux. Cela a l'effet recherché. Abou Dany ne traduit pas, il s'enveloppe dans sa couverture et nous tourne le dos, se renfonçant contre le mur comme s'il voulait y disparaître.

Les jours passent, comme si chaque minute comptait pour une heure. Il faut se rendre à l'évidence, nous sommes là pour une durée indéterminée. Pas de sortie comme on nous avait promis. Depuis hier, nous avons tous commencé à prier le rosaire et à jeûner au pain et à l'eau, chaque mercredi et chaque vendredi. Notre vie s'ordonne maintenant sur ce rythme. Mon esprit voyage en Syrie. Il ne cesse de m'y faire revenir. Je pense à Fimy, à nous, au mariage, au bébé. Je me demande ce qu'ils font à cet instant.

20

Fimy

10 septembre 2015

L'été était là et je décidai de me rendre à Alep. Une fois par mois, je reprenais la route afin de retrouver les salésiens et répondre aux besoins du père Fadi de l'Église melkite. Tous ces prêtres avaient la jeunesse d'Alep pour principale préoccupation. La guerre qui faisait rage depuis déjà trois ans tuait à petit feu la jeunesse de la ville.

Le père Fadi avait besoin d'aide financière pour organiser ses camps, mais surtout pour les faire vivre. Si les camps organisés par ce prêtre n'offraient aucune distraction et aucune spiritualité pour les aider à oublier et à affronter leur quotidien, alors les jeunes lâcheraient l'Église peu à peu et, *in fine*, la Syrie. Nombreux étaient ceux qui avaient déjà fait leurs valises.

En ce début septembre, j'ai rejoint le père et les jeunes à « Terre Sainte ». Le lieu était vaste et appartenait aux franciscains d'Alep. Excentré du reste des zones chrétiennes de la ville, il se trouvait proche des quartiers qui nous séparaient des djihadistes.

Les jeunes, accueillants et chaleureux, étaient nombreux à me demander de poser avec eux en photos, quant aux filles, elles chuchotaient quand je passais quelque part, en gloussant.

Les frères avaient organisé un concours de pâtisserie auquel participait toute cette joyeuse assemblée. Tous s'affairaient à réaliser le meilleur gâteau au chocolat du siège d'Alep. Les ingrédients n'étaient pas fantastiques mais faisaient l'affaire. Farine, sucre, œufs et chocolat ne couraient pas les rues de la ville en guerre.

Alors que je m'apprêtais à aider les participants, je sentis un regard me fixer. C'est en me retournant que je la découvris. De grands yeux noirs en train de m'observer. Petite avec de longs cheveux, la jeune fille était habillée de noir de la tête aux pieds. Son regard, froid, était presque dédaigneux. Autour d'elle, plusieurs amies lui chuchotaient à l'oreille en me désignant. J'ai vite compris que j'étais le sujet de conversation.

À peine de retour sur Damas, je me rendis compte que son image m'était restée en tête. Je ne connaissais même pas son nom.

Je n'étais pas resté indifférent à cette fille. Chaque fois que je revenais à Alep, je me surprenais à vouloir la revoir. Je pensais à elle et avais développé pour elle une affection particulière, un peu comme une petite sœur. Je savais depuis peu qu'elle s'appelait Fimy, qu'elle était en études d'architecture, et que si elle était en noir, c'est qu'elle finissait de porter le deuil de son papa.

Chaque mois, je venais lui rendre visite au JEC. Même si je n'étais pas sollicité par le père Fadi, je venais la voir. Il m'arrivait de lui faire des surprises, en l'attendant au coin d'une rue ou en bas de chez elle. Quand, de loin, elle me reconnaissait, alors elle se mettait à courir pour me sauter dans les bras.

Elle me considérait elle aussi un peu comme son grand frère, mais nos sentiments évoluaient sans que nous nous en rendions compte. Un jour, la question s'était posée et je lui demandai si elle avait envie de vivre avec moi, de m'épouser. Il lui fallut du temps pour dire oui. Puis un jour, je lui demandai de me présenter à sa famille en compagnie du père Fadi, afin que tout soit transparent. Je ne voulais pas que ces choses-là se vivent en cachette.

Je voulais la protéger de moi-même, de ce que ma présence auprès d'elle pouvait susciter dans la tête des gens. Je savais qu'elle ne serait pas épargnée et qu'elle pouvait être sujette à la calomnie facile, surtout du fait de ce que les Orientaux pensent des Français.

Je devais couper court à toute diffamation, en officialisant notre relation et en la plaçant sous le regard de Dieu et la bénédiction de ses parents.

Dans la tradition syrienne, il y a ce qu'on appelle un « pré-engagement ». Le 28 juin 2016, alors que Alep était toujours sous les bombes, avec le père Fadi et Ramez, nous nous sommes rendus dans la famille de Fimy qui nous attendait. Il y avait là sa mère, son frère, sa sœur, ainsi que deux oncles paternels et ses tantes maternelles.

Dans la pièce, tout le monde attendait que je prenne la parole. C'est la voix d'abouna qui rompit le silence, en expliquant le motif de notre visite à nos hôtes. Puis il m'invita à m'exprimer sur mes intentions :

— Madame, je viens vous demander, en présence du père Fadi, l'autorisation à fréquenter votre fille. Je voudrais votre bénédiction. Je fais cette démarche car je souhaite l'épouser.

La maman de Fimy, aussi gênée que moi, accepta tandis que le père nous bénissait dans une prière vouée à protéger notre relation.

À partir de cet instant, nous pouvions, Fimy et moi, nous promener, sortir boire un verre ou manger dans un des rares restaurant ouverts, sans nous inquiéter de la façon dont cela pourrait être perçu. Nous étions clairs devant Dieu et nos familles respectives, peu importaient les autres désormais.

Comme je lui posais la question, elle me confia ainsi l'histoire de son deuil.

Elle portait cet habit noir depuis un an. Son père était de Darbassiye en Jezire, non loin de Qamishli, sur la frontière turque. Sa mère, elle, était de Jesr el Shghour dans la province d'Idlib.

Les terres de son père, celles pour lesquelles il avait travaillé pendant quarante ans, avaient été confisquées par les hommes du PYD pour nourrir leurs efforts de guerre dans la création d'un Kurdistan. Tout son matériel agricole était passé du côté turc, et revendu pour les recettes du PKK.

Du côté de sa mère, c'étaient les Turkmènes employés par Erdogan qui s'étaient approprié les cultures d'oliviers. Les mêmes hommes qui avaient pris la maison de Hovsep à Kessab.

La triste réalité était que, comme des milliers de Syriens, les parents de Fimy avaient tout perdu. Il lui était difficile de croire au rapprochement entre communautés après ça.

— Une réconciliation avec ces musulmans qui se réveillent un beau jour pour vous dépouiller du peu que vous avez, jamais ! m'avait-elle dit, pleine de colère.

La mise en valeur des terres de tout un pays sur des décennies de travail par une minorité d'honnêtes travailleurs, et le tout raflé en quelques semaines par des pratiquants de la razzia aux mœurs bédouines.

Le père de Fimy, atteint de la maladie de Parkinson, avait besoin de médicaments. Son mal avait commencé bien avant la guerre, mais jusque-là, il bénéficiait de soins encore acceptables en se rendant au Liban. Le traitement qu'il recevait jusqu'au début de la guerre le maintenait en vie. Après 2012, il n'avait plus été possible de trouver les médicaments nécessaires à son mal, les restrictions économiques imposées par les États-Unis puis de nombreux pays européens ayant eu les conséquences que l'on sait.

Un jour, Fimy était rentrée dans une rage folle en apprenant le nombre d'ONG européennes à assister les combattants et les civils dans les zones tenues par les djihadistes. À partir de là, elle avait regardé son père s'éteindre à petit feu, impuissante au milieu d'une guerre où les enjeux dépassaient toute compréhension.

Elias, le jeune homme qui nous avait présentés, suivait notre histoire avec attention, espérant lui aussi rencontrer son âme sœur. Malheureusement, il n'en aura pas le temps. Fimy m'apprendra sa mort. Il sera tué par des éclats de missile en allant se faire couper les cheveux dans le quartier de Souleymanie.

21

La fête de la Sainte-Croix

Accroché à la montagne, je retrouvai le village de Maaloula comme chaque 13 septembre. Car aujourd'hui était un jour spécial. C'était la veille de la fête de la Sainte-Croix.

Celle-ci était encore plus particulière. En effet, c'était la première depuis que le village avait été occupé et libéré des djihadistes de l'ASL et de Jabhat al-Nosra.

Je retrouvai la beauté unique de l'endroit, encaissé dans les montagnes où les habitations troglodytes formaient une architecture hors du commun. À l'issue des vêpres, en fin de journée, tout le monde se massa sur la petite place du village. Difficile de se frayer un chemin au milieu de cette foule. Deux groupes se faisaient face, en attente. Chacun avait son chantre, son hérault ou champion. Juchés sur les épaules de camarades, deux hommes dépassaient la foule compacte pour s'exprimer à tour de rôle. L'un se devait de réciter un poème chanté, tandis que l'autre devait lui répliquer en prose. À chaque vers lancé, la foule acclamait son orateur comme pour l'encourager. Puis, entre deux joutes verbales, tout le monde buvait son verre d'arak en trinquant et en chantant. L'odeur de l'élixir embaumait la place principale et les ruelles du Vieux-Maaloula. Les femmes regardaient leurs hommes d'un peu plus loin avec des sourires. Puis un autre homme se mit à chanter de sa voix puissante tout en frappant son tambour. Les tirs de kalachnikovs ne tardèrent pas à retentir pour accompagner les chants. C'était devenu une coutume.

Les échanges littéraires allaient durer ainsi une bonne demi-heure et subitement la foule allait se scinder en deux. Une moitié allait monter vers la montagne orthodoxe, l'autre vers la montagne catholique. Au sommet de chacune de ces montagnes étaient dressées des croix immenses qu'il était impossible de manquer, tant elles étaient gigantesques et lumineuses.

Le village avait été libéré de l'emprise islamique le 14 avril 2014 et, depuis, la fête de la Croix avait pris un sens encore plus important. Pour affirmer leur identité et confesser leur foi, les habitants avaient également orné de croix lumineuses les nombreux toits de la bourgade.

Je repensai qu'il y avait à peine un an et demi que les habitants de la région avaient été libérés des barbus. Vidé, le village de Maaloula s'était réanimé peu à peu, mais beaucoup encore étaient restés vivre à Damas. Sur la montagne catholique, des enfants couraient et bondissaient de rocher en rocher. Les plus âgés restaient en bas, l'ascension du sommet était faite par les plus jeunes et les plus dégourdis. Les jambes et le souffle étaient soumis à rude épreuve. Les plus rapides et les plus agiles parcouraient le trajet d'une seule traite, sans s'arrêter. Je commençai l'ascension. Autour de moi, un bon nombre d'adolescents et de jeunes adultes m'accompagnaient. J'étais devenu l'attraction dans l'attraction, le seul Français du village et presque de tout le pays.

Le soleil s'était couché sur le petit village, la nuit était déjà noire. Un à un, les pneus montés au sommet des montagnes s'étaient enflammés. Les feux d'artifices illuminaient les cieux, tandis que les balles traçantes des armes de guerre hachuraient les ténèbres de pointillés rouges. Puis, en plus des pneus, des bûches embrasées commencèrent à dévaler à toute vitesse les pentes des montagnes. De loin, on croyait voir une multitude de petites lucioles qui sautillaient au hasard des aspérités de la roche. Les pneus en combustion, lâchés dans le vide, se décomposaient dans leur course, laissant des foyers incandescents sur les flancs des massifs pierreux.

Les cris retentissaient de toute part à la vue du spectacle. Au sommet, je m'approchai au plus près des brasiers de caoutchouc et de bois avant qu'ils ne soient balancés du sommet de la montagne. Puis je regardai le vide depuis mon perchoir. Les pneus et les rondins de bois enflammés terminaient leur course jusque dans les ruelles de Maaloula, parfois jusque sur la terrasse d'une maison, d'autres fois stoppés par un sapin auxquel ils mettaient le feu.

Les habitants d'en face et leurs nombreux invités festoyaient sur les toits et les terrasses des maisons du Vieux-Maaloula. Ce petit quartier bâti exactement à même la roche et qui surplombait le village se situait juste en face et en bas de la montagne catholique.

Les soleils de feu dessinaient des cercles en envoyant des étincelles dans tous les sens. Il n'était pas rare d'en recevoir dans les cheveux ou sur la peau. Les garçons et les filles échappaient au « qu'en-dira-t-on » et en profitaient pour manifester leurs attirances réciproques.

Au loin, toujours en face, la montagne orthodoxe entonnait des chants destinés à susciter la réaction des catholiques où je me trouvais. Ils répondaient à leur tour par des cris et des chants. Et ce jusqu'au petit matin, où calme et silence enveloppaient le petit village enfin endormi.

22

Les déplacés de Qaryatayn

Octobre 2015

— Ce serait bien que tu leur parles, que tu leur dises qu'ils ne sont plus seuls.

Je hochai hoché la tête d'un air entendu. J'avais été invité par l'Église syriaque catholique ; les pères Barakat et Naumann me recevaient dans une église de la banlieue de Homs, à Zeydal, afin que je m'adresse aux populations déplacées de Qaryatayn.

— Il faut les soutenir, ils ont tout perdu, ne cessaient-ils de me répéter.

Situé entre Homs et Palmyre, en plein milieu du désert, le village de Qaryatayn s'était vidé en quelques jours devant l'avancée de l'État islamique. Arrivés par milliers, les habitants avaient fui sans attendre leur reste.

Devant moi, ils s'étaient agglutinés, dans une tension palpable. Je ne savais pas ce que leur avaient promis les hommes d'Église, mais je sentais une certaine animosité se dégager du groupe. Ces pères de famille étaient en colère, leurs épouses terrifiées par ce que l'avenir leur réservait avec l'hiver qui approchait. Calmement, les deux prêtres commencèrent à exposer la situation et les moyens qu'ils pouvaient mettre en place pour leur venir en aide avant de se retourner vers moi.

En quelques instants, j'étais devenu celui qui allait pouvoir réaliser ce soutien. Je me dis que c'était bien la première fois que je me retrouvais dans une situation pareille. Les regards me transperçaient. Je devais trouver les mots pour apporter de l'espoir à des gens qui l'avaient perdu, trouver des moyens pratiques pour apporter une solution à leurs problèmes et tenir mes engagements.

Ce que je pouvais leur proposer n'était qu'une aide pour subsister. Nos moyens étaient modestes aussi et il m'était pour l'instant impossible de donner autre chose que ce que l'invasion djihadiste leur avait pris : vêtements, nourriture, couvertures, poêles à mazout. Un des pères de famille se leva, l'air farouche. Debout, il commença à me haranguer. Les demandes fusaient. Ils réclamaient plus et voulaient une amélioration économique de leur situation. Je comprenais vraiment leur besoin de s'inscrire dans un projet sur un avenir long, mais je ne pouvais envisager un tel projet sur du long terme que pour des populations qui résidaient sur place. Pas pour des gens qui, vraisemblablement, seraient amenés à quitter ces logements provisoires de fortune. Leurs réactions énervées commençaient à se transformer en colère sourde.

— Je suis désolé, mais vous n'obtiendrez pas de moi ce que même l'État ne vous offre pas ! Il y a des choses que je peux faire et qui sont applicables à votre situation, mais, pour le reste, voyez avec votre gouvernement…

Je les quittai avec la promesse de revenir avec des couvertures et des poêles à mazout pour prévenir l'hiver qui approchait.

23

Retour en France ou les yeux fermés

Novembre 2015

La France ne me manquait pas trop. Ma famille, si. J'avais décidé de rentrer quelques semaines pour faire le point avec les responsables de l'association. Les demandes ne cessaient d'affluer et l'association du début s'était grandement professionnalisée.

À la fin du mois d'octobre, je pris mes billets. Cela faisait maintenant près de neuf mois que j'étais parti au Levant. Dans l'avion, je m'imaginai des dizaines de scénarios, ce que je ferais faire en premier, ce que je mangerais d'abord, qui j'irais voir…

J'étais impatient de revoir ma famille, les amis, de leur parler de ma nouvelle vie. Il y avait tellement de choses à raconter. Surtout, SOS Chrétiens d'Orient avait préparé tout un cycle de conférences pour le père Toufic, m'invitant à témoigner à ses côtés dans quelques villes de l'ouest de la France sur l'invasion djihadiste de Maaloula. Au retour d'une conférence, je m'étais décidé à rejoindre des amis d'enfance à Cholet pour passer la soirée avec eux. Avec Raphaël et Johnny, son frère, nous avions grandi dans différents quartiers de la banlieue de Cholet.

C'était ma dernière soirée sur place avant de partir pour Bruxelles chez les franciscains du couvent Saint-Antoine ; je devais y livrer mon témoignage au sujet des chrétiens d'Orient. Nous parlions de tout et de rien, refaisant le monde comme nous en avions l'habitude lorsque nous nous retrouvions, quand le téléphone de Johnny se mit à sonner. Il avait interrompu brusquement notre conversation.

— Putain les gars, un truc de ouf, y a un attentat en ce moment même à Paris, dans une boîte qui s'appelle *Le Bataclan* ! Ça tweete dans tous les sens ! Raf, allume la télé !

La télévision ne parlait que de ça. « On chiffre déjà à 45 morts ! »

— C'est quoi ça, *Le Bataclan* ? avait lancé Raphaël.

— Une salle de spectacle à Paris ! avait répondu son petit frère.

— Mais attends, je comprends pas, il se passe quelque chose à Saint-Denis aussi ?! dis-je en lisant les messages envoyés par mes amis de Paris.

— Ouais. Y a des attentats un peu partout dans Paris. Putain, c'est chaud là ce qui se passe, les gars !

Personne n'y comprenait rien. Raphaël qui s'était converti à l'islam depuis 2001, pensait à la mauvaise répercussion que cela allait avoir sur les musulmans.

Apparemment, un groupe de terroristes s'était introduit dans une salle de concert, pendant qu'un autre avait tenté d'entrer au Stade de France. On écoutait les journalistes parler de personnes mitraillées sur des terrasses de cafés et de restaurants. L'impression de guerre civile sur la capitale commençait à nous gagner. Ils commettraient ces crimes en hurlant « *Allah akbar* » et Daech aurait déjà revendiqué les opérations.

Une sensation étrange s'empara de moi. Une sensation de déjà-vu. J'arrivais tout juste de la Syrie en pleine guerre qui vivait ça au quotidien pour me retrouver face à des attentats en France. Un peu comme si la guerre m'avait suivi. Sourd et perdu dans mes pensées, je resongeai à toutes ces personnes en Irak et en Syrie qui me disaient : « Ce qui nous touche chez nous aujourd'hui, vous frappera chez vous demain ! » J'avais acquiescé à chaque fois. L'histoire avait horreur du vide. Personnellement, je n'étais pas en désaccord avec ça. Mais même en s'y attendant, j'avais du mal à le croire. Revenant de Syrie, je me disais qu'au moins j'étais en sécurité en France. En fait, non ! Je ne l'étais pas plus ici qu'à Damas.

L'heure qui suivit fut étrange. Les messages d'amis en provenance de Damas ou d'Alep se succédaient, tous me demandant comment j'allais. Cela me touchait. Eux qui étaient sous les bombes, dormaient mal, mangeaient peu et risquaient leur vie chaque minute de la journée, s'inquiétaient pour moi.

J'étais d'autant plus touché qu'ils auraient pu se réjouir en me répétant qu'ils nous avaient prévenus, et que nous l'avions bien mérité. Ils auraient pu être indifférents, ce qui serait normal étant donné que chez eux, c'était Bataclan tous les jours ! Mais non. Ils éprouvaient de la peine pour nous et craignaient pour nos vies...

François Hollande et le gouvernement français avaient considéré l'État islamique comme une organisation terroriste, mais pas au point de bouger les lignes. François Hollande avait juste dit, pour justifier sa non-intervention sur le dossier, que détruire Daech en Syrie reviendrait à apporter notre soutien à Bachar al-Assad et à l'aider à se maintenir au pouvoir. Faisant écho à son ministre des Affaires étrangères, l'inénarrable Laurent Fabius, jamais en retard d'une déclaration idiote et qui, alors que les États-Unis voulaient mettre l'organisation islamiste sur la liste des organisations terroristes, avait osé claironner le 12 décembre 2012 que « Jabhat al-Nosra en Syrie faisait du bon boulot sur le terrain ». Sa clairvoyance avait fait frémir et l'avait inscrit dans l'histoire comme le fan officiel d'Al-Qaïda !

La nuit fut courte. Au petit matin, je rejoignis comme prévu trois amis pour un départ vers Bruxelles. Le voyage, assuré par des amis du couvent franciscain de Cholet, devait nous emmener sur la capitale belge. Il faisait gris et il pleuvait légèrement.

Arrivés à la frontière, la voie se rétrécit, de deux files nous passions à une. Les voitures roulaient au ralenti, un barrage policier régulant le trafic le faisait grossir.

— Qu'est ce qui se passe ? a lancé Camille.

— C'est à cause de cette nuit. Apparemment, certains terroristes sont originaires de Belgique, les flics veulent les bloquer avant qu'ils passent la frontière.

Les policiers laissaient passer plusieurs dizaines de voitures devant nous avant que la nôtre soit montrée du doigt par l'un d'eux, tout en faisant des grands signes pour nous indiquer le bas-côté. Damien ouvrit la fenêtre pour entendre les ordres.

— Coupez le moteur.

L'agent poursuivit pendant que son collègue ouvrait le coffre :

— Présentez-moi vos papiers, s'il vous plaît. Papiers du véhicule et pièces d'identité.

Damien lui remit tout ce qu'il demandait tandis que le policier ajoutait, en me regardant :

— Je peux voir vos papiers d'identité à vous aussi, s'il vous plaît ?

Merde, je voyageais avec mon passeport. Il y avait tous mes tampons d'entrées et de sorties en Syrie, au Liban et en Irak ! Il saisit les documents de tous les passagers, feuilleta mon passeport, puis rendit le tout au chauffeur en disant : « Bonne journée et faites attention à vous sur la route ! »

J'étais sidéré ! Admirable ! 130 morts, 489 blessés rien que cette nuit ! Les types qui avaient fait le coup étaient visiblement liés à la Syrie, le contrôle routier était effectué en vue de bloquer leur fuite vers la Belgique et le gendarme ne tiquait pas sur mes visas. Je restai estomaqué longtemps dans la voiture.

Les jours qui suivirent furent étranges…

La France était devenue un astre mort. Mais elle ne le savait pas. Il n'y avait plus de colère ; or, de la colère découle l'agressivité qui permet la survie.

« Vous n'aurez pas ma haine ! » C'était tout ce que nous avions été capables de répondre à un assassinat de sang-froid. Le gars qui avait écrit ça avait perdu sa femme au Bataclan. « Vous n'aurez pas ma haine. » Sa femme à peine froide, il avait posté sur Facebook son petit texte qui deviendrait un livre. Juste une preuve de plus de notre effacement de la scène mondiale. « Vous n'aurez pas ma haine. » J'en aurais ri si cela n'avait pas été si tragique.

Perdu dans mes souvenirs, je pensais à mes chrétiens syriens qui se battaient pour ne pas disparaître, à ces villes chrétiennes qui s'étaient levées comme un seul homme, pleines de courage pour éviter l'effacement. J'imaginais leur demande, savoir quelles réactions les Français avaient eues contre les attentats. Je secouai la tête. Je n'osais pas imaginer ma réponse face à leurs questions. « Nous avons écrit des livres, beaucoup parlé à la télé et beaucoup manifesté, fait des marches silencieuses, allumé des bougies et lâché des ballons… Voilà, désolé, c'est tout ce que nous avons en magasin ! » J'ai rigolé tout seul en imaginant la scène. Simon, Elias, Georges, Boutros… Tous, ils ne comprendraient même pas ce que j'essaierais de leur dire. Le courage de faire face, rester debout, ne pas subir étaient des valeurs qui, vraisemblablement, avaient déserté notre pays. Mais quand ? Quand tout ce legs historique s'était-il fait la malle ? À quel moment la lâcheté avait-elle envahi la société ?

Vaste question.

24

Pris dans la bataille

Le 20 novembre, je repris l'avion pour Beyrouth, puis la route de Damas. J'avais laissé derrière moi une France en deuil, entre sidération et hébétude. Mes déplacés de Qaryatayn m'attendaient. Je n'avais pas oublié ma promesse. Toujours tenir sa parole ou du moins le plus souvent possible. Et même quand c'était difficile. Surtout quand c'était difficile, aurait rajouté le père Toufic.

À Damas, je m'étais enquis de lots de couvertures et de poêles à mazout afin d'effectuer une livraison à Homs, dans le quartier de Feyrouze, pour les déplacés de Qaryatayn. Les habitants de cette petite ville étaient essentiellement des gens qui vivaient d'agriculture, des propriétaires terriens dont la richesse n'était pas nécessairement frappante mais qui se comptait en ares et en têtes de bétail.

Avec les volontaires, nous avions déjà organisé des donations les semaines précédentes. Nous avions établi les commandes, trié le tout puis embarqué la marchandise dans des pick-up, direction Homs et sa banlieue depuis Damas. Cette fois-ci, la commande était plus importante et c'était de camions dont nous avions besoin, trois camions exactement.

Avec Talal, l'intendant de la maison, nous avions organisé le chargement d'un camion de couvertures et d'un autre de poêles à mazout. Les deux camions devaient se réunir à la sortie de Damas, à l'entrée d'un lieu appelé Jobar. Là-bas, ils devaient déposer le matériel afin qu'un autre camion, plus grand, venu de Homs, se charge à son tour de récupérer le tout. Une telle opération s'imposait puisque les chauffeurs des autres camions refusaient de prendre la route pour monter sur Homs. Dans bien des régions du pays, nombreux étaient les automobilistes et chauffeurs de poids lourds qui avaient été enlevés ou liquidés.

Qaryatayn avait été prise presque deux mois auparavant. Sur la carte, les prochaines étapes de l'État islamique seraient sans doute Saddad et Hmein, situées juste à l'est de la route qui reliait Damas à Homs. Cette voie de communication était nécessaire à la survie de l'État syrien et il n'était pas difficile de prévoir que c'était le but recherché des islamistes.

Mon téléphone sonna. Talal me prévenait de l'arrivée du camion acheminant les couvertures sur place. Quant au camion en provenance de Homs, il n'était plus très loin.

Nous, dans le camion avec les poêles à mazout, devions stationner à quelques dizaines de mètres devant Qaboun, une zone très dangereuses à la sortie de la capitale, qui se tenait face à l'entrée de la Ghouta. À peine sortis, nous étions arrêtés par la sécurité militaire qui nous fit stationner sur le côté de l'autoroute. Nous attendîmes quelques minutes puis un homme assez grand vint sur son vélo avec une dégaine étrange afin de nous faire savoir que nous pouvions avancer.

— C'est lui, la sécurité ? lancai-je, perplexe.

Le chauffeur, blasé, acquiesca mollement sans rentrer dans le détail.

Le cycliste nous ouvrait le chemin, pédalant péniblement. Nous le suivions au pas. Au rythme du deux-roues, notre poids lourd avançait lentement. Nous franchîmes ensemble les barrages de sécurité sur notre droite et entrâmes dans un quartier jusqu'alors totalement inaccessible.

Je pensais que nous nous arrêterions là mais non, il semblait que nous nous enfoncions toujours plus loin dans cette zone que je constatai bien amochée par les attaques. Les rues étaient vides, à part les combattants qui siègaient ici et là derrière des sacs de sable en bas et dans les différents étages d'imposants bâtiments. Je compris petit à petit que je n'aurai pas dû être là. Que personne, à part des combattants, n'aurait dû être là.

Étrangement, ça ne semblait étonner personne plus que cela. Je ne m'affolais pas non plus. Les destructions, de plus en plus flagrantes restaient le seul décor que nous traversions à mesure de l'avancée du camion. J'étais en train de réaliser que le quartier était en cours de destruction quand j'entendis des bruits de combats tout proches.

À peine sorti du véhicule, je compris qu'il y avait un problème. Des hommes justes devant moi avaient commencé à tirer à la kalach sur les immeubles de la rue d'en face. Soudain j'en vis revenir deux, blessés, leur sang coulant le long des tempes. Bandages autour du crâne, ils couraient rapidement pour se mettre à l'abri. Les coups de feu continuaient de claquer dans le petit matin, puis je les vis : des dizaines d'hommes qui tiraient au-dessus de leur tête arrosant tout sur leur passage.

Je me précipitai derrière une voiture, j'y retrouvai le chauffeur.

— Ce sont des milices qui arrivent en renfort, cria-t-il.

Je réfléchis rapidement. Je venais de me rendre compte que le lieu de rendez-vous était sur la ligne de front qui séparait les hommes de l'armée syrienne des terroristes de la Ghouta. Dans la cabine, je parlai au chauffeur qui, pétrifié, s'était remis derrière son volant et voulait repartir au plus vite.

Tout de suite, les hommes armés nous encerclèrent et nous demandèrent ce que nous transportions. Nous leur montrâmes en leur expliquant. Ils ordonnèrent au chauffeur de mettre tout le matériel dans un coin sur le côté, sous les bâches. Je ne comprenais pas. Je demandai au chauffeur où était le camion pour Homs. Il ne semblait pas au courant.

— Moi, je suis tenu de déposer le matériel ici et de repartir, rien de plus ! se dédouana-t-il, apeuré.

Je commençai à m'énerver. Le chauffeur était effrayé d'être là. Il ne voulait qu'une chose, décharger son camion et se tirer le plus vite possible.

Là où il devait décharger sa cargaison étaient déjà entreposées les couvertures. Ce qui signifiait que l'autre chauffeur avait déposé la marchandise et s'était tiré sans demander son reste ! Où était le camion venu de Homs ? Je pensais qu'il serait déjà là ou bien qu'on l'attendrait pour y transférer directement tout le matériel des deux camions. En fait, non !

Les soldats de l'armée syrienne commencaient à s'énerver et exigèrent des réponses claires Ils voulaient savoir sérieusement ce que je foutais ici ! Je ne savais pas quoi dire. Je me sentais ridicule avec mes couvertures et mes poêles à mazout.

— Tu es ici dans une zone de guerre ! Qu'est-ce que tu fais ici ? Qui es-tu ? Pourquoi ce chargement ?

J'essayai de leur expliquer ce que je savais. La seule chose que je ne pouvais pas expliquer, c'était : pourquoi ici ?

— Je suis humanitaire, j'apporte des couvertures et du matériel de chauffage pour les déplacées de Qaryatayn qui résident à Homs.

— Les habitants de Qaryatayn sont des terroristes. Ce sont tous des terroristes ! C'est ce que tu cherches à faire ? À donner du matériel à des terroristes ?

— Mais non vous ne comprenez pas, je...

— Papiers !! ordonna l'un des officier d'un ton sec.

Je sentais que j'énervais tout le monde et, frustré de ne pas pouvoir aller jusqu'au bout de mes explications, je tendis mon passeport iranien. Arrogant et fier, je me disais qu'il se calmerait avec ça. L'effet attendu fut confirmé. L'homme se radoucit de suite, en regardant ses collègues et en me désignant du menton, il dit *asdiqa*, ce qui signifie « des amis » en syrien.

Avec beaucoup plus de douceur et de patience, il me redemanda ce que je faisais ici. Cette fois-ci, ils m'écoutèrent jusqu'au bout. Le chef me répondit qu'ils ne savaient pas si un camion devait venir de Homs. En revanche, ils me donnaient la possibilité de passer des coups de fil afin que je débloque cette situation avec mes moyens. J'appelai Nadia et lui demandai où en était le chauffeur. Elle me répondit qu'il avait été arrêté sur la route et qu'il peinait à justifier son passage sur Damas.

Me voilà bien avancé! Je devais me résoudre à attendre le conducteur du poids lourd en espérant que les positions tiendraient jusqu'à son arrivée... Je patientai. Petit à petit, des hommes armés jusqu'au cou se rapprochèrent. À voir leurs bras marqués par des balafres qui commencaient de l'épaule pour terminer sur l'avant-bras, je me dis que je connaissais ces cicatrices. Elles étaient larges et zèbraient littéralement leur peau. Mes cousins iraniens en avaient plein des comme ça. Chez les chiites, elles sont faites lors de célébrations religieuses comme celle d'Ashoura, sorte de mortification corporelle. Les plus zélés se frappent la tête et le corps à coups de lames en hommage au martyr Hossein qui avait été découpé en morceaux par les Omeyyades. Il arrive aussi que ces balafres servent à intimider l'adversaire : les hommes se mutilent avant de se battre. Dans les quartiers Sud de Téhéran, j'ai vu à maintes reprises des hommes se scarifier avant de se jeter sur leur adversaire couteau ou sabre à la main. J'en ai moi-même de semblables, mais en plus petit nombre.

C'étaient donc des chiites. Ils avaient également des tatouages que j'essayais de distinguer. L'un d'eux avait un large sabre sur l'avant-bras. C'était le sabre d'Ali, appelé Zoulfiqar, reconnaissable à sa lame à deux tranchants. Si l'armée syrienne considérait les Iraniens comme des amis, les chiites du pays encore davantage.

Ils me demandèrent de les prendre en photo avec leurs armes de guerre. Mitrailleuse au poing, la taille ceinte d'énormes cartouchières, ils posaient tout fiers. Puis ce fut le moment des selfies où je posai avec eux. Tous voulaient voir les photos. J'en profitai pour leur montrer les autres photos, celles de mon récent passage à Yabroud et à Maaloula. On y voyait les destructions détaillées des églises de ces deux petites villes.

Pendant ce temps-là, des hommes aux fenêtres brisées des étages supérieurs du bâtiment d'en face nous jetaient des coups d'œil. Les bidons d'essence vides aux couleurs de la République arabe syrienne, les bâches de l'UNHCR, les sacs de sable formaient un décor chaotique dans ce champ de ruines de béton, troué, fissuré, déchiré par les balles.

Des tirs brisaient le silence à chaque instant. Régulièrement, des hommes passaient devant nous par groupe de 10, puis de 20. Certains étaient fraîchement blessés. On distinguait nettement les traces de sang qui tâchaient leur crâne et leurs tempes à travers leurs bandeaux noués autour de la tête. L'un boitait, un autre est bandé au niveau du mollet. Par moments j'entendais les hommes crier vers d'autres, comme pour lancer un appel au talkie ou bien pour demander du renfort. Soudain, l'un d'entre eux courut vers le bout de la rue, la kalach levée en l'air pour finalement la brandir en avant en rafalant sur la droite avant de disparaître dans une rue perpendiculaire en criant.

J'étais au spectacle, abasourdi d'assister à de telles actions. Les types se faisaient la guerre sous mes yeux, littéralement. Je pris soudain conscience que l'affrontement était juste au bout de cette rue, derrière le bâtiment bien visible devant moi.

Bon sang, dans quelle merde je m'étais foutu ! Je demandai à l'homme de la séance photo comment se nommait ce quartier. D'un air dédaigneux, il désigna la rue d'où provenaient les tirs :

— Ici c'est Qaboun, et derrière cet immeuble-là, c'est la Ghouta.

Là, je compris clairement que la situation était très tendue. Et ce foutu camion qui n'arrivait toujours pas !

Les tirs devenaient intenses et très proches. Un de mes voisins me fit signe de rentrer à l'intérieur d'un bâtiment. « Boum,

boum » fit sa bouche en rigolant. Le son des mitrailleuses laissa place aux tirs de mortiers.

Le vacarme était indescriptible, assourdissant. Impossible d'en déterminer l'origine. Certains partaient de quelque part juste à côté de nous, d'autres atterrissaient en retour de flammes à proximité de nos positions. Sentant la situation dégénérer, un des hommes me mit à l'abri. Moi-même, je ne réalisai encore que trop peu les dégâts que ces engins pouvaient causer. Dans l'immeuble, on m'enferma dans une pièce vide le temps que l'orage passe.

Mon téléphone sonna, le numéro qui s'affichait était français, je m'imaginais que c'était peut-être le bureau parisien de SOS Chrétiens d'Orient qui m'appelait. Au moment où je décrochai, j'entendis la voix de ma mère qui me dit : « Allô, Alexandre ? », avant qu'une détonation m'écrase les oreilles faisant trembler les murs. La poussière tombait du plafond et les murs crépitaient tant les vibrations venaient en décoller la peinture.

— Allô, Alexandre ? Qu'est-ce que c'était ? Où es-tu ?

J'avais du mal à garder mon calme. Je lui dis que tout allait bien.

— T'inquiète maman !

— Mais tu es où ?

— Bah, en fait je suis quelque part dans la banlieue Damas...

Je la rassurai en lui expliquant que je ne comptais pas m'éterniser ici et que c'était malgré moi que je m'étais retrouvé dans ce bourbier. Les choses n'étaient pas prévues comme ça.

Après avoir terminé notre conversation et avoir patienté quelques minutes, quelqu'un revint me chercher pour m'inviter à sortir. Il semblait que le chauffeur était enfin arrivé !

Soudain, je vis une masse humaine arriver dans la rue depuis la gauche. C'étaient d'autres miliciens, des types qui venaient pour en découdre. Peut-être les renforts appelés par ces gars que j'avais vu crier !

À la tête de celle-ci, un homme trapu, treillis couleur beige. Son aspect carré et de petite taille lui donnait un air d'ours, mais pas celui qui mange du miel et du poisson dans les rivières, plutôt celui qui décime les troupeaux.

Cheveux châtains, coupés de près, visage carré, absence de sourire, il menait ses hommes au corps à corps. Autour de lui, les nombreux hommes vêtus de noir étaient secs de corpulence. Une infanterie sur le pied de guerre. Les yeux de ces hommes étaient impressionnants. La mort était devant eux et ils partaient pour lui faire face. Celui que j'avais identifié comme le chef semblait s'entretenir avec un gars qui lui rendait compte de ce qui s'était passé ces dernières heures. Je n'avais jamais vu pareil attroupement pour aller au combat. On aurait dit une scène de film que je décidai d'immortaliser... Avec mon téléphone, je pris une photo. Je n'eus pas le temps de décoller les yeux de mon écran qu'un coup de poing m'arrivait droit dans la figure. Je l'esquivai de justesse, mais un jeune combattant m'arracha le téléphone des mains. Je ne montrai aucune résistance et je le laissai me désarmer de ma boîte à souvenirs. Rameutant toute la milice autour de moi, ils étaient maintenant une bonne trentaine à m'encercler. Je sentais monter la pression en moi, mais restais droit en me préparant à ce qui allait suivre. Je me retrouvai rapidement nez-à-nez avec celui que j'avais identifié comme le meneur il y a quelques secondes. C'était maintenant moi l'homme qui devait lui rendre compte.

Le jeune soldat qui m'avait arraché mon téléphone et qui le lui avait remis était fier de lui. Quand le chef fit défiler les photos, le gamin les commenta pour vanter ce qu'il croyait être un trophée. À chaque phrase lancée en direction du chef, il lui jetait des regards en attendant de croiser le sien comme pour obtenir de la reconnaissance. Le gamin était en train d'obtenir son petit moment de gloire. Je le laissais le savourer. L'homme vers qui l'attention de dizaines de guerriers était tournée gardait mon téléphone à la main. La photo qu'il regardait était celle que je venais de prendre. Dessus, on les voyait tous se regrouper. Au centre, on y apercevait le gamin, le regard droit sur l'objectif. Il était le seul attentif au moment de mon cliché.

Le jeune lui souffla alors :

— Il dit qu'il est iranien !

Le chef décrocha sa tête de mon téléphone et la leva vers moi. Tous ses hommes m'encerclaient. Il y en avait partout autour de moi, y compris derrière moi.

— Tu es iranien ? dit-il avec calme en persan.

Je lui répondis dans la même langue :

— Oui, je suis iranien.

— Qu'es-tu venu faire ici, enchaîna-t-il, toujours en persan.

— Je travaille pour une association humanitaire française et je suis chargé de fournir le matériel stocké ici pour les habitants de Qaryatayn !

Les hommes qui nous entouraient ne comprenaient pas un mot de ce qui se disait et étaient attentifs à nos regards, à nos mouvements. Ils essayaient de déchiffrer le sens de nos échanges par les quelques mots arabes que l'on pouvait aisément identifier dans la langue persane.

Quand il fit défiler les photos précédentes, il me vit avec ses hommes en train de poser avec les armes de guerre.

Le guerrier en question se tenait juste devant nous. Le chef se tourna alors vers lui en grinçant :

— Vous venez me dire qu'il a pris une photo, mais je vois que ça ne vous a pas dérangés de prendre des selfies avec lui avant mon arrivée !!

Tout le monde rit et le soldat qui avait posé avec moi se sentit bête tout à coup. Le chef revint à moi avec plus de sérieux :

— Est-ce que tu sais qu'il y a des Iraniens qui combattent également de l'autre côté ? Est-ce que tu sais que ces Iraniens offrent leurs services dans le camp du terrorisme à quelques mètres seulement d'ici ? Ces Iraniens n'ont pas de cervelle, ils sont dépourvus de raison, ce sont les « Mudjahiddin du peuple » !

Je compris vite où il voulait en venir.

— Ne crois pas qu'être iranien suffise à te disculper ! Être iranien peut aussi vouloir signifier appartenir au camp d'en face !

Je lui répondis alors :

— Votre persan est bon. Vous êtes un iranien de Syrie ?

En réalité, son accent écorchait la beauté de la langue et il cherchait souvent son vocabulaire pour effectuer une phrase complète. Il était évident qu'il ne la maîtrisait pas, mais qu'il en savait assez pour converser malgré tout. La manière dont son persan était chanté me faisait penser au dari, le persan d'Afghanistan. Était-ce une milice de là-bas ?

— Je suis syro-iranien. Mon grand-père est iranien de Herat, d'Afghanistan, il est venu ici il y a longtemps et a épousé une Syrienne. Et toi, d'où viens-tu ?

— De France. Mon père est iranien et ma mère est française.

Son doigt fit défiler les photos et l'écran montra alors toutes les icônes défigurées, calcinées, les stèles et les croix brisées des églises de Yabroud. Une série de photos témoignaient des destructions violentes qui n'avaient laissé que des ruines dans les villages du Qalamoun. Le jeune milicien revint à la charge :

— Il dit qu'il est chrétien !

Le gamin venait souligner le côté louche de ce que je représentais, un Iranien de France mais qui était chrétien et qui résidait en Syrie pour de l'humanitaire.

Ce n'était pas la première fois que ma personne intriguait, voire suscitait questionnement…

Le chef reprit en persan :

— Tu es chrétien ?

— Oui, je suis chrétien !

Il me fixa du regard et lâcha :

— Y a pas de problème !

Il tourna la tête vers sa gauche et fixa le jeune à son tour qui jusqu'ici était légèrement ignoré en répétant, de façon à clore le sujet :

— Y a pas de problème !

Le zèle du jeune félin était calmé par la sagesse du vieil ours. Il fit un tour d'horizon du regard balayant celui de tous ses hommes et les invita à se disperser et à se préparer. Il ponctua nos échanges par de respectueuses salutations et me laissa là, au milieu des plus curieux qui étaient restés.

25

Alep ou le grand froid

Je n'étais encore jamais venu à Alep en hiver. Le projet de filtration des puits artésiens se déroulait sans problème. Les salésiens me donnaient des nouvelles de nos petits protégés. D'autres demandes nous étaient parvenues concernant l'électricité, la nourriture et, la saison froide arrivant, elles se faisaient plus pressantes.

Autant Alep était un four l'été, autant l'hiver la ville devenait un congélateur. Au bout de trois ans sans électricité, le froid s'était enraciné dans les immeubles, créant de véritables frigidaires pour les habitants. De plus, les journées s'éteignaient aux alentours de 16 heures, et la nuit tombait vite. À la sortie des écoles, les étudiants n'avaient d'autre choix que de réviser leurs cours à la lueur d'une bougie. La télévision ne marchant pas, le spectacle sinistre de leur quotidien devenait la seule source de distraction des habitants pris dans le siège.

Après Qaryatayn, j'avais décidé, au vu des appels au secours, de me rendre une nouvelle fois dans la grande ville du Nord. Arrivé sur place, j'avais envie d'un peu plus de confort. Deux hôtels étaient encore ouverts à l'ouest. Le Basha qui servait à cantonner les officiels de passage ainsi que certaines troupes, et le Park hôtel. Stratégique par son emplacement, l'hôtel de marbre surplombait l'immense parc d'Alep, offrant une vue époustouflante de sa terrasse du dernier étage sur toute la vieille ville.

Depuis le début des combats, l'endroit était juste devenu maudit. Ce qui avait fait son prestige du temps du tourisme était devenu trop dangereux. Cible des snipers d'en face, l'hôtel s'était vidé au rythme des attaques et contre-attaques.

Séparée de la ligne de front juste par la frondaison du parc, l'hôtel était une cible sur pied. Tenu par des chrétiens arméniens, ces derniers vivaient dans la cave en attendant des jours meilleurs. Je n'eus aucun mal à trouver une chambre. Glacée, sans lumière, les draps étaient propres et derrière les rideaux je pouvais embrasser le spectacle de la ville. La nuit venue, je montais, éclairé par ma lampe, sur la terrasse et derrière les parapets de marbre, je pouvais voir se dérouler les combats nocturnes. C'était grandiose et effrayant. Les balles traçantes déchiraient la nuit noire, chaque camp ripostant à l'autre.

Le matin, je faisais le tour des associations chrétiennes encore présentes pour mettre en place une logique d'aide. Face à la pénurie d'électricité, des groupes électrogènes avaient fleuri un peu partout dans les rues, gros cubes bruyants protégés par des grillages d'acier et auxquels une multitude de fils se raccrochaient distribuant de l'électricité aux immeubles raccordés. Pour cela, il fallait des ampères, qui se vendaient et permettaient de recevoir la précieuse lumière. Face au dénuement de centaines de familles, SOS Chrétiens d'Orient avait décidé de venir en aide aux plus démunis en fournissant en ampères pas loin de 250 familles chaque mois. Chaque ampère permettait aux familles une alimentation de dix heures de 220 volts d'électricité.

Certains Aleppins, les plus aisés, étaient partis à Tartous, sur la côte ouest, dans la Vallée des Chrétiens, à Beyrouth au Liban, à Erbil au Kurdistan irakien, en Allemagne, en France, en Suède, en Australie, au Canada… D'autres étaient morts dans leur maison qui s'était effondrée sur eux, frappée par un missile artisanal venu depuis l'autre moitié de la ville ou de sa périphérie. Certains avaient péri dans la rue parce qu'au détour d'un immeuble, une bonbonne de gaz les avait déchiquetés. Des familles mouraient en silence, à petit feu, assoiffées parce que l'eau était coupée, congelées dans leur chambre en hiver parce qu'il n'y avait plus de quoi se chauffer.

La presse relatait peu le siège de la ville ou, quand elle le faisait, c'était toujours depuis l'autre côté, chez les « rebelles modérés ».

Dans le plus grand silence, un million et demi d'habitants vivaient depuis quatre ans sous les tirs des mortiers, pluies de roquettes, de bonbonnes de gaz bourrées de clous et de missiles « *home made* » en tuyaux de fonte, ou visés par les balles explosives des snipers dans la partie ouest d'Alep.

Chaque mois, lorsque je revenais, je faisais le tour de son clergé, de ses associations et de ses bénévoles, et chaque mois, une personne que j'affectionnais ou que je ne connaissais que de vue manquait à l'appel : partie ou morte.

La question était toujours la même. Qui était mort, qui était vivant dans ce siège qui n'en finissait pas ?

Le quartier de Souleymanie était le cœur chrétien de la ville assiégée ; là, sur un territoire réduit s'entassaient des dizaines de milliers personnes en déshérence. La ville allait tomber, selon certains. Beaucoup d'Aleppins à qui je disais au revoir me répondaient par un adieu. Pour ceux-là, ce n'était plus qu'une question de temps avant que la ville bascule entièrement entre les mains des djihadistes. L'étau se resserrait et l'armée syrienne se devait de concentrer ses forces sur ce qu'elle pouvait encore sauver.

26
Jebel Sayde ou la trahison kurde

Des milliers de personnes depuis juillet 2012 avaient dû fuir leur quartier, qui, chaque jour passant, s'était fait engloutir par les combats avant de devenir lui-même une ligne de front. Joseph était l'un d'eux ; la vingtaine, son visage était encore marqué par tous les affrontements qui avaient eu lieu dans son quartier natal. Autour de son œil, il portait encore les marques brûlantes d'une bonbonne de gaz qui avait explosé à quelques mètres au-dessus de lui et avait bien failli lui coûter la vie.

Joseph avait eu beaucoup de chance et il le savait. En 2013, il avait fui son quartier au nord d'Alep. Quartier mixte, Jebel Sayde, ou montagne de la Vierge, portait aussi le nom arabe de Cheikh Maqsoud. Ici, chrétiens et kurdes vivaient en bonne intelligence depuis de nombreuses années jusqu'à ce jour de Pâques 2013 où tout le monde avait fui devant l'avancée des islamistes.

Souleymanie était devenu son nouveau refuge. Là, avec d'autres amis de son ancien voisinage, ils ne cessaient de se remémorer ce qui était advenu lors de ces journées fatales. Assis au coin d'une rue, ils étaient cinq à fumer la chicha assis sur des chaises. Les yeux perdus dans la fumée au goût de pomme.

Au nord de la ville, à cheval sur les parties ouest et est qui la divisaient, Cheikh Maqsoud longeait les positions des djihadistes retranchés dans les quartiers de Bustan Basha et de Ayn at Tall, de Abou Shuqayif, de Bani Zeyd et d'Ashrafie. Tous ces quartiers très vite occupés par les islamistes allaient enserrer Cheikh Maqsoud.

— Il n'y avait qu'une seule ouverture, c'était Midan, le quartier arménien tout au sud, qui débouchait sur la zone d'Alep ouest tenue par l'armée syrienne. En mars 2013, les djihadistes du Front al-Nosra sont entrés dans Cheikh Maqsoud depuis celui de Bustan Basha, c'était un vendredi matin. Après deux heures, l'armée syrienne est entrée à son tour, a combattu les islamistes, a repris Cheikh Maqsoud et l'a rendu aux Kurdes qui en assuraient initialement la sécurité. En avril, le bruit a couru que les islamistes d'Al-Nosra allaient revenir. Même l'armée en a eu vent, mais personne n'en a rien eu à faire. En avril, le jour du vendredi saint, deux jours avant Pâques, ils sont entrés comme promis et personne ne leur a opposé la moindre résistance. Quatre ou cinq heures après, l'armée syrienne est arrivée pour finalement faire demi-tour deux heures plus tard par manque de munitions et de soldats. Les islamistes sont restés à Cheikh Maqsoud devant l'armée syrienne en fuite. On n'avait jamais eu de problèmes avec les Kurdes auparavant, on s'entendait plutôt bien. Et puis on a appris ce qui s'était passé réellement. Les Kurdes avaient vendu notre quartier à des émirs d'Al-Nosra contre de l'argent. En donnant leurs positions, ils nous ont condamnés. »

Les autres gars hochaient la tête en guise d'approbation.

— Ils ont fait cela pour nous dégager par la même occasion ! Ils ont délégué aux barbus la vilaine tâche de vider le quartier de notre présence. Sauf que quelques semaines plus tard, les Kurdes vont se retourner contre les islamistes.

— On dit que l'argent que les Kurdes avaient reçu pour nous vendre était de la fausse monnaie… s'esclaffa l'un d'eux.

— Furieux, ce serait la raison qui les aurait poussés à attaquer les islamistes et à reprendre le quartier ! ajouta son camarade à ma gauche.

Je demandai alors naïvement :

— Pourquoi ne pas revenir ? Vos maisons sont là-bas. Et si le quartier est libéré, vous n'avez plus de raison de rester dehors !

Un autre plus âgé me répondit, blasé :

— C'est plus compliqué que ça! Les chrétiens ont trop peur. Ils ne se sentent plus en confiance. Pour leur Kurdistan, ils sont prêts à tout. Personnellement, je n'oublierai jamais leur trahison. J'en ai marre de tous ces mensonges. Même le gouvernement ment. Nous sommes tous syriens, il n'y a pas de différence entre nous, blablabla. Les sunnites nous égorgent pour leur califat, les Kurdes nous livrent à ces mêmes salauds pour leur Kurdistan. L'État prétend que tout n'est que la faute des étrangers, etc., etc. Pourtant, tout ce qui nous arrive aujourd'hui s'est déjà déroulé par le passé. Cela a déjà eu lieu à l'époque de nos grands-parents…

Je sentais une lassitude générale, un peu comme un dégoût, comme un goût de terre dans la bouche. Quelque chose de désagréable, mais dont on n'arrive pas à se débarrasser.

27

Palmyre

— Ce serait bien que tu viennes avec nous, Alexandre. Nous nous rendons demain à Palmyre avec le patriarche.

L'homme qui me parlait s'appelait Philippe Barakat. C'était le futur évêque syriaque catholique de Homs. C'était à lui que j'avais apporté des couvertures et des poêles à mazout en pleine bataille de Qaboun pour les réfugiés de Qaryatayn. Venu directement du Liban, le patriarche syriaque catholique, Ignace Joseph III Younan et toute une délégation de cette même Église voulaient visiter leurs paroissiens en deuil et constater l'état des destructions des églises dans cette région de la Syrie.

— Nous partirons demain à 7 heures.

Et tout en secouant la tête :

— J'ai un peu peur de ce que nous allons découvrir…

Le lendemain matin, nous nous présentâmes au point de rendez-vous. Nous n'étions en effet pas seuls. Le dispositif de sécurité mis en place par le gouverneur local était important. Ramez au volant de sa Kia attendait le signal du départ. Sebastiano, un journaliste et écrivain italien passionné par la Proche-Orient, m'accompagnait. Lui aussi brûlait d'impatience de constater les destructions. Le convoi s'ébranla ; insérés dans le dispositif, nous suivions la colonne pas à pas. Pas question de la perdre. L'escorte était impressionnante. Des pick-up à l'avant et à l'arrière du convoi, chargés d'hommes armés jusqu'aux dents équipés de fusils-mitrailleurs. Sur la route, à intervalles réguliers, des carcasses de bagnoles militaires et civiles déchiquetées ainsi que des tranchées qui laissaient dépasser de longs canons braqués en direction du désert lointain. Des avions russes fusaient dans le ciel, indiquant la direction d'une base militaire dont il était impossible d'évaluer la distance.

Quelques kilomètres plus loin, nous arrivâmes à Qaryatayn où nous visitâmes le monastère Saint-Elian, un bâtiment du ve siècle détruit par Daech au bulldozer sous prétexte que les gens y adoraient un autre dieu que Dieu.

Le désert approchait. Plus nous nous y enfoncions, et plus mes souvenirs remontaient. Palmyre. La cité perdue.

Palmyre n'évoquait pour moi que de merveilleux souvenirs d'avant la guerre. Cette oasis plantée au beau milieu du désert était une étape obligatoire quand j'arrivais de Beyrouth à Damas, puis me rendais à Alep en passant par Deir ez-Zor. Palmyre était une cité antique, au pied d'une montagne sur laquelle avait été érigée une citadelle, le château Qalat Ibn Maan. Avant la guerre, plus que la cité antique, c'est cette forteresse qui attirait toute mon attention. De là-haut, la vue sur la cité antique, ses colonnades, son arc de triomphe, ses tétrapyles, son théâtre, ses temples, était imprenable. Je pouvais rester là des heures à admirer l'horizon infini, les montagnes à perte de vue, et le soleil qui, lorsqu'il déclinait, donnait cette couleur rose à tout le désert qui m'entourait. J'aimais me promener dans la cité antique, mais j'aimais par-dessus tout la contempler.

Palmyre a été prise par Daech juste avant mon arrivée en Syrie en juin 2015. Le 21 mai, la totalité de la cité antique tomba sous le contrôle des islamistes. Les hommes de l'État islamique détruisirent tout sur leur passage : des pierres et des hommes, tout ce qui apportait une mémoire à un peuple. Telle était leur cible.

Et puis il y avait eu le 18 août 2015. Ce jour-là, Khaled Assad, l'archéologue en chef du site, fut assassiné par les hommes vêtus de noir. Il avait refusé de révéler à Daech où se trouvaient les trésors inestimables du plus beau site du monde gréco-romain. Ils lui coupèrent alors la tête pour l'attacher à ses pieds tandis que son corps restait accroché à un poteau électrique. La vidéo circula sur Internet. Pire, à leur arrivée, le théâtre romain fut transformé en lieu d'exécutions publiques. Comme à l'époque des talibans à Kaboul, les habitants de la ville furent obligés d'assister au massacre.

La voiture de Ramez cahotait. Dans la poussière ocre, après quelques virages, je distinguais enfin le château qui surplombait le site antique. Il était toujours debout. Je savais à présent que derrière cette montagne se trouvait Palmyre et sa cité.

Soudain je les aperçus. Par petits groupes, ils se baladaient dans les rues. Je les reconnaissais à leurs yeux bridés et leurs faces mongoloïdes. C'étaient des Hazaras, les descendants de Gengis Khan, perdus en plein désert syrien. La seule ethnie chiite existant en Afghanistan. Des Afghans volontaires qui faisaient partie de la brigade des Fatemyouns. À les voir déambuler nonchalamment, on se croirait au fin fond du Hazaradjat afghan. Au fur et à mesure que nous approchions du centre-ville, les drapeaux Fatemyouns se multipliaient sur de nombreux baraquements.

C'était un combattant afghan appelé Newroz, rencontré à côté de l'aéroport de Damas, qui m'avait fourni l'explication de leur présence en Syrie. Newroz s'était battu essentiellement dans les campagnes autour de la ville de Hama. Seulement 15 % des Afghans présents en Syrie étaient originaires d'Afghanistan, tous les autres étaient des Afghans venus d'Iran. Persécutés en Afghanistan parce que chiites, méprisés également en Iran parce que Afghans, la vie pour eux n'était simple nulle part.

Un grand nombre d'entre eux avaient rejoint la brigade des Fatemyouns pour l'argent et afin de pouvoir revenir en Iran avec les honneurs.

— Tu sais, les Iraniens n'ont généralement pas beaucoup de respect pour les Afghans, et pour ces derniers, combattre en Syrie ou en Irak, c'est l'occasion de revenir avec un titre qui leur permettra une certaine respectabilité de retour en pays hôte.

Cette « guerre juste » était le moyen de s'assurer une certaine égalité avec les Iraniens après avoir accompli son devoir. On disait que les Hazaras étaient issus d'une armée mongole qui se serait perdue en Afghanistan au moment du passage des troupes de Gengis Khan qui faisaient route vers Bagdad au XIIIe siècle. « Hezar » en persan signifiait « Mille », son pluriel « Hezarhà » signifie « des milliers ». Les Hazaras étaient les milliers de descendants du Destructeur qui avait traversé la région huit cents ans plus tôt.

Je redécouvrais Palmyre. À première vue, rien ne paraissait changé. On parlait de « seulement » 20 % de destruction du site. Pourtant, il s'agissait des 20 % les plus cruciaux.

En effet, le lion d'Athéna, le temple de Baalshamin, le temple de Bêl, les tours funéraires de la ville et l'arc triomphal n'existaient plus. À leur place, de gigantesques amas de pierres et de gravats.

Les Hazaras n'étaient pas les seuls soldats sur place. Les Russes étaient là aussi, massivement.

— Il y a surtout des démineurs, expliqua le père Philippe au patriarche.

Des rappels étaient lancés, par l'armée syrienne et les responsables de la sécurité du site, à ne pas sortir des chemins balisés sous peine d'y perdre la vie. J'apprendrai de sa bouche bien plus tard que les Russes s'étaient battus comme des lions afin de reprendre le site aux hommes de Daech.

Début octobre 2015, les troupes russes avaient été envoyées sur différents théâtres de guerre syriens, dont celui de Palmyre. De loin nous suivions, mes volontaires et moi-même, l'avancée des forces syriennes et de leurs alliés ainsi que le recul des hommes de l'État islamique.

Les mois passaient et les Syriens semblaient reprendre le dessus. Les guides touristiques locaux et les amoureux de l'histoire étaient effrayés à l'idée de savoir que Palmyre pourrait subir le même sort que Nimroud et Hatra en Irak. À l'approche du printemps 2016, les nouvelles du front n'étaient guère réjouissantes même si la libération de ce haut lieu historique approchait à grands pas.

Ce fut par un ami journaliste de retour de Palmyre que j'appris l'histoire du jeune Prokhorenko et comment, le 17 mars 2016, ce jeune soldat des forces spéciales russes de 25 ans s'était sacrifié pour la ville.

Alexandre Prokhorenko était guideur aérien au sol. Son métier était d'illuminer les cibles par guidage laser pour aider aux bombardements de l'aviation russe. Soudain, alors que les hommes de Daech affluaient vers lui, se rapprochant dangereusement, lui, refusant d'être fait prisonnier, lança un appel à son commandement pour exiger un bombardement sur sa propre position sachant que les hommes de Daech seraient sur lui quelques minutes plus tard.

La frappe fut réalisée, écrasant tout sur son passage, tuant le jeune russe et les hommes de l'EI. Dix jours plus tard, les forces syriennes appuyées par les Russes, les Iraniens et leurs milices reprenaient entièrement la ville.

La mort du jeune Prokhorenko avait ému jusqu'aux Américains qui ne tarirent pas d'éloges sur son courage sur les réseaux sociaux. Des Français avaient exprimé, eux, leur indignation quant au silence médiatique qui avait ignoré l'héroïsme du jeune soldat de 25 ans. Mais le plus bel hommage viendra d'un couple de Français, les Magué. Issue du sud de la France, cette famille française avait décidé de faire don des médailles militaires de leur aïeul pour remercier la famille du jeune soldat. Ils avaient fait le voyage en Russie afin de remettre en mains propres la croix de chevalier de la Légion d'honneur, ainsi que la croix de guerre avec une palme de bronze, décorations gagnées lors de la Seconde Guerre par leur grand-père. Le geste sera suivi par un autre Français, Daniel Couture, vivant dans l'Hérault, qui avait offert la Légion d'honneur de son père en « les remerciant pour ce qu'ils faisaient là-bas pour nous défendre ».

Le théâtre de Palmyre allait très vite reprendre sa fonction première en accueillant un orchestre philarmonique russe qui donna un concert mémorable intitulé *Prière pour Palmyre, la musique redonne vie aux murs antiques*. La musique devait effacer le sang des exécutions qui avaient eu lieu dans le théâtre romain. Quelques semaines plus tard, ce fut la chorale Chœur-Joie du père Zahlaoui de la paroisse de Notre-Dame de Damas qui vint faire entendre sa voix en ces lieux.

Au mois de décembre, à l'approche de la libération d'Alep, l'État islamique y mena une nouvelle offensive et reprit Palmyre le 11 décembre 2016. Cette nouvelle douloureuse survint au moment où, en Irak, la bataille de Mossoul amena les forces de la coalition à laisser un couloir à l'ouest de la ville, en laissant l'opportunité aux combattants de l'EI de se retirer par la Syrie.

Nous savions que les hommes de Daech allaient resurgir quelque part en Syrie, mais où et quand? Nous ne pouvions que faire des suppositions. Beaucoup pensaient à Alep qui était sur le point de revenir dans les mains du gouvernement syrien; d'autres avaient pensé que les fuyards de l'EI viendraient s'ajouter aux combattants déjà présents à Deir ez-Zor pour la faire basculer totalement dans leur camp.

Ce fut finalement à Palmyre qu'ils refirent leur apparition; après seulement trois jours de combats, la ville retomba entre leurs griffes.

Le cauchemar des destructions recommença. Cette fois-ci, ils s'en prirent à de nouveaux vestiges de la cité antique en explosant le Tétrapyle, ainsi que la façade du théâtre romain.

Quelques mois plus tard, début mars 2017, la ville fut à nouveau reprise par les loyalistes.

28

Nice, un 14 juillet prémonitoire

Le 14 juillet, habituellement, l'association se rendait à l'ambassade de France de son pays de mission afin d'y célébrer la fête nationale. À Damas, la question était vite vue. L'ambassade avait fermé ses portes depuis que la France avait rompu ses relations avec la Syrie, ne reconnaissant plus son existence dès les débuts des manifestations en 2011 qui ébranlèrent le pays.

Jour comme les autres, ce 14 juillet 2016 allait pourtant être marqué d'une croix noire. Dès 21 heures, les premiers messages arrivaient sur nos portables : « Attaque terroriste islamiste au camion-bélier à Nice. Plus de 80 morts et de 400 blessés sur la Promenade des Anglais. »

J'allumai la télé dans le bureau. Les images de Nice la nuit, cordons de police et sirènes, emplissaient l'écran. Sur la Promenade des Anglais, à bord d'un poids lourd, un terroriste venait d'écraser des gens venus assister au feu d'artifice sur pas moins de deux kilomètres. Le chauffeur du véhicule avait été abattu par la police, mais avait eu le temps de faucher 86 personnes dont des femmes et des enfants. Daech avait revendiqué l'attentat. Le bilan était lourd : en plus des morts, 458 personnes avaient été blessées.

Les inénarrables spécialistes avaient commencé à défiler sur les plateaux de télévision. Toujours fascinant de voir des gens refaire le match avec des tons martiaux et des grandes théories. Alors qu'on nous parlait de nous frotter les cuisses et d'enlacer notre voisin en cas d'attaque terroriste, alors que Manuel Valls nous invitait à « nous habituer à vivre avec le terrorisme », je pensais à Poutine qui parlait quant à lui de « traquer les terroristes jusque dans les chiottes ». J'étais énervé par ce qu'il se passait. Les Syriens m'impressionnaient une fois de plus. Je ne comptais pas le nombre de SMS, de messages, d'appels pour me demander comment les Français allaient? Comment était la situation? Les inquiétudes qu'ils avaient pour notre pays m'impressionnaient et me touchaient au cœur. Je me souvins, au lendemain de l'attentat, d'une femme qui m'adressait ses vœux les plus chers pour la France et les Français, avec des larmes qui coulaient!

Notre gouvernement les laissait mourir, mais eux, ils nous aimaient malgré tout et pleuraient nos morts. Pendant qu'une frange de la population française appelait de tous ses vœux à la chute du tyran al-Assad et la précipitation de tout un peuple dans les griffes des coupeurs de gorge, les Syriens priaient pour nous...

Un mail d'un ami, agacé par cette sensibilité à deux vitesses, me disait : « Il semblerait que la France ne soit pas en mesure de faire face à ce genre de phénomène, ça commence à vous arriver trop souvent. Quand on prépare un gâteau pour les autres, un jour il faut s'attendre à devoir le goûter. »

Des anciens volontaires français m'expliquaient par téléphone, le plus sérieusement du monde, qu'ils leur tardaient de revenir en Syrie, « car on s'y sent plus en sécurité qu'en France. Au moins, en Syrie, tu sais qui est ton ennemi et tu sais qu'il est combattu »...

Dès le lendemain en France, comme d'habitude, nous allions beaucoup parler, beaucoup pleurer, allumer des bougies. Puis une fois que nous aurions allumé, parlé et pleuré, nous allions également beaucoup participer à des marches pour la paix, puis pour finir nous éteindrions la tour Eiffel, comme après le Bataclan. Décidément, je comprenais de moins en moins mon

Marche dans le Vieux-Alep pour célébrer la victoire contre le terrorisme islamiste. En fond, la citadelle d'Alep.

Constatation de l'ampleur des destructions de la Grande Mosquée d'Alep, appelée aussi Zakarya.

Poids lourd transportant un char de l'armée syrienne, pulvérisé sur la route de la mort, entre Istrye et Khanasser.

Carte du conflit syrien - 15 août 2015

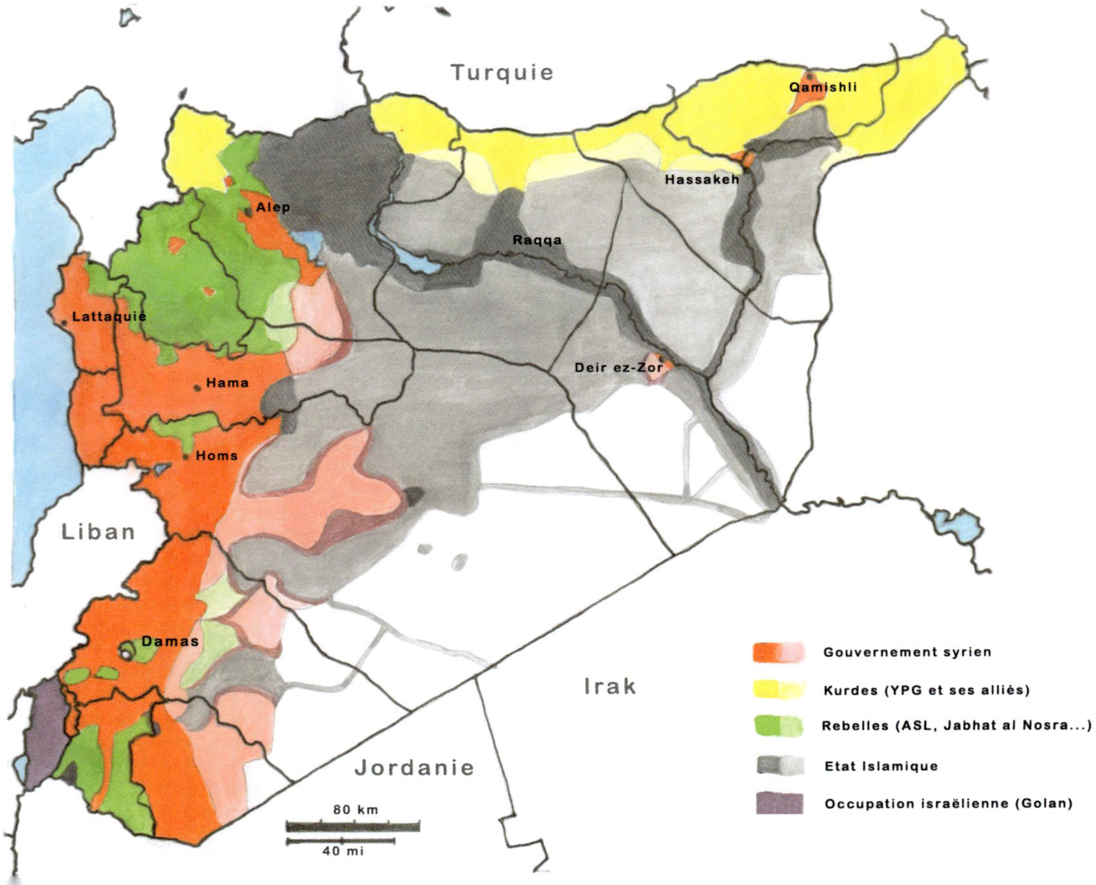

Sur la ligne de front de Mhardeh avec Simon al-Wakeel, après avoir essuyé des tirs de roquettes en provenance des djihadistes de la province d'Idlib.

Avec Alexis, nous redressons la croix trouée de balles et couchée dans les débris sur le toit de l'église syriaque orthodoxe de Deir ez-Zor dans la rue du cinéma Fouad.

Donation de couvertures dans la ville de Mhardeh.

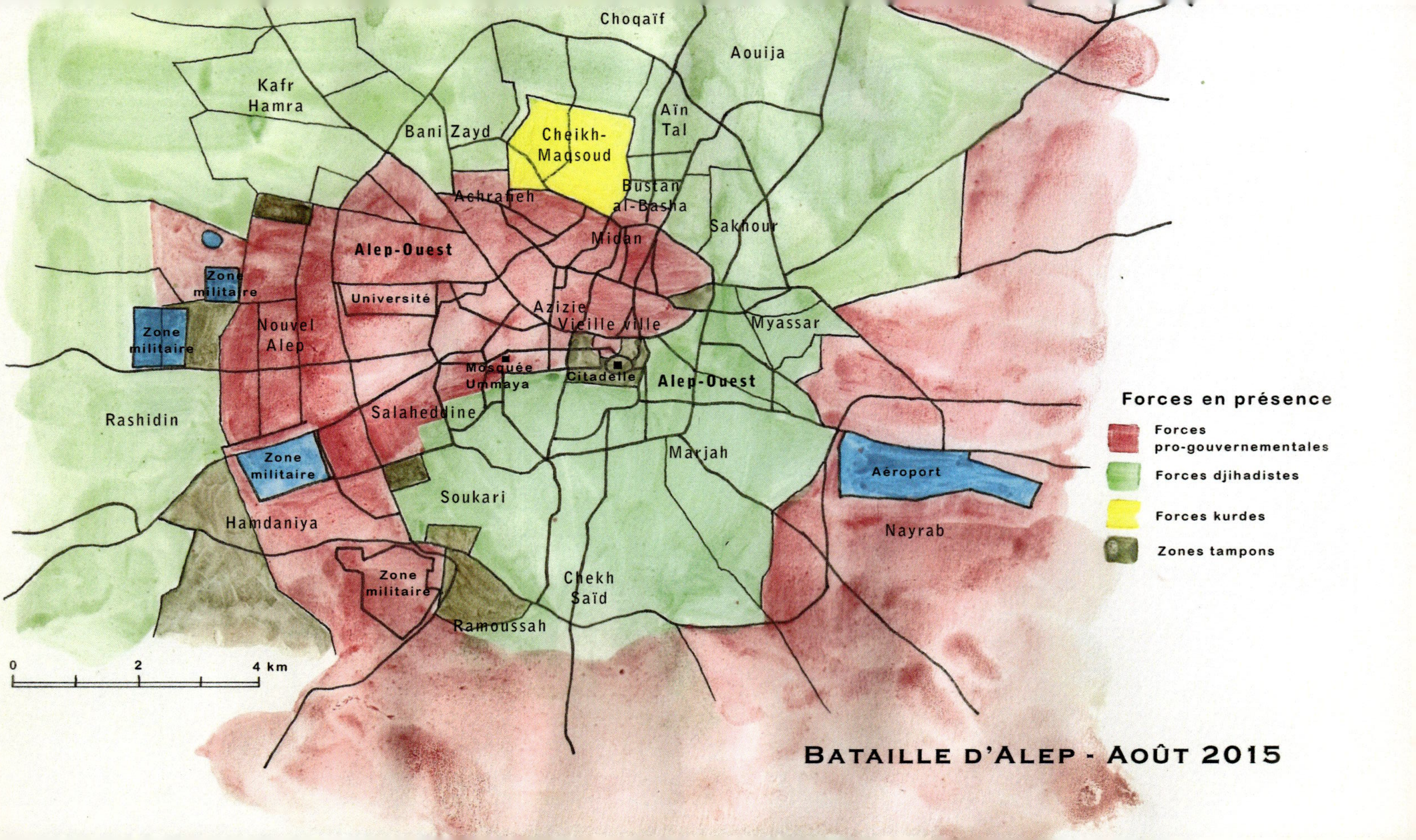

BATAILLE D'ALEP - AOÛT 2015

Al-Waer, quartier de la banlieue de Homs. Un couple de djihadistes est exfiltré avec son arme de guerre sous les yeux des soldats de l'armée syrienne. Ils s'affronteront de nouveau à Idlib...

Ici, toujours lors de l'exfiltration des djihadistes à Al-Waer, un père et sa fille avec la Chahada (profession de foi musulmane) inscrite sur le front.

Statues et icônes brisées, déchirées et calcinées dans les églises de Yabroud.

Le père Aubry et toute l'équipe SOS du mois de juillet 2017, après avoir célébré la sainte messe dans la chapelle du krak des Chevaliers.

Messe sur les hauteurs de Kessab célébrée par le père Hervé. Les djiahdistes venus de Turquie ont ravagé les lieux en inscrivant Allah Mohammad Rasoul (de manière semblable au drapeau de l'État islamique).

Mariage avec Fimy dans le rite byzantin
le 18 août 2018 à l'église Saint-Georges de Maaloula.

Des esclaves modernes dans une briqueterie du Punjab, au Pakistan.

Arrivée à l'aéroport militaire de Vélizy-Villacoublay le 29 mars 2020 après 66 jours de captivité. De gauche à droite : Benjamin Blanchard, Julien Dittmar, Alexandre Goodarzy, Antoine Brochon et François-Xavier Gicquel.

pays. J'avais raté un épisode, mais lequel ? Contrairement aux lois de l'arithmétique, mille lâchetés ne faisaient pas une once de courage. Ça restait juste mille lâchetés...

La Syrie entamait à ce moment-là sa cinquième année de guerre contre des assassins de la pire espèce et provenant de plus de 90 pays différents... les mêmes qui plongeaient la France dans le chaos depuis un an.

Le lendemain, au siège de SOS Chrétiens d'Orient à Damas, alors que nous commentions l'attentat de Nice devant France 24, la nuit tombée depuis déjà quelques heures dans notre quartier fut subitement interrompue par des coups de feu.

Un concert de kalachnikovs se mit à résonner dans tout Damas. De la cour intérieure, impossible de voir le ciel de manière dégagée. Je grimpai alors quatre à quatre les marches de l'escalier qui menait à l'étage supérieur, ouvris la petite porte en bois qui me donnait accès au toit d'où je pouvais enfin scruter le ciel et les horizons. Les pointillés rouges des balles éclairantes fusaient dans le ciel depuis les quatre coins de la capitale. Ça arrosait dans tous les sens. C'était la fête à Damas, les habitants célébraient la tentative de coup d'État qui était en cours à Ankara.

29

Le blocus d'Alep

L'hiver était passé. Nos projets dans la ville assiégée se développaient au rythme des combats. Les gens épuisés par ces quatre dernières années de guerre souffraient en silence mais résistaient. Le siège avait resserré l'étau un peu plus sur les quartiers gouvernementaux encore debout. Les deux tiers de la ville étaient tombées entre les mains des djihadistes et les gens que je croisais n'avaient plus aucun espoir. Ils attendaient la mort tout simplement. Il n'y avait pas que les bombes qui écrasaient la petite parcelle encore tenue par l'armée syrienne, la chaleur faisait des dégâts terribles. Le mois d'août venait de commencer et avec lui cette chaleur qui oblige les Aleppins à rester chez eux dans les caves ou dans les escaliers.

Le 28 juillet 2016, la nouvelle était tombée. Al-Nosra rompait avec Al-Qaïda pour devenir Fatah al-Cham. Comme si changer de nom allait changer la nature des gens qui composaient ce groupe. Des assassins restaient des assassins.

L'armée syrienne avait réussi la semaine précédente à libérer le quartier de Bani Zeyd qui surplombait la ville et d'où les islamistes lançaient leurs mortiers et fusées sur les quartiers civils d'Alep depuis quatre ans. Les combats qui faisaient rage depuis trois jours autour de la seule voie d'accès qui reliait Alep au reste du monde dans la région de Ramousseh, avaient permis aux terroristes de prendre la route et de la couper.

Cette route, percée fin 2013, était le cordon ombilical de la ville. Elle reliait Alep à Homs via Khanasser, et au reste du pays et du monde. Par elle passait tout le ravitaillement de produits et d'aliments d'Alep. Depuis le jeudi soir, la pénurie s'était installée. Il n'y avait plus d'essence, de fioul, de produits frais, plus de fruits, de légumes ou de viande. Le pain était devenu rare. La vraie inquiétude venait de ce que les générateurs privés et les pompes des puits d'eau avaient besoin de fioul. Sans fioul, plus d'eau. Avec 40 degrés à l'ombre. 1 500 000 personnes sans eau, je me demandais comment qualifier ce crime. Crime de guerre ? Crime contre l'humanité ?

La seule bonne nouvelle était d'ordre stratégique. Dans tout le pays, un changement était en train de s'opérer. Sur le terrain, l'aviation russe ne cessait de repousser les islamistes. Jour après jour, des poches militaires se refermaient mais, étrangement, plus l'armée russe frappait les djihadistes, plus ces derniers se raidissaient et Alep, malheureusement, en faisait les frais. Le blocus des derniers mois s'était accentué. À chacun de mes passages, je découvrais une population à bout, épuisée par les cinq dernières années de privations et de bombardements.

Pour pénétrer dans Alep, il fallait maintenant prendre la route de Castello qui passait par l'est et remontait vers le nord avant de redescendre. C'était plus long et plus dangereux Dans mon carnet, j'avais noté à la date du 10 septembre 2016 : « Cessez-le-feu à Alep. Démilitarisation de la route du Castello. »

À la fin septembre 2016, je rencontrais Mgr Jean-Clément Jeanbart, archevêque de l'Église grecque-melkite d'Alep, et l'interrogeais sur le sort des chrétiens.

Ses réponses avaient été claires et sans appel.

— Notre société a besoin des chrétiens parce qu'ils œuvrent pour la convivialité, l'acceptation de l'autre, la gratuité. Ici, les chrétiens ont souvent été à l'avant-garde, en médecine, en sciences et en urbanisme, notamment. La Syrie, a vu naître le christianisme et des centaines de millions de chrétiens ont contribué à son édification. Aujourd'hui, la Syrie est ma terre autant que celle des autres. Nous devons rester ici parce que nous y sommes enracinés, autant religieusement que socialement. En moins de deux ans, nous avons restauré 250 maisons pour que leurs habitants restent, nous avons fourni des prêts gratuits à 70 jeunes, nous avons proposé des bourses d'études pour 1 200 élèves, nous avons créé un centre de formation aux métiers du bâtiment, un autre pour les femmes, une coopérative alimentaire... Nous avons lancé un mouvement qui s'appelle Bâtir pour rester. Nous attendons avec impatience la paix, qui sera le salut de tout le monde. Le 6 octobre, nous rassemblerons plus de mille enfants chrétiens et musulmans de sept à douze ans pour prier ensemble pour la réconciliation et la paix.

Nous arrivons à nous ravitailler, grâce aux organisations humanitaires, Mais nous n'avons pas d'électricité, l'eau est souvent coupée, le travail devient impossible. Il n'y a plus d'emplois. Nous sommes terrorisés par ce qui se passe. La situation n'a jamais été aussi préoccupante. L'accalmie que nous espérions avec la dernière trêve n'a malheureusement pas eu lieu. Qu'allons-nous devenir ? Depuis cinq ans nous vivons sous les bombes. Notre ville, naguère, était prospère, hyperactive, cosmopolite ; tout le monde pouvait y vivre ensemble, main dans la main. Et maintenant ? Tout cela est réduit à néant. On dirait qu'Alep subit le même sort qu'Hiroshima ou Nagasaki. Allons-nous pouvoir un jour reconstruire tout cela ? Nous sommes terrassés, mais nous gardons espoir.

Cela faisait maintenant plus de douze mois que je m'étais installé en Syrie et j'étais fier du bilan de nos activités. Pendant tout l'été, nous avions organisé des camps pour les jeunes. Plus de trois mille enfants étaient partis en colonie avec SOS Chrétiens d'Orient, que ce soit des scouts ou d'autres mouvements chrétiens, souvent accompagnés de jeunes Français qui étaient venus aider à l'encadrement. Malgré la situation de guerre, beaucoup d'organisations faisaient de l'excellent travail en Syrie, mais SOS Chrétiens d'Orient était une des rares associations présentes sur le terrain au quotidien. Je savais que c'était apprécié des Syriens qui nous le faisaient savoir, très reconnaissants de nous voir vivre avec eux leur quotidien difficile et particulièrement à Alep où chacune de nos visites était accueillie en fanfare. Cette présence quotidienne valait beaucoup plus que tout le reste, elle permettait également de vérifier l'usage des fonds au quotidien, l'avancée des projets et la réalisation des travaux.

30

Mhardeh, une ville de résistants

Août 2016

Depuis maintenant une heure, nous roulions chaotiquement sur la route.

— Si les terroristes ne nous tuent pas, ce sera la conduite des Syriens, dit en riant Ramez pour s'excuser du brinquebalement.

Les véhicules sur la route étaient de véritables bombes roulantes tant ils fonçaient. Et quand ce n'étaient pas les voitures, c'étaient les chars et les poids lourds qui défonçaient la chaussée, nécessitant des travaux quotidiens pour la réparer chaque mois. À chaque passage, de nouvelles victimes. Accident de la route ou embuscade des islamistes, dans les deux cas l'issue était mortelle.

Nous étions six. Benjamin, Charlotte, Anne-Lise, Henri et Damien avaient profité des vacances d'été pour venir me visiter et faire le point sur l'avancée des projets. Si nous étions sur la route, c'était à cause d'une femme rencontrée à Homs quinze jours plus tôt. Alors que je conversais avec mes volontaires sur l'avancée des travaux de quelques maisons du quartier, une femme d'une quarantaine d'années s'était approchée de nous. Bien mise, elle avait demandé d'où nous venions et, dans un français impeccable, avait entamé la conversation. Elle enseignait le français à l'université. Son école de langues étrangères avait été détruite par les bombardements pendant la reprise de la ville.

— Ce serait bien si vous pouviez la reconstruire, m'avait-elle dit.

Mme Reem s'était présentée et avait commencé à nous parler de sa ville de naissance.

— Il faut que vous veniez à Mhardeh, c'est de là que je viens. Là- bas, on se bat très fort. Nous sommes encerclés par les assassins.

J'avais accepté.

Le mois d'août s'était installé sur toute la Syrie avec ses pics de chaleur et sa sécheresse implacable. La voiture roulait toujours à pleine vitesse. Je me remémorais les mots de Mme Reem.

— Mhardeh est une ville entièrement chrétienne. Depuis que les musulmans ont ouvert les portes de leurs villages aux assassins qui nous assiègent aujourd'hui, il n'y a plus que des chrétiens encerclés.

La voiture traversa sans s'arrêter la ville de Hama.

— C'est l'ancien fief des Frères musulmans, lâcha Ramez en crachant par la fenêtre. Écrasés dans le sang lors de leur révolte en 1982 par le père de Bachar, Hafez al-Assad.

Ramez secoua la tête, surenchérissant :

— Le père ne les a pas écrasés assez fort. Trente ans plus tard, ils sont revenus…

La ville était calme. Après Hama, nous traversâmes le fleuve Oronte avant d'atteindre, une vingtaine de minutes plus tard, en ligne droite, la ville de Mhardeh.

Par la vitre de la voiture, dressées là tel un rempart gigantesque, je voyais les montagnes à perte de vue. Les plus impressionnantes sont celles situées à l'ouest que l'on distingue dans le brouillard. Juste derrière, c'est la région de Lattaquié. Située le long du fleuve tout en le surplombant, Mhardeh est entourée de petites localités. C'est de tous ces villages bâtis autour et en contrebas que viendra le danger. Mhardeh, du haut de ses 280 mètres d'altitude, sera aussi sauvée par sa position de forteresse naturelle.

La ville ressemble à une ville de western. Une longue rue principale la traverse. Des petits immeubles. Rien de très haut. Mme Reem nous attendait au poste de secours de la ville.

— Je vous emmène chez M. Simon, c'est lui que vous devez voir avant tout. C'est lui qui a sauvé la ville plus d'une fois.

La soixantaine, grand, costaud, souriant, Simon al-Wakeel était le patron de la défense nationale. C'était lui qui, dès 2012, avait organisé la défense de la ville contre les djihadistes. Plusieurs cellulaires et talkie à portée de main, M. Simon répondait aux nombreux appels, tout en nous accueillant. La question concernant Mhardeh ne tarda pas à arriver. M. Simon nous répondit en jetant un coup d'œil dehors par la fenêtre de sa cuisine.

— Quand la révolution a commencé, les habitants des villages alentour ont commencé à entrer et sortir de Mhardeh. Ils venaient cambrioler les maisons la nuit, celles qui sont en périphérie et isolées. Sous la menace d'une arme, ils prenaient tout ce qu'ils pouvaient : bijoux, argent, tout ce qu'il était possible d'emporter. Peu à peu, ils ont commencé à enlever des habitants de Mhardeh sur les autoroutes de Hama et de Mesyaf. Mais le pire, c'est quand ils sont entrés à Mhardeh pour imposer aux gens la *jizya*. La taxe que le kafir doit payer aux musulmans. Ils m'ont envoyé un message me demandant un soutien financier pour la révolution. J'ai refusé.

À ses côtés, quelques membres de la Défense nationale acquiesçaient en silence. Au moment où la guerre avait éclaté, M. Simon était un entrepreneur à succès qui se remettait tout juste d'un cancer. Avec sa société, il construisait des routes dans toute la Syrie. Quand la maladie le frappa, il travaillait avec une compagnie iranienne à Abou Kamal, aux portes de l'Irak, alors que la guerre y faisait rage. Affaibli physiquement, il dut rentrer à Mhardeh, où il resta presque immobile durant un an.

— Je n'étais pas l'homme de cette mission. J'étais trop faible, nous dit-il.

M. Simon nous fit visiter la ville à bord de son gros pick-up noir qu'il conduit, zukharov 5,5 sur le siège passager qu'il range à portée de main. Dans chaque voiture, un bénévole de la Défense nationale, kalach à la main, gilet de combats et munitions, au cas où… Par la fenêtre ouverte, il nous montrait les extrémités de la ville.

— On est toujours resté en marge de la crise parce qu'à Mhardeh, on n'a que deux officiers et aucun politicien. On n'a pas de soldat non plus, à part ceux qui font le service militaire. L'armée était peu présente, juste un poste des services de renseignements. Ces soi-disant révolutionnaires ont commencé à attaquer ces services secrets. Au début, on a joué un rôle de médiateur pour confronter pacifiquement les points de vue entre les deux partis, mais en vain. On a tout essayé avec ces types-là, mais sans résultat. S'ils veulent renverser le président, qu'ils aillent faire leurs manifestations à Damas, pas à Mhardeh. L'absence de l'armée à Mhardeh leur a donné tous les pouvoirs dans la région, y compris militaire !

Nous nous écartions peu à peu des axes routiers principaux de la ville pour arriver quelques minutes plus loin sur un barrage. Quelques cahutes en bois et en taule sur la droite ; un homme en sortit, l'arme en bandoulière. Il reconnut le véhicule et s'empressa de lever la grosse barrière métallique qui bloque le passage avec les salutations coutumières.

Un autre homme, de garde lui aussi, salua en laissant ainsi l'accès à l'un des points militaires de la Défense nationale. Des tanks russes des années cinquante, un BMP, véhicule militaire soviétique, des rampes de missiles Grad, des gros canons, le tout braqué en direction d'Idlib. Nous surplombions la ligne de front depuis l'arsenal de guerre de Mhardeh ! Ce lieu était comme une tour de garde qui domine l'horizon.

Autour de moi, plusieurs jeunes volontaires en treillis nous scrutaient, mes collègues et moi, avec interrogations. M. Simon nous décrivit les dernières batailles récemment livrées, notamment celle qui coûta la vie à l'un de ses gars.

Il y avait quelques jours, deux des jeunes volontaires de M. Simon avaient été touchés dans leur tank par un missile Tow.

— Ils s'appelaient Tarek et Eli. Le missile les a immédiatement mis K.-O. Quand ils ont été percutés par la charge, l'intérieur du char est devenu comme un four. Tarek, sonné, a tout juste eu le temps de reprendre ses esprits et de s'extraire du char tandis que son copain est resté assis, complètement groggy. Peut-être qu'il était déjà mort. Il a brûlé, immobile.

M. Simon secoua la tête :

— La vie est bizarrement faite. Le jour même, la femme de Tarek accouchait d'un petit garçon. Ils ont décidé de lui donner le même nom que leur ami décédé dans le tank : Eli.

Puis, du doigt, il montra d'où était parti le missile ennemi.

— Les islamistes les ont ciblés depuis la ligne de crête derrière le château sur les hauteurs de Shaizar.

Puis il raconta comment, accueillis par les musulmans des villages aux sons des youyous, les barbus avaient pu s'enraciner aux portes de Mhardeh grâce à la complicité des habitants qui leur avaient offert leur soutien sur un plateau. D'ici, ils menaçaient sérieusement les positions de la Défense nationale de Mhardeh, dernier rempart de la ville.

— Les islamistes sont maintenant juste en face, dans le château, nous informa M. Simon.

Arriva alors un autre homme, costaud, de taille moyenne, des cheveux fins plaqués en arrière.

— Je vous présente Assad. C'est l'homme qui fabrique les rampes de lancement de Grad et qui les envoie sur les islamistes d'en face. Il était dans le bâtiment avant la guerre.

Je fus très surpris quand il me dit qu'il s'entraînait en Iran.

— Oui. Tous les quatre mois, les Iraniens qui se battent dans le pays emmènent quelques-uns d'entre nous là-bas, dans un lieu inconnu, et nous entraînent plusieurs semaines à la fabrication de ces engins et à leur maniement avant de nous renvoyer en Syrie, me traduisit Salem.

Un autre volontaire rajouta, comme pour me répondre de manière indirecte :

— Il a l'air surpris. Oui, ce sont les Iraniens qui nous viennent en aide. La France ne se souvient de nous que pour financer et armer les djihadistes d'en face, qui veulent notre extinction…

Salem, jeune soldat de l'armée syrienne et qui possèdait une parfaite maîtrise du français et de l'italien, poursuivait les traductions en dissimulant difficilement sa gêne face à ces propos. Visiblement, la promesse de la protection des chrétiens d'Orient par la France n'était pas oubliée ici, même si elle restait lettre morte.

Salem continua :

— On connaît la France, on l'aime et on la respecte ! On se souvient de ce qu'elle fut, mais on ne la comprend plus ! La République islamique d'Iran, chiite, accomplit un travail auprès des chrétiens qui revenait normalement à la France. Si la France ne souhaite plus s'ingérer à l'étranger, c'est une chose, mais pourquoi le fait-elle malgré tout en soutenant des monstres ? Ceux qui ont fait couler le sang chez vous ces derniers mois ont fait un passage par Idlib. Nous les combattons pour vous en quelque sorte. Pourquoi pleurer les vies prises par ces assassins là-bas et, en même temps, les encourager à prendre les nôtres ici ?

Je ne savais pas quoi répondre. Je n'avais rien à dire. Il avait déjà tout dit lui-même.

Je regardais leurs visages, tous ces jeunes garçons autour de moi n'avaient pas des têtes de guerriers. Salem m'expliqua que c'étaient des étudiants pour la plupart. Tous avaient choisi d'étudier le matin, à Hama, et de combattre l'après-midi à Mhardeh.

— Tant pis pour les diplômes et l'avenir professionnel, la défense de Mhardeh n'a pas de prix, dit tout fièrement un jeune en souriant à Salem, qui compléta :

— Ici, tous les membres d'une même famille exercent le bénévolat, que ce soit auprès des handicapés, des personnes âgées, des orphelins, dans l'urgence et le médical et dans le militaire. La Brigade des secours est chargée d'aller sur les lieux d'une déflagration résultant d'un tir ennemi pour en sortir les blessés et les morts. Ils travaillent étroitement avec les deux hôpitaux de la ville. La Défense nationale, quant à elle, assure un rôle de supplétif de l'armée syrienne et travaille en étroite relation avec les armées syrienne et russe, ainsi qu'avec les milices iraniennes. Tous combattent les islamistes à Idlib.

Sur le trajet retour, M. Simon montra la faille par laquelle les islamistes étaient passés pour terroriser les habitants de la ville.

— C'était le 30 juillet 2011. Je m'en souviens bien. Ils sont entrés à Mhardeh par l'ouest, depuis les villages sunnites de Tel Malah, Jdeide et Tremse. Ils sont entrés dans la zone industrielle de Mhardeh sous prétexte de venir y faire une manifestation contre le gouvernement. Jusqu'à cette date, il n'y avait pas d'armes à Mhardeh. Les habitants de la ville ont refusé cette manifestation. Pourquoi venir faire une manifestation ici, à Mhardeh ? Alors ceux d'en face ont commencé à brûler les magasins de la zone industrielle. Ils ont tout détruit sur place. Quinze jours plus tard, ils sont entrés par l'est, par Helfaya. À ce moment l'armée syrienne a envoyé deux chars et quinze soldats au couvent de Mhardeh. Un petit groupe d'hommes. Quand les djihadistes sont entrés par l'est de Mhardeh, ils ont enlevé dix-huit personnes, dont des femmes et des enfants. Un certain Zyad al Frashe a été tué après avoir été enlevé. Cela a poussé les gens à se défendre. On est parvenu à récupérer les filles et les garçons retenus prisonniers, mais il a fallu payer. Beaucoup d'argent. C'est ce jour-là que nous avons décidé de dresser des barrages pour protéger notre ville de ces voleurs qui nous avaient attaqué sans raison. Jusque-là, Mhardeh était à leurs yeux une proie facile. Il n'y avait rien à craindre de Mhardeh. Mais très vite, tout s'est dégradé. Les alaouites qui travaillaient dans les centres de renseignements ont commencé à quitter la ville et à s'enfuir. Les policiers, eux, étaient des sunnites. On a vite compris qu'en apparence, ils étaient du côté de l'État, mais dans leur cœur, ils étaient du côté des djihadistes. À cette époque-là, ceux-ci dominaient toute la zone. Ils ont commencé à commettre des exactions contre les gens. Et personne ne pouvait les arrêter. On a commencé à former des groupes civils, populaires. On leur a adressé ensuite des messages ! « Si vous essayez d'entrer dans notre ville, il y aura des problèmes entre nous. Arrêtez tout de suite ! » Mais à cette époque ils étaient déjà violents. Ils sortaient les kalachnikovs et nous tiraient dessus. Alors on a demandé le secours de l'armée syrienne...

On s'est réunis entre nous afin d'étudier la situation. On a décidé de former des tours de gardes dans les rues, des patrouilles dans Mhardeh. L'Église grecque orthodoxe a approuvé. On a commencé à utiliser les talkies-walkies. Je n'étais pas satisfait de tout ça. Je suis intervenu : « Celui qui veut se protéger, doit le faire hors de sa maison, pas dans sa maison. Il faut aller aux alentours de Mhardeh, on doit protéger notre citadelle. On ne doit pas rester dans notre chambre. Les attendre à Mhardeh, ça ne sert à rien, on perdra ! » J'ai alors décidé de créer des checkpoints aux alentours. On en a fait dix-sept. Parce que Mhardeh est défendue au nord par la nature, la géographie.

À l'ouest, il y a des collines qui la protègent. Les points faibles étaient au sud et à l'est, et s'étendaient sur six kilomètres. Ce n'est pas facile de couvrir toutes ces zones.

Au début, on ne portait les armes que la nuit pour protéger la ville. Par respect pour les habitants, nous sommes restés des sortes de gardes civils, nous n'avons pas enfilé l'uniforme qui laisserait penser que nous sommes des pro-gouvernement. Nous avons vécu quatre mois à ce rythme. Mais le 12 décembre 2012, ils ont enlevé mon fils à la caserne de l'infanterie à Alep et là j'en ai fait une affaire personnelle.

M. Simon s'arrêta un instant et scruta nos visages pour voir si nous avions bien compris.

— Vous savez, on ne s'est pas battu pour défendre le président Bachar al-Assad. On n'a pas pris les armes pour le protéger ! On l'a fait pour nos maisons, pour nos familles, peut-être aussi pour une certaine idée de nous-mêmes. Bref, on l'a fait ! Avant la guerre, j'étais connu du voisinage pour avoir joué le rôle de l'intermédiaire entre les villageois sunnites et les services de renseignements alaouites. L'une des tâches que j'ai accomplies pour nos voisins sunnites était d'avoir sauvé la vie de l'oncle du djihadiste Sami Rahmon. C'était un médecin enlevé par les alaouites. Quand j'ai appris la nouvelle, j'ai fait le nécessaire pour que des négociations aient lieu, et ça a marché. Je lui ai sauvé la vie. Le père du djihadiste, quand il m'a vu, s'est mis à genoux pour me remercier. Il a baisé ma main en me disant, tout en se tapant la poitrine, que je pouvais lui demander ce que je voulais.

Tout ça, c'était très peu de temps avant l'enlèvement de mon fils. Aussi, quand j'apprends que mon fils a été enlevé par le djihadiste Sami Rahmon, je me dis que cela allait se régler rapidement. Je me suis souvenu comment l'homme s'était mis à genoux, promettant en pleurant qu'il n'oublierait jamais ce que j'avais fait pour sa famille. J'étais presque rassuré de savoir mon fils entre les mains de ce djihadiste. J'ai pris mon talkie et j'ai prévenu le père de Sami Rahmon. Je l'ai appelé et lui ai dit : « Ton fils a enlevé le mien. Je veux que tu le fasses libérer, comme je l'ai fait pour ton frère. » Et là, dans le talkie, j'entends sa voix qui me dit : « Je ne peux rien faire pour toi. Je ne peux pas t'aider et demander ça à mon fils. » Je suis resté pétrifié par ce qu'il disait. J'étais choqué : « Voilà comment tu me remercies de t'avoir aidé ? » Il a répondu : « Ton fils a tué un djihadiste du groupe Al-Halabi. Pour le laisser vivant, on veut 10 millions de livres syriennes. Mais pour le laisser libre, on en veut 100 millions. »

Alors j'ai juré par trois fois dans le talkie : « *Wallah al-azim ! Wallah al-azim ! Wallah al-azim !* Si vous touchez à un cheveu de la tête de mon fils Fahed, je viendrai tuer les bébés des ventres des mères de la famille Rahmon et de tout Helfaya. Ne faites aucun mal à mon fils. » Ils ont répondu : « On va lui couper la tête » et la conversation s'est arrêtée nette.

M. Simon semblait encore fatigué de cet épisode.

Ce fut Salem, notre traducteur, l'ami du fils de M. Simon, enlevé lui aussi, qui me raconta la suite.

— M. Simon va payer pour que son fils soit libéré, mais ce jour-là, la guerre totale entre lui et les djihadistes va commencer.

Et de me narrer comment lui Salem, le jeune traducteur de Mhardeh, s'était retrouvé avec le fils de M. Simon dans la forteresse d'Alep avant sa chute.

Salem comme beaucoup de jeunes Syriens était à l'université, où il finissait des études de langues afin de devenir traducteur.

— Quand je suis rentré en Syrie, en janvier 2011, je revenais d'Italie après avoir passé un an à l'université salésienne de Rome comme étudiant en psychologie. La vie était normale à ce moment-là. J'ai commencé à travailler comme interprète pour des commerçants étrangers, notamment des Suisses. En parallèle, je donnais des cours de français. J'aime beaucoup enseigner, connaître d'autres personnes ; ça ouvre des horizons et multiplie les connaissances. J'ai fait des études de littérature française pendant quatre ans à Damas, et de traduction pendant un an. C'est vrai qu'on entendait parler de manifestations en Égypte et ces nouvelles nous semblaient étranges. Personne ici n'aurait pu imaginer que ça puisse se passer dans notre pays. Pour nous, la Syrie était un pays uni et solidaire. Le peuple s'entendait bien. On n'avait pas ces problèmes. Sauf avec les Frères musulmans, mais le père du président leur avait donné une leçon et nous pensions qu'ils avaient compris. Malgré tout, le 15 mars 2011, des manifestations ont commencé chez nous. Nous nous sommes dit : « Ce ne sont que des gamins », « ce n'est rien » ! On continuait à croire à notre paix et à la Syrie que l'on connaissait… On n'avait pas compris que nous étions au sommet d'un volcan qui venait de se réveiller. Aujourd'hui, huit ans plus tard, on est toujours sous le feu de ce volcan.

En Syrie, il y a un service militaire qui commence à 18 ans. Comme en France à l'époque. Ce service est repoussé dès que l'on fait des études. Mais quand les études sont finies, il n'y a plus de prétexte pour ne pas le faire. Ce fut le dilemme de toute la jeunesse syrienne au début de la guerre. Beaucoup fuirent le pays afin d'y échapper. Ceux qui avaient de l'argent pour se payer un passage se transformèrent en migrants. Les pauvres, eux, allaient défendre la patrie que les riches avaient fuie.

Salem fut de ceux-là. Issu d'une famille modeste, il partit faire son service militaire le 1er mai 2011.

— Tout de suite, on m'a envoyé à l'académie de l'infanterie à Alep. C'était encore calme et c'est resté ainsi jusqu'en juillet 2012. Là, les problèmes ont commencé. Ça a démarré dans les campagnes autour de la ville. Ce sont les villageois d'Alep, de la campagne, qui ont engagé la guerre contre le gouvernement. Parce que dans la ville, il ne se passait rien. La géographie d'Alep a beaucoup aidé les djihadistes, du fait de sa proximité avec la frontière turque. C'est ainsi que l'on a vu débouler tous ces djihadistes venant d'Arabie saoudite, du Qatar, ou de la Libye.

Dans la caserne, ce fut très vite l'inconnu. On ne maîtrisait plus rien. Les permissions étaient annulées et nous devions rester enfermés dans l'académie. Ça nous déprimait. Puis nous avons été obligés de monter des checkpoints hors de notre caserne pour contrôler les alentours où il y avait des attaques, et ça commençait à affaiblir la caserne. On perdait des effectifs, des chars, des soldats. Rapidement, nous avons été de moins en moins nombreux.

Les manifestations ? Tu parles, c'était pas une révolution, c'était un coup d'État pour créer un califat et revenir aux temps du Prophète ! En six mois, les slogans avaient changé. Au début, c'était pour promouvoir la démocratie. Après, on n'entendait plus que *Allah akbar !* Exécuter l'autre, rester dominants comme sunnites sur tout le pays, voilà ce qu'ils voulaient !

Notre caserne s'est retrouvée à devoir protéger le grand Alep à partir de Saraqeb jusqu'à Azaz. On avait des barrages là-bas. Nous n'étions plus alors que 300 dans une caserne conçue pour 3 000 hommes, où seulement un soldat sur six était déjà formé. Les autres étaient encore à l'entraînement. Seuls 200 soldats sont restés jusqu'à la fin. 100 avaient pris la fuite après avoir entendu l'appel des djihadistes et nous ont abandonnés. Tous des sunnites. La trahison est une des raisons de la faiblesse de notre caserne. Ça nous a divisés et rendus méfiants envers les autres sunnites qui étaient restés se battre à nos côtés…

Dans la campagne d'Alep, vers Idlib, il y a un village qu'on appelle Attareb. C'est près de Omron, Soqra, Ariha, Kobra. Un jour, notre chef reçut l'ordre d'attaquer l'endroit car c'était devenu un nid de djihadistes. Le jour dit, on nous envoie combattre là-bas. Cela a été un désastre. Nous avons perdu beaucoup d'hommes et lorsque l'attaque de notre caserne à Alep commença, nous étions en sous-effectifs. C'est la vraie raison de la chute de l'académie. En fait, le problème, c'est qu'à Alep il y avait peu de soldats quand les djihadistes ont attaqué. Une académie militaire, c'est une école où l'on envoie les hommes s'entraîner avant de commencer à devenir soldat, à exécuter des missions. Et cette période est limitée, de cinquante jours à six mois, selon le grade. En fait, il n'y a que des académies, il n'y a ni forces spéciales ni garde républicaine. Rien de tout ça à Alep ! Cela n'existe qu'à Damas ou à Homs. À Alep, il n'y avait que des étudiants en armes, des jeunes pas encore formés au métier de soldat ! Et ceux qui arrivaient au bout de leur formation étaient peu nombreux et partaient rejoindre leur unité hors d'Alep.

À peine 200 soldats dans la caserne pour faire face à des djihadistes venus du rif d'Idlib, d'Alep, de Raqqa, de Deir ez-Zor, de Hama... Ils étaient trop nombreux. Le siège a commencé à ce moment-là.

Les djihadistes ont réussi à faire des percées dans les murs et à mettre des snipers pour cibler tous les soldats qui étaient dans la caserne. En quelques semaines, elle était devenue une grande prison pour nous tous. Nous ne pouvions plus rien faire, les djihadistes dominaient l'autoroute qui nous séparait d'Alep. Et impossible de fuir vers la Turquie : là encore, des djihadistes nous barraient la route. Nous étions complètement isolés de la Syrie.

L'armée syrienne a essayé de nous soutenir par les airs en nous envoyant des boîtes de conserve et du pain depuis les hélicoptères. Mais les djihadistes ont répliqué et visé les appareils qui arrivaient de plus en plus difficilement à nous ravitailler.

Parfois elle se trompait et la nourriture arrivait chez les djihadistes. Mais le pire, c'était quand celui qui arrivait à récupérer de quoi manger, ne le partageait pas. L'ambiance était très vite devenue affreuse. Nous avions encore une télévision qui fonctionnait. Nous pouvions voir les informations. Un jour nous avons entendu le journaliste Shady Hulwe en direct expliquer que l'académie militaire d'Alep dans laquelle nous nous trouvions était sauvée parce que l'armée syrienne avait repoussé l'ennemi. Ce jour-là, on a compris que nous étions condamnés. On nous avait abandonnés et personne ne saurait jamais que nous allions mourir…

À la fin, dans la caserne ne régnaient que la faim, la fatigue et la mort. Si quelqu'un était blessé, on ne pouvait rien faire pour le sauver. On ne pouvait pas l'envoyer à l'hôpital ni le soigner. Il restait par terre. Qu'il vive ou qu'il meurt, il était dans la main de Dieu. De ceux qui tombaient en martyrs, nous n'arrivions plus à récupérer les corps. Les snipers visaient tout le monde. Alors les cadavres se sont accumulés. Les chiens et les chats, qui avaient faim, ont commencé à dévorer le visage de nos camarades.

Et on ne pouvait plus rien faire. L'odeur de la mort était partout dans la caserne. Les soldats survivants étaient épuisés. Si quelqu'un voulait fumer une cigarette, comme il n'y en avait plus, les soldats roulaient du thé dans une feuille d'arbre. J'avais pas mal de boîtes de conserves stockées dans ma chambre. Je les partageais avec les autres, dont Fahed. Mais bon, je ne pouvais pas nourrir tout le monde. Alors beaucoup mélangeaient de l'eau avec de l'herbe, et s'en nourrissaient, comme d'une soupe.

Les morts devenaient plus nombreux, il fallait les enterrer. J'ai eu à m'occuper d'un ami, un lieutenant tombé en martyr. Nous étions trois chrétiens pour creuser sa tombe. Puis nous nous sommes mis à prier pour lui. J'ai écrit son nom sur un papier que j'ai déposé dans sa tombe avant de l'enterrer, pour qu'on se souvienne de qui il était.

Et puis un jour les djihadistes ont réussi à entrer dans notre caserne, lâcha-t-il dans un grand soupir. Ils ont enlevé soixante-dix soldats. Beaucoup ont réussi à prendre la fuite et se sont réfugiés dans la prison centrale d'Alep où ils se sont enfermés ! Quitter la caserne pour se retrouver dans une prison, c'était vraiment jouer de malchance. Ils se sont retrouvés assiégés de nouveau par les djihadistes. Leur calvaire a duré encore une année.

Mais pour nous qui avions été enlevés, ça ne faisait que commencer. Les djihadistes nous ont emmené à Halloq, à côté de la zone industrielle de Cheikh Najjar à Alep. Là ils nous ont parqués dans une usine d'État quelques jours. Puis ils nous ont déménagés à la campagne, près d'Idlib, dans un village qui s'appelle Tarmala. Les djihadistes croyaient au début, comme je suis de Damas, que j'étais musulman sunnite. Mais quand ils ont su que j'étais chrétien, alors ils ont commencé à me maltraiter !

Par hasard, il y avait des journalistes étrangers. Les djihadistes ont demandé si quelqu'un pouvait faire la traduction. Moi, j'ai déclaré que je parlais italien et français. On m'a demandé de parler de leur révolution, de tous les bienfaits qu'ils avaient apportés dans le pays. J'ai fait semblant de traduire, mais j'ai raconté mon histoire, comment ils nous avaient enlevés après avoir tué beaucoup de jeunes hommes dans l'académie. J'ai dit que c'étaient des barbares et des assassins, qu'ils ne voulaient en aucun cas la liberté et la démocratie. Les journalistes ont été surpris, mais ils ont compris. Je leur ai dit que de toutes façons, ils allaient m'exécuter …

Moi aussi, je voulais la liberté et la démocratie, toute la Syrie voulait cela, mais les djihadistes avaient confisqué la révolte du début. Eux ne voulaient pas ça, ils voulaient juste imposer l'islam partout, avec leurs idées de fanatiques. Chaque pays a besoin d'une démocratie différente. Il faut prendre en considération la culture. Ici, la religion est à la base de tout et au final, on en arrive à de la merde ! Tu parles de la religion, mais on a beaucoup de confessions différentes en Syrie. On n'arrive pas à trouver de solution modérée ! Si on parle d'une démocratie par la religion, il faut arriver à la laïcité qui respecte les différences, en fait !

Les journalistes sont repartis. Les djihadistes nous ont emmenés dans une villa à côté de la caserne. Nous y sommes restés deux jours. Puis ils nous ont obligés à raconter devant une caméra comment nous avions abandonné l'armée syrienne pour rejoindre la révolution. Ils nous ont insultés, menacés, puis séparés. L'un d'eux n'arrêtait pas de répéter que les chrétiens devraient payer une grosse somme pour sortir. Ils seraient vendus. Les sunnites devraient se battre à leurs côtés, mais il fallait d'abord les punir pour avoir été dans les rangs de l'armée syrienne. Quant aux alaouites, les pauvres, ils devaient être exécutés, tous sans exception.

Après avoir emmené tout le monde hors de l'académie, ils ont décapité les alaouites. Nous, ils nous ont maintenu debout et nous ont forcés à regarder les exécutions. L'un d'eux criait sans cesse : « Venez, venez voir ce qui se passe avec les chiens d'al-Assad ! » « Vous êtes les chiens d'al-Assad. » Ils leur ont dit qu'ils ne gâcheraient pas de balles pour eux, qu'ils allaient les couper en deux, puis qu'ils joueraient ensuite au football avec leur tête. Ce qu'ils ont fait. Ils étaient heureux ! « Qui prendra cet honneur ? Qui arrivera le premier pour couper la tête d'un alaouite ? » C'était un honneur pour eux ! « C'est à moi, j'ai le droit de le faire ! » L'autre dit : « Non, c'était toi la dernière fois, s'il te plaît, laisse-moi prendre cet honneur, laisse-moi tuer ce chien… » Ils se disputaient presque pour savoir qui allait couper la tête des alaouites. Ce jour-là, ils en ont décapité trois devant nous.

J'ai vu l'un d'entre eux qui n'a pas ouvert sa bouche durant tout son calvaire. Il est resté silencieux jusqu'au dernier moment. À la fin, un émir s'est approché ; c'était un cheikh qui venait de Lybie pour distribuer de l'argent aux combattants. On a compris que c'était sa katiba personnelle, que c'était lui qui les payait un peu comme une bonne action aux yeux d'Allah ! Il était content de ce qui s'était passé, de voir l'état dans lequel avaient été mis les alaouites. Il a déclaré : « Ce sont des kouffars, c'est ce qu'il faut faire avec eux et il faut pas hésiter à le faire. » J'ai été amené chez lui par les djihadistes qui ont demandé : « Quel est le jugement que cette pourriture de chrétien mérite ? — En tant que chrétien, il faut couper sa main qui a porté l'arme contre nous. » Et ils ont répondu : « On fera ça, bien sûr. » Ils m'ont amené dans une autre chambre. Je leur ai dit : « Je ne veux pas perdre ma main, j'accepte d'être tué. Je n'ai pas peur de vous ! » J'ai commencé à crier, à m'énerver. Puis le chef des djihadistes est venu, disant : « Calme-toi, on va rien te faire. C'était juste du cinéma pour le cheikh. Toi, tu vaux de l'argent et ta famille doit payer beaucoup d'argent pour nous. C'est pour cela que tu vas garder ta main. »

Je suis resté cinq jours en captivité à Alep avant d'être envoyé à Idlib. On avait un repas par jour. Les djihadistes étaient pour la plupart syriens. Il y avait aussi quelques étrangers, mais pas nombreux. Des Libyens, et même des Kurdes de Jarablous. Eux, c'étaient des fanatiques. Je n'ai pas compris ce qu'ils faisaient avec les djihadistes.

« On est arrivés à se mettre d'accord sur la somme d'argent à faire payer par ta famille, 500 000 livres syriennes et on te libère. »

Jusqu'ici, le chef des terroristes avait essayé de convaincre Salem de travailler pour lui de son plein gré car les djihadistes recevaient des journalistes et ils avaient besoin d'un traducteur. Personne ne parlait vraiment bien anglais, encore moins français. Salem avait refusé.

— Et puis Fahed a été libéré avant moi. Je ne savais pas que son père était très riche. Ce sont les djihadistes qui m'ont dit que M. Simon avait payé une très grosse somme pour récupérer son fils.

Le jour où il était parti, Fahed s'était retourné vers Salem.

— Il m'a dit : « Ne t'inquiète pas, je vais t'aider. » J'ai pleuré car j'étais tout seul d'un coup. Seul et désespéré. Je savais que je ne pouvais rien demander à ma famille. Je me suis senti comme un poids sur ses épaules. En réfléchissant, je me suis dit que je préférais mourir plutôt que de la mettre dans cette situation.

Elle n'avait pas assez de temps pour obtenir une somme aussi importante.

À peine rentré, Fahed va demander aux habitants de Mhardeh de réunir cette somme d'argent pour aider Salem.

— Ma famille a envoyé 100 000 livres. Et le reste de la somme a été donné par les habitants de Mhardeh. Je suis sorti le 21 janvier 2013, accompagné par quelqu'un qui fait l'intermédiaire entre l'État et les djihadistes. Je suis arrivé à l'entrée de Mhardeh ; M. Simon m'attendait et m'a reçu en me prenant dans ses bras. Puis il m'a amené chez lui, d'où j'ai pu téléphoner à ma famille pour dire que j'étais vivant. Fahed s'était mis à pleurer en me voyant libre. Moi, je n'arrivais pas à y croire. J'avais perdu l'espérance. Et puis c'est revenu, petit à petit.

Avant la guerre, on était tous unis. On parlait tous la même langue, on avait les mêmes gestes, le même comportement. On était tous unis en public, mais dans la société, dans le secret des cœurs, il y avait cette haine, chiite contre sunnite, alaouite contre sunnite. Les chrétiens étaient toujours à la marge de ce conflit, mais la tyrannie de la guerre n'épargnerait personne à la fin. Ils se sont retrouvés contraints d'entrer dans le conflit. Nous avons été attaqués par les djihadistes, il était normal que nous nous défendions ! On ne veut pas se laisser égorger comme des moutons. Jésus nous a dit d'être forts. Il était fort dans le Temple. Il n'était pas faible devant les voleurs, devant les marchands du Temple. Et notre Temple, c'est notre religion, notre existence. Nous devons le défendre, soit mourir soit vivre, mais toujours avec dignité. Au lieu d'être comme un mouton payant la *jizya* pour ces gens de merde…

31

« … qu'ils aillent mourir à Idlib ! »

19 octobre 2016

La voiture roulait depuis maintenant trente minutes sur la route de Maaloula. Ramez était content. Dans quelques jours, il me faudrait remonter sur Alep. Ramez le savait, c'était pour cela qu'il profitait de la vie car il savait qu'une fois sur l'autoroute de la mort, ce serait moins drôle. La nuit était en train de tomber et nous passions les barrages, les uns après les autres. Les soldats semblaient agités. Nous étions à l'arrêt quand Ramez demanda ce qu'il se passait à un des soldats. Ce dernier, nerveux, cracha par terre.

Je ne compris pas tout de suite. Ramez se tourna vers moi :

— Ils exfiltrent des djihadistes ! Là, c'est ceux de Qudsaya.

— Et ils les envoient où ? demandai-je, intrigué.

— À Idlib, près de la frontière turque.

— Ils vont mourir là-bas… lâcha le soldat, avec un sourire mauvais.

Soudain surgit depuis l'obscurité, à la lumière des phares de notre véhicule, un deuxième soldat qui hurlait en agitant ses bras dans tous les sens. La voie militaire était exclusivement réservée aux convois de djihadistes évacués. Les bus verts passaient devant nous. Ils étaient une dizaine et se suivaient, parechoc contre parechoc. L'armée était tendue. Les ordres fusaient pour que nous nous rabattions sur le côté. Je les vis passer, encadrés par des véhicules de l'armée et du Croissant rouge postés devant et derrière... Du haut des cars, des visages de barbus apparaissaient furtivement derrière les rideaux malgré la buée qui se formait de leur haleine sur les fenêtres.

Quelques mois plus tard, ce fut dans le nord de Homs que j'assistai à cet étrange ballet. Accompagné de François-Xavier, le directeur des opérations, et de François, le chargé de com' de SOS Chrétiens d'Orient en Syrie, bardé de ses appareils photos, nous avions eu les autorisations pour nous rendre sur place et assister à l'évacuation. Après négociation, les djihadistes qui tenaient le quartier d'Al-Waer avaient accepté les termes du gouvernement. Quitter le quartier et être amenés en autobus jusqu'à Idlib.

Je n'avais pas souvenir dans des guerres récentes ou plus lointaines d'un tel accord. Les soldats perdaient, se rendaient et étaient faits prisonniers sous la responsabilité de la Croix rouge et selon les lois de la guerre. Rien de tout cela ici.

L'armée avait créé un cordon tout autour des bus. Nous nous étions approchés.

Je pouvais voir sur les visages de l'armée syrienne de la colère, de la lassitude, mais c'étaient les ordres. Quelques soldats tiraient nerveusement sur leur cigarette en jetant des regards noirs du côté de l'attroupement des djihadistes qui montaient dans les cars. François se rapprocha et commença à mitrailler la scène. Les djihadistes exhibaient leurs armes de poing devant les caméras pendant que d'autres brandissaient leurs kalachs. C'était le plus ahurissant pour moi. Tous pouvaient monter dans les cars avec leurs armes personnelles.

— Il paraît qu'ils ont essayé de négocier de partir avec leurs mortiers et leurs canons !

Trois d'entre eux nous fixèrent en criant :

— Eh les journalistes ! Partez pas trop loin ! Vous allez bientôt avoir de nos nouvelles !

Et en tournant leurs regards vers les quelques rares autres spectateurs :

— Cachez bien vos enfants, on va venir les chercher !

Pendant ce temps-là, une femme vêtue de noir de la tête aux pieds, gazinière à la main, suivait fidèlement son mari, kalach en bandoulière habillé d'un gilet de combat. Ils rejoignaient les bus eux aussi devant lesquels posaient un père de famille et ses deux jeunes filles d'environ 14 et 17 ans, bandeau aux inscriptions de la Chahada – la profession de foi du musulman – sur le front. En famille, ils faisaient le signe de la victoire en brandissant leurs armes de guerre.

De retour à Alep, j'en parlai avec Vahan. Je ne comprenais pas vraiment pourquoi laisser partir tous ces assassins que l'armée allait retrouver tôt ou tard en face d'elle.

Vahan était un jeune Arménien de la JEC. Je l'avais rencontré dans les mêmes circonstances que Fimy. Vahan était très affecté par la guerre ; il résidait à Midan, sur la ligne de front. Il tira longuement sur sa cigarette avant de me répondre :

— Tu vois, c'est un mélange de pragmatisme et d'accommodations raisonnables. Pour ceux qui se rendent et qui ont combattu davantage par nécessité financière, le gouvernement leur propose de rejoindre les rangs de l'armée syrienne ou bien, ceux de la Défense nationale, ou bien encore d'intégrer une fonction dans l'appareil militaire destiné à lutter contre le « terrorisme » qu'ils nourrissaient jusqu'ici… Et ça marche. Beaucoup acceptent, reconnaissant qu'ils se sont trompés, et reviennent dans le giron national avec leur famille. Pour les autres, les jusqu'au-boutistes, ceux qui ne veulent aucun compromis, à ceux-là on propose d'aller mourir à Idlib… Cette région du nord-ouest de la Syrie est adossée à la Turquie au nord et au nord-ouest. C'est là-bas que depuis des mois se sont entassés tous les terroristes de la Syrie, ainsi que de nombreux combattants étrangers. Il y a même des combattants de l'organisation État islamique, ceux qui combattaient au camp de Yarmouk au sud de Damas par exemple.

Puis de m'expliquer par le détail :

— Méthodiquement, entre 2013 et 2018, l'armée syrienne a fermé une à une ces poches terroristes un peu dispersées partout dans le pays afin d'homogénéiser le conflit en un seul lieu, Idlib, et permettre la concentration de tous leurs efforts militaires sur un seul front.

Idlib, c'est le fourre-tout de toute la Syrie. Les islamistes y bénéficient d'un sursis après avoir été vaincus dans une région plus éloignée du pays. Cela permet à l'armée syrienne d'éviter des morts inutiles dans des sièges interminables. Pendant ce temps-là, les Turcs placent des tours d'observation sur tout le pourtour intérieur de la poche d'Idlib qui est directement branchée à la Turquie.

Toute la province d'Idlib et le nord de la province de Hama deviennent alors non seulement un réservoir à djihadistes, mais aussi un haut lieu de commandement turc en territoire syrien. Les islamistes deviennent quasi intouchables et leurs effectifs gonflent. On commence à voir ainsi émerger une seule zone de guerre et elle se trouve entre les mains de la Turquie. Erdogan entend bien jouer cet atout coûte que coûte comme objet de chantage face au danger kurde sur toute la frontière nord.

La vérité est que ce sont les Russes qui font le gros du boulot, c'est eux qui ont soufflé cette stratégie à Bachar. Tu regroupes tout le monde et, le moment venu, tu les écrases. Comme ils sont près de la frontière turque, ils mourront là ou seront récupérés par l'État turc, qui fera un chantage aux réfugiés avec les Européens, lesquels se coucheront comme d'habitude. La lâcheté diplomatique reste la chose la mieux partagée au monde.

32

Alep, le siège qui n'en finit pas

Un ami m'avait parlé la veille du Dr Antaki, un médecin cardiologue réputé. Lui et sa femme étaient très impliqués dans la défense de la ville.

— Tu sais en tant que médecin, il tient une comptabilité un peu macabre, un décompte journalier des morts de la ville « pour ne pas que le monde oublie et raconte n'importe quoi ».

En effet, je vérifie sur Facebook et je vois ses publications :

« Mercredi 28 septembre : 15 tués.

Vendredi 30 septembre : 17 tués.

Mardi 4 octobre : 8 tués (dont 3 étudiants tués par l'obus qui est tombé sur la faculté d'agriculture).

Jeudi 6 octobre : 10 tués dans la rue Jamiliye (quartier commerçant). »

Aujourd'hui, vendredi 7 octobre, 4 personnes ont été tuées (une famille) dans leur appartement à Midan ce matin ; et 4 autres ce soir, touchées par les obus qui sont tombés sur plusieurs quartiers. Tous atteints par des tirs de mortier, de fusées ou de bonbonnes de gaz, effectués par les groupes rebelles terroristes qui contrôlent Alep-est sur les quartiers habités d'Alep-ouest. De plus, il y a un nombre très important de blessés graves. »

De mon côté, je continuais à publier de petits textes et à relayer quelques posts, ce qui me permettait de partager mon quotidien avec d'autres, avides de nouvelles de la ville. Ainsi, le dimanche 23 octobre 2016, celui du père Fadi Najjar, qui avait écrit sous la photo d'un obus gigantesque qui avait atterri dans le jardin des carmélites :

« Ils disent que la miséricorde de Dieu a disparu... Nous vous disons : regardez la photo, Dieu reste toujours avec nous. Ils veulent persécuter le christianisme en Syrie... Nous vous disons : regardez la photo, les portes de l'enfer ne prévaudront pas contre l'Église. Ils disent que ce qui se passe à Alep, c'est que l'armée syrienne bombarde Alep-est, nous vous disons : regardez la photo, un grand missile tiré aujourd'hui par les assassins d'Alep-est sur le couvent des religieuses carmélites qui se trouve à Alep-ouest. Grâce à Dieu, il n'a pas explosé. Le regard de la religieuse qui reflète la tristesse de Dieu miséricordieux en face du missile qui reflète le mal et le diable... Ce regard est celui de chaque homme croyant modéré qui vit une paix à l'intérieur de son cœur chrétien ou musulman... C'est un regard vers la croix et nous croyons qu'après la croix, il y aura une grande résurrection... »

33

Enracinement chrétien

Le 1er novembre 2016, nous fîmes un bilan de notre mission en Syrie, des projets en cours et de la définition de notre ligne. Pour nous, le principal était de freiner l'émigration des chrétiens. Les gens s'enfuyaient car ils n'avaient plus rien et c'était à nous de leur apporter de l'espoir !

Je me répétais les mots « apporteur d'espoir » : c'était exactement ça notre travail.

Pour freiner l'émigration syrienne, il fallait reconstruire et vite. Ceux qui quittaient les villages syriens pour s'entasser dans la capitale, prévoyaient souvent de s'en servir comme une première étape avant d'aller à Beyrouth au Liban, voire ensuite rejoindre l'Europe ou le Canada, qui était la destination à la mode.

Pour ce travail de réenracinement dans le Qalamoun, nous avions commencé par les églises. Une église reconstruite, c'est ce qui permettait de fixer les chrétiens sur place. Une église, c'était un prêtre, donc la stabilité de toute une communauté chrétienne. Nos raisons de rebâtir les églises étaient les mêmes que celles pour lesquelles les islamistes les avaient détruites : la présence des chrétiens y était intimement liée. Rattachés aux églises, il y avait les messes, les prières, le scoutisme, les écoles, les catéchèses, l'humanitaire, les hôpitaux privés, etc. En Syrie, le prêtre était le relais entre l'État et les habitants de la communauté chrétienne.

À Alep, nous étions dans une autre dynamique. C'était de l'humanitaire d'urgence. Soutien scolaire, soutien culturel et apport matériel de confort. En Jezire, la problématique était encore différente. C'était une région totalement isolée entre la Turquie, l'Irak et les islamistes de l'EI. Aussi nous avions décidé de les soutenir avant tout dans des projets scolaires : inscriptions scolaires, bourses scolaires, soutien à domicile… Le but était de ne pas laisser la guerre mettre à mal la qualité d'éducation que les chrétiens avaient toujours reçus en Syrie. Assurer la transmission d'un héritage plurimillénaire à travers l'apprentissage linguistique dont bénéficiaient les étudiants dans les établissements privés : le syriaque, l'arménien, etc.

Il y avait aussi l'évaluation des familles. À savoir : donner de la nourriture, des biens ménagers, des vêtements chauds à l'approche de l'hiver, de l'eau, de l'électricité, des poêles à mazout. Pour ce qui était de la nourriture, nous en distribuions à Damas, à Lattaquié aussi, à Alep, ainsi que dans certains villages. Quand la route d'Alep était coupée, la ville était asphyxiée et les habitants souffraient de manques et de tous produits de première nécessité. Nous étions allés à plusieurs reprises à Alep pour délivrer des containers de matériel médical à deux hôpitaux et une quinzaine de dispensaires, des centres médicaux, des cliniques…

La reconstruction était notre grand œuvre et concernait surtout Maaloula et Saddad, le quartier de Hamidiye à Homs et celui de Midan à Alep, où les maisons avaient été détruites par les bombardements, d'autres délabrées par le temps… Pour que les choses soient bien faites, nous devions lancer les chantiers au printemps. Ainsi à Maaloula, une quinzaine de maisons avaient déjà été reconstruites ou étaient en voie de l'être. À Homs, nous avions pris part à la réparation de la cathédrale melkite et de son évêché. Des cours de français étaient dispensés à l'évêché maronite de Tartous auprès des jeunes qui s'apprêtaient à entrer au séminaire au Liban.

34

Fiançailles

Le 28 octobre, alors que les yeux du monde entier étaient rivés sur la ville assiégée, je quittais Alep et allais chercher ma mère à Damas pour le grand jour – je me fiançais le lendemain avec Fimy.

Depuis l'intervention des Russes le 30 septembre 2015, la ville s'était retrouvée de plus en plus soumise à des bombardements de haute intensité. C'était le paradoxe. Plus les avancées militaires sur le terrain étaient victorieuses, plus la ville était meurtrie. Comme des bêtes blessées, les islamistes se déchaînaient comme jamais. Perdus pour perdus, ils balançaient tout ce qu'ils pouvaient. Obus, missiles, roquettes, bombes s'écrasaient sur la ville de manière quasi quotidienne. Les morts se faisaient plus nombreux, et les vagues de déplacés déferlaient.

Nous avions roulé avec Ramez bien serrés sur le bord droit, tant la route était encombrée de larges convois militaires qui arrivaient en contre-sens. Ce que nous vîmes au sortir d'Alep était inoubliable. Il y en avait sur des kilomètres, des colonnes de voitures, de GMC, de tanks et de camions transportant du matériel de guerre. Les hommes que nous avions croisés semblaient déterminés. Rien à voir avec les années précédentes. Il se passait quelque chose. Ramez l'avait senti aussi :

— Ils sont là pour écraser Al-Nosra.

Des canons braqués en direction d'Alep-est et de la périphérie ouest crachaient le feu depuis l'arrière de pick-up, de baraquements et de petites casernes.

Des mortiers qui détonnaient toutes les dix secondes, des fusées semblables à des étoiles filantes qui disparaissaient dans un horizon pas si lointain, des avions qui grondaient dans le ciel, des traînées blanches et noires, des bâtiments remplis de fumée, les tirs de kalachs soutenus des djihadistes depuis la colline que nous avions dépassée en roulant comme des dingues, tout en évitant les obstacles de la chaussée défoncée...

À Damas, ma mère récupérée, il ne nous restait plus qu'à remonter en sens inverse sur Alep. J'étais un peu inquiet par le rassemblement de troupes que j'avais constaté à l'aller.

Nous avions dépassé Khanasser et ses destructions, puis Sfire, pour s'approcher de Ramousseh, la porte sud de la ville qui avait été jadis le grand centre industriel de tout le Proche-Orient et dont il ne restait plus rien. Tout ce qu'ils n'ont pas pu démonter et emporter en Turquie, les djihadistes l'ont détruit...

Cette dernière et longue portion de route en direction d'Alep était encombrée d'interminables convois. C'était impressionnant. Des quantités de camions civils bâchés formaient une file qui s'étendait sur des kilomètres.

— Ils transportent des munitions, d'immenses quantités de caisses de munitions! m'avait lancé Ramez.

Plus loin, des convois militaires syriens et russes. Les engins transportés étaient des tanks et des orgues de Staline.

Un spectacle de désolation nous entourait et le ciel grondait de plus en plus. J'avais l'impression de m'enfoncer toujours plus profondément dans une gueule qui ne s'ouvrait que pour engloutir.

Sortirons-nous de ce merdier? Le ciel était noir de colère, les nuages prenaient les couleurs de la poudre. Alep était au loin, légèrement en contrebas, dans une cuvette. Dans le ciel, les avions tels des oiseaux d'acier entamaient leur danse funèbre en pondant des flammes qui embrasaient la ville.

Je dis à ma mère :

— C'est là-bas que nous allons, dans ce brasier sur notre droite. Nous n'allons pas tarder à atteindre Ramousseh.

Mais dans un long virage, de chaque côté, tant à gauche qu'à droite, des centaines de véhicules stationnaient pare-chocs contre pare-chocs, en attente.

Tous les passagers étaient assis sur les rebords des fenêtres ou debout à l'arrière des pick-up. Beaucoup d'entre eux, mineurs, les armes à la main, étaient sur le pied de guerre et attendaient l'élément déclencheur.

La scène était saisissante et les types impressionnants. Je me sentais ridicule de passer là, assis bien confortablement au chaud dans notre voiture. Un sentiment de gêne s'emparait de moi quand nos regards se croisaient. Ces gars-là allaient affronter la mort dans quelques minutes et défendre tout ce qu'ils étaient, et moi, je ne faisais que passer sans m'attarder, pour aller me fiancer... À l'arrière, ma mère, silencieuse, égrenait son chapelet.

Alors que nous roulions, les bruits résonnaient de tous côtés. C'était surréaliste. Avançant toujours le long de ces véhicules disposés les uns derrière les autres, nous étions arrivés à hauteur d'une maison dont la porte s'ouvrit sur un homme en qamis, kalach au poing. Au moment exact où je le croisai, je l'entendis crier, tout en brandissant son arme et défouraillant vers le ciel. En un instant les centaines de kalachnikov des gars postés tout autour de nous se mirent à en faire autant. Nous passions dans un couloir de balles crachées par toute une tribu dont le chef venait de donner le signal d'assaut. Je me sentais encore plus stupide de continuer ma route.

Soudain le visage de Ramez se tendit. La route était plus dégradée que d'habitude, la chaussée défoncée nous offrait de nombreux obstacles. Il pila, braqua, accélèra, vira à gauche, à droite, embraya et freina, puis accélèra de nouveau.

— Ils sont juste là ! Juste derrière, lança Ramez en m'invitant à regarder sur ma droite.

Un monticule de terre cachant sûrement une tranchée obstruait la vue de tout ce qui se passait derrière. On n'entendait que les tirs en rafales. *Tatatatata tatatatata !*

Et moi de répondre :

— Mais qui ?

— Les terroristes ! Ils sont là à droite, juste derrière ! Tu ne vois pas que nous roulons sur une autre route ? Celle que nous avons empruntée hier est maintenant de leur côté. Ils se battent juste à notre droite ! L'armée est à gauche !

Le sentiment de traverser le couloir de la mort quelques instants, avant que quelque chose attire mon attention, à gauche de Ramez.

Une grosse détonation se fit entendre. Une lumière monta de derrière cette colline, en face, légèrement sur la gauche, pour fuser dans le ciel et partir loin devant nous, vers Alep. Les bases de l'armée syrienne étaient placées dans les hauteurs qui entouraient la ville et ciblaient des quartiers encore sous occupation terroriste au cœur de la ville.

Quel bordel ! J'essayai d'expliquer la situation à maman et lui dis au passage :

— Je veux bien que tu fasses une dizaine pour moi, s'il te plaît.

Je ne doutais pas de la capacité du Tout-Puissant, mais bon… Nous atteignîmes la porte sud d'Alep.

Après Ramousseh, nous arrivâmes enfin. La célébration des fiançailles était à 16 heures et il était 13 heures. Juste le temps de manger, de se changer et de remonter la rue qui nous mènerait à la paroisse Saint-Michel.

L'église était franciscaine, Fimy et toute sa famille étaient déjà sur place. Abouna Fadi était là lui aussi. De lourdes détonations faisaient résonner le grand édifice. Les bombardements semblaient se rapprocher, la ligne de front n'était jamais qu'à 500 mètres plus à l'est. Des obus tombèrent tout près, dans la rue. La célébration terminée, Fimy et moi nous retirâmes pour une séance photos dans le parc de l'hôtel Shahba. Les déflagrations nous suivaient, elles se faisaient entendre tout autour de nous et se rapprochaient.

À peine l'avions-nous d'ailleurs quitté qu'une salve s'y était abattue. Nous rentrâmes chacun chez nous et nous retrouvâmes quelques heures plus tard au restaurant Wanes pour faire la fête. Des bombes tombaient juste devant le restaurant, près de la corniche.

Ce jour-là, le feu tombait du ciel, la mort fauchait inlassablement tout ce qui nous entourait, du matin jusqu'au soir. Pourtant nous avions passé une merveilleuse journée et rien n'aurait su perturber ce moment de joie. Nous avions dansé et ri jusqu'à pas d'heures au cœur d'Alep. Ce jour-là, comme le prophète Daniel, nous avions dansé dans la fournaise…

Toute la nuit, la foudre terroriste s'était abattue sur nous. Les avions russes et syriens répliquaient aussitôt. Les murs de la maison où nous dormions avaient tremblé toute la nuit, jusqu'au petit matin.

35

Alep libérée !

Je regardai le calendrier au mur : nous étions le 18 novembre 2016. Cela faisait maintenant un mois que je m'étais installé à Alep. SOS Chrétiens d'Orient avait trouvé une maison dans le quartier d'Azizieh. Nous n'avions pas eu le temps d'en profiter tant les bombardements secouaient la ville. Chaque matin, nous nous réveillions avec et nous nous endormions avec le soir.

Toute la ville tremblait sous les échanges de tirs, dans un bruit assourdissant. Les djihadistes bombardaient l'ouest de la ville à l'aveugle, tandis que l'aviation russe répliquait comme il se doit sur les quartiers Est… C'était d'une extrême violence. En regardant le ciel au loin, je pouvais voir les avions syriens et russes survoler Alep. Je ne savais pas ce qui me rassurait le plus. Entendre les djihadistes leur tirer dessus avec leurs kalachs ? Ou bien ne plus les entendre du tout parce que ces mêmes avions effectuaient un second passage…

Dans notre nouvelle maison à Alep, les volontaires s'étaient répartis un peu partout. Nous étions une dizaine à cohabiter dans le froid. Le chauffage ne marchant que par intermittence, tout le monde restait habillé.

Des chantiers de reconstruction de maisons dans le quartier Midan avaient été commencés par nos volontaires syriens avant que la libération ne soit totale. La ligne de front avait reculé et ce quartier profondément meurtri pouvait commencer à renaître. Nous continuions nos visites auprès des personnes âgées pour de la nourriture, des couches, de l'eau, des poêles à mazout. Nous poursuivions nos livraisons d'ampères, ainsi que nos cours à domicile.

Je postai en ce 7 décembre 2016 :

« Aujourd'hui fin du siège d'Alep.

En 48 heures, l'armée syrienne a réussi à chasser les rebelles islamistes de la vieille ville d'Alep. Il s'agissait pourtant de la partie la plus difficile à reconquérir en raison de sa topographie, à savoir un réseau de ruelles et d'impasses avec en plus de multiples tunnels permettant de circuler d'une rue à l'autre sans se faire remarquer. Les islamistes ont abandonné la vieille ville pour se réfugier dans le sud-est d'Alep. Pour tout le monde, cela signifie qu'ils ont perdu tout espoir de résistance. Pendant ce temps la population civile continue de se réfugier à l'ouest, privant les djihadistes de boucliers humains.

7 décembre 2016 : cinq quartiers ont été repris hier mardi, c'est-à-dire quasiment toute la vieille ville. Mais Alep n'a pas encore été totalement libérée puisqu'il y a encore des quartiers sous le contrôle des islamistes comme Kallaseh, Boustan al-Kasr, Cheikh Saïd. D'ailleurs, les roquettes et les obus de mortier continuent de tomber sur les civils d'Alep, lancés par les terroristes de ces quartiers pas encore libérés. »

La libération d'Alep faisait couler beaucoup d'encre. Sur les chaînes de télé, c'était devenu le sujet central des journaux. Avec un bémol. On parlait de chute d'Alep, pas de libération. Les journalistes pro-rebelles ne cessaient de vanter la gloire de l'ASL. Ces derniers, grâce à Facetime, Twitter et autres réseaux, inondaient la planète de leurs mensonges. Personne ne s'interrogeait sur qui ils étaient vraiment. La palme reviendra à un cameraman américain, islamiste notoire, qui, en direct, fera des interviews des différents émirs qui n'avaient rien de modéré.

« Les revers subis sont aussi la conséquence des divisions entre groupes terroristes », écrivait le correspondant du journal qatarien

Al-Qods al-Arabi à Alep. Ajoutant que : « Les groupes ont oublié l'obligation religieuse de s'unir entre eux. » Mais comment réussir à faire la différence entre modérés et terroristes si l'unité relevait – c'étaient ses propres mots – de « l'obligation religieuse » ?

Le 10 décembre, après un passage éclair à Homs, Saddad, pour suivre l'avancée d'une école que nous avions reconstruite, et Palmyre, j'étais de retour à Alep. Quatre gros mortiers étaient tombés sur Azizieh, à deux pas de la maison. Les djihadistes qui ne tenaient plus que 5 % de territoire du sud d'Alep-est s'y accrochaient avec les dents.

Le 12 décembre, la vieille ville était de nouveau accessible à la population. Je voulais voir cela de mes yeux : quatre ans que tout le monde attendait cela. Avec Fimy nous avions traversé le parc désert. Quelques rares habitants, engoncés dans leur manteau, marchaient d'un pas rapide. Quelques centaines de mètres plus tard, à gauche, nous avions bifurqué pour nous engager vers la place de l'Horloge, puis l'hôtel Sheraton. Cent mètres plus loin, la vieille ville était là. Des soldats, les yeux rouges, stationnaient çà et là. Je les avais sentis fatigués, las, mais leurs regards brillaient. La victoire était là, à portée de fusil.

Autour de nous, le chaos était indescriptible. Chaque immeuble avait été ravagé. Certains s'étaient écroulés sur eux-mêmes. La vieille ville était devenue un décor de film de fin du monde. Chaque rue, chaque ruelle était entravée de monceaux de gravats. Des trous gigantesques avaient été percés dans les immeubles pour permettre aux combattants de passer rapidement d'un quartier à l'autre, tout en se protégeant des snipers.

Au bout de la rue, je distinguais ce qu'il restait de la Grande Mosquée d'Alep. De chaque côté de la rue, les habitants hébétés marchaient la tête levée, abasourdis par les destructions. Rideaux encore accrochés aux fenêtres qui volaient dans le froid... Par terre, des affiches avec la tête de Bachar à qui on avait crevé les yeux.

Tout était incroyable, sordide, triste et démesuré. L'ampleur des destructions me laissait sans voix. La mosquée appelée aussi Zakarya avait été un des nombreux points des combats. Saccagée par les islamistes. Ils avaient abattu un minaret pour empêcher l'armée syrienne d'entrer par la cour.

Un homme se tenait la tête en tournant sur lui-même. Il répétait à qui voulait l'entendre que « les ossements de Zacharie ont été volés et emportés en Turquie »...

À l'intérieur, les murs de la mosquée avaient été ouverts pour permettre de rejoindre le souk qui se situait juste derrière. On retrouvait un peu partout des vêtements des islamistes, des drapeaux, des cartons de nourriture vides venus de Turquie, du Qatar et d'Arabie saoudite.

Des barils d'essence vides empilés les uns sur les autres avec quantité de sacs de sable utilisés comme remparts contre les balles partout dans la mosquée et au niveau des entrées. Des trous depuis les murs donnant sur l'extérieur pour les snipers. Un des soldats qui assurait la garde de la mosquée me remit en souvenir un beau tasbih blanc. C'étaient les quelques objets qui avaient été épargnés et qui étaient encore dans la mosquée...

Nous retournâmes au centre-ville. Ça rafalait à tout-va dans les rues, des tirs de joie annonçant une victoire totale! Il ne restait plus que 2 % de la ville à nettoyer!

Sur BFM, des journalistes terrifiés mais « bien informés » soulignaient que l'armée syrienne procédait, je cite, à « l'exécution sommaire des derniers "résistants", sans que l'information puisse être vérifiée ». Je me disais que ces mêmes résistants avaient terrifiés la France en 2015 et 2016. C'étaient les sempiternelles mêmes conneries. J'avais beau regarder autour de moi, je ne voyais aucun journaliste « bien informé ».

Ceux d'en face pouvaient raconter ce qu'ils voulaient, personne n'irait vérifier. C'était pathétique. Le métier de journaliste était mort encore une fois à Alep. Après Timisoara et ses « 50000 morts », après la guerre du Golfe, Saddam

Hussein et l'armée irakienne, « 3e armée du monde », le Kosovo et ses « 450 000 disparus », la profession semblait décidément incapable d'apprendre de ses erreurs. La liste était trop longue de tous les arrangements avec l'information. Le journaliste était devenu un contorsionniste de la vérité... La tordre dans tous les sens pour essayer de lui donner une autre forme que celle de la réalité, plutôt celle qu'il avait envie de lui donner.

Les nouvelles allaient vite. Vahan, mon ami arménien, m'expliqua que « 98 % d'Alep étaient libérés. Il ne restait que trois kilomètres carrés aux mains des djihadistes », et que « tout le quartier de Salah ad-Din restait encore encerclé ».

Dehors, les scènes de liesse semblaient éclore partout, peut-être un peu prématurément. La libération totale d'Alep semblait assurée dans les 24 à 48 heures maximum. Les gens parlaient d'une paix totale pour Alep d'ici le lendemain ou le surlendemain. Le ciel était éclairé par les tirs de joie. Ça rafalait d'une fenêtre d'un véhicule qui passait ou bien de plusieurs groupes de personnes défilant en chantant. Les gens se parlaient dans les rues. Un jeune Aleppin du nom de Majd, les larmes aux yeux, ne cessait de répéter s'adressant à moi : « Ce cauchemar est terminé. On ne perdra plus d'amis ! Il n'y aura plus de morts. J'ai les yeux mouillés, mais je ne peux pas pleurer ! J'aimerais que tout le monde revienne. Il n'y a plus d'obus, plus de peur, on peut de nouveau aimer sans avoir peur de perdre nos amis. »

Le lendemain, 13 décembre, j'apprenais que c'était au tour du quartier de Bustan Basha de redevenir accessible. Quartier longtemps sous contrôle des djihadistes, il venait d'être libéré par l'armée arabe syrienne. Les drapeaux syriens flottaient en haut des bâtiments du quartier.

Ce fut un champ de ruines que je découvris en y entrant. Avec Vahan, nous visitâmes les quartiers fraîchement libérés dès que l'opportunité nous en fut donnée. À la place d'un emplacement djihadiste, un baraquement avec des sacs de sable, un pick-up éventré ou un canon pour lancer des mortiers ou des bonbonnes de gaz. Vahan avait une nouvelle lubie: un peu pour conjurer le sort, dès qu'il le pouvait, il pissait sur tous les endroits où se trouvaient des traces de djihadistes.

— Ces chiens ont bouzillé mon pays, ma ville, et ma vie!

De nombreuses familles chrétiennes avaient ici leur maison, leurs écoles, leurs églises... Aujourd'hui, il ne restait plus que quelques murs ici et là. On voyait des commerces rouvrir, des fruits et légumes dans des cagettes, sur une charrette.

Puis j'allai avec Fimy visiter le quartier détruit de Jdeide, quartier chrétien, juste derrière la place Farhat... Nous rencontrions des passants curieux de voir ce qu'était devenu ce côté-là de la ville. Surprise, tristesse, colère se lisaient sur leurs visages.

Je passais la semaine à me promener dans les rues et ruelles du Vieil-Alep en me remémorant son souk inoubliable, à présent dévasté. Une perle architecturale dans tout le Proche et le Moyen-Orient. Au bout de celui-ci, la Citadelle! Un véritable bonheur de la trouver. Tant d'années à ne pouvoir la contempler que de loin, depuis les hauteurs de la ville. Cette fois-ci, c'est avec tout un groupe que je la retrouvais de près. Organisée par la Syria Trust, une ONG syrienne, et menée par les scouts maronites, une marche silencieuse nous mena tout droit jusqu'au monstre de pierre qui surplombait la ville.

J'y étais aussi avec Fimy. L'émotion était à son comble, des sourires, de la joie, mais aussi le choc et les larmes. Des couronnes de laurier étaient offertes aux soldats rencontrés sur le chemin, ceux qui s'étaient battus de longs mois durant, mais aussi aux blessés.

Par endroits, les scouts jouaient du Chopin à la trompette afin d'honorer les morts. Sur le trajet retour, dans la rue Khan al-Harir, une des entrées nord du souk, un soldat de l'armée syrienne me raconta les exactions de Jabhat al-Nosra, révélant qu'en deux jours les islamistes avaient envoyé cinq cents bonbonnes de gaz sur les immeubles civils pour prendre cette position. Mais l'armée syrienne avait tenu. Je pouvais passer d'une rue à une autre en passant à travers les grosses trouées effectuées dans les murs des habitations. Les passages étaient si grands qu'on ne pouvait qu'en déduire qu'ils faisaient passer du matériel de guerre lourd et peut-être même des véhicules.

Je trouvai dans certaines habitations des bonbonnes de gaz prêtes à l'emploi et une grenade cachée derrière une boîte sur une étagère et dont la poignée était scotchée. Je ne m'attardai pas là, je n'avais pas envie de finir en confettis !

Dans une grande maison un peu plus loin, des sacs de haricots blancs du World Food Program gisaient à peine ouverts. La partie Est était censée avoir été affamée par le gouvernement syrien. Je compris soudain que c'étaient les islamistes qui conservaient pour eux les aliments arrivés par les organisations humanitaires depuis la Turquie. Chose qui me fut confirmée une semaine plus tard lors d'un passage à l'hôpital Saint-Louis.

Les rescapés des quartiers Est récupéraient de leurs longs mois de souffrance passés de l'autre côté. Ils étaient alités et intubés, je ne parvins pas à converser avec eux ; c'était avec les membres de leur famille que je pouvais avoir des échanges :

— Ils nous tiraient dessus pour que nous ne puissions jamais emprunter les couloirs humanitaires. Ils nous abattaient comme des chiens. Nous ne pouvions même pas nous arrêter pour relever celui ou celle qui avait reçu une balle.

À Al-Kalimat, un autre hôpital de la ville, cette vieille dame au regard fuyant me révéla péniblement qu'elle et le vieil homme de la chambre d'à côté étaient régulièrement battus par les types qui les avaient capturés. Ses yeux, son regard me firent terriblement mal au cœur. Elle avait peur de moi, je le sentais. Elle croyait que j'étais là pour lui faire du mal. Je ne voulus pas insister et je demandai à quitter la pièce.

L'homme lui nous rapporta que « les combattants étrangers imposaient aux hommes du quartier une coopération. Puisqu'ils connaissaient les lieux, ils devaient aider ces groupes armés en tenant certaines positions et en participant aux attaques contre l'armée syrienne en échange de rationnement pour eux et leurs familles ». Il ajouta :

— Ils laissaient littéralement mourir ceux qui avaient besoin de soins alors qu'ils avaient tout le matériel médical nécessaire.

36

Retour à la case départ

Quelque part en Irak, non loin de Bagdad. Dimanche 16 février 2020

Nous sommes allongés tous les quatre sur nos lits, les yeux fermés pour certains, ouverts scrutant le plafond pour d'autres. Des heures interminables à rester immobiles, parfois sans ouvrir la bouche. Il doit être bien tard. Des hurlements sordides déchirent le silence en se faufilant par les conduits d'aération. Ils ne sont pas bien perceptibles, mais on ne peut les ignorer si on tend l'oreille. Ils sont hideux et douloureux. D'abord un homme, à deux reprises. Puis une femme, à quatre reprises. Ces cris-là sont ceux de l'agonie. Julien, sans bouger la tête, chuchote :

— Vous avez entendu ?

Antoine et moi, immobiles également, répondons à voix basse :

— Oui, on torture des gens là-haut.

Antoine rajoute :

— Sûrement des manifestants !

Nous ne voulons pas que les caméras voient que nous sommes attentifs à ce qui se passe juste au-dessus de nos têtes. Deux sentiments s'emparent de moi : la crainte de vivre un calvaire identique à ces pauvres gens et la joie de justement en avoir été épargné jusqu'à présent, d'avoir l'espoir de m'en sortir à un moment ou à un autre. Je relativise…

Deux semaines se sont écoulées. Un soir, alors que nous venons de prier intensément le rosaire, chacun dans notre coin, un des gardes descend de l'étage et entre dans notre cellule. Je me souviens avoir demandé un signe fort au Seigneur, avoir demandé une réponse à mes prières. Quelque chose qui nous redonne espoir d'en sortir un jour.

Voilà déjà quatre semaines que nous prions et que nous vivons comme des ascètes. Je finis mon deuxième rosaire de la journée. Nous passons à table, deux boîtes de thon pour quatre, pas de pain, le ventre creux depuis l'avant-veille. Alors que nous nous apprêtons à bénir la table, le bruit de la porte nous fait sursauter et nous précipiter vers nos lunettes que nous enfilons.

Le gardien sur le pas de la porte s'exclame :

— Bonjour ! J'ai une très bonne nouvelle et vous allez la voir demain de vos propres yeux ! C'est un document qui mentionne que vous n'avez subi aucun mauvais traitement et que tous vos biens vous ont été restitués : vos passeports, vos téléphones portables, votre argent en euros, dollars et même en monnaie irakienne ! Vos alliances et vos affaires à l'hôtel. On est désolé d'avoir eu à les fouiller, mais vous comprenez, c'est la routine ! Demain, on vous apporte ce document, vous le signez et une voiture vous conduira à une force qui, elle, vous emmènera à la Green Zone. Là-bas vous serez réceptionnés par les Nations unies qui s'occuperont de vous amener à l'ambassade de France.

C'est enfin terminé ! Nous ne pouvons pas encore enlever nos lunettes et contempler nos visages, mais à la réaction de chacun, on sent que nous sommes tous dans l'euphorie.

Nous le remercions d'être venu nous apporter la nouvelle. Il ajoute :

— Nous vous voyons prier par la caméra. Surtout Antoine. Je disais à mon collègue : « Regarde-les ! C'est impossible que Dieu ne leur réponde pas ! Une heure après, un coup de téléphone m'informe de ce document. Vous allez enfin sortir d'ici. Les choses se sont arrangées ! Abou Dany, tu sais comme les choses sont difficiles en Irak ! Tu es du pays. Pardonnez-nous pour la tournure des événements, mais tu comprends bien notre situation à tous ! Tout n'est que routine et les procédures sont longues. On espère que vous ne nous en voulez pas ! On est désolé pour ce qui s'est passé !

Nous lui répondons que nous comprenons et que nous souhaitons que tout s'arrange dans leur pays. Nous ajoutons que lorsqu'il nous voit prier, c'est aussi pour lui et ses collègues que nous le faisons et que nous continuerons à le faire pour eux, même une fois rentrés chez nous.

Il nous remercie chaleureusement pour ça et remonte alors en refermant derrière lui. Nous retirons nos lunettes et nous nous jetons dans les bras les uns des autres pour nous embrasser, comme pour clamer une victoire bien méritée.

Abou Dany est ému. Il ne parle que du document qu'il va signer demain. Ça devient une obsession, il ne parle plus que de ça.

Julien est sceptique. J'avoue ne pas comprendre sa réaction. Nous reprenons là où nous avons été coupés. Le bénédicité envoyé, nous prions avec ferveur. Nous mangeons, blaguons, et la joie est partagée par tous. Même les plus incrédules ont été gagnés par l'euphorie.

Je m'allonge sur le lit en tirant sur ma cigarette « oscar », en regardant mon futur proche au travers des murs et du plafond de notre cachot. C'est enfin terminé ! Fini !

Nous allons enfin pouvoir retrouver nos familles, leur demander pardon pour ce que nous leur avons fait subir et repartir de zéro ! Une heure plus tard, le même homme redescend et nous dit :

— Préparez-vous ! Préparez vos affaires, nous allons assurer le transfert dans une demi-heure !

Nous n'aurons même pas à attendre jusqu'à demain!

En un quart d'heure, tout est prêt! Nous attendons bien sagement qu'ils viennent nous chercher.

Nous entendons la lourde porte du haut s'ouvrir, ils descendent les escaliers puis ouvrent le cachot. Nous sommes là, assis sur nos lits respectifs. Ils nous font avancer un à un jusqu'au pas de la porte, nous retournent face au mur, puis nous ligotent les poignets pour nous faire monter les marches jusqu'à ce que nous arrivions dehors.

J'entends des voix, elles échangent entre elles, on nous dirige vers l'arrière d'un véhicule, de toute évidence il s'agit encore d'un GMC. On me pousse tout au fond du coffre. Antoine est déjà là, devant moi. Puis vient le tour de Julien, à côté d'Antoine. Et enfin Abou Dany, juste à côté de moi. Même galère, de longues minutes avant que la voiture ne démarre. Ça s'agite dehors, on les entend charger des affaires. Une bonne demi-heure s'écoule avant que les passagers montent dans le véhicule. On les entend charger quelque chose dans un autre véhicule. Enfin, les voitures démarrent et nous quittons les lieux. Au bout de dix minutes, je réalise qu'il y a quelque chose qui cloche. Nous devrions entendre les bruits du trafic! Rien, il semble qu'on s'éloigne de la métropole. Encore cinq minutes et là je commence à trépigner, je m'agite, je commence à pester à voix basse!

— Quelle bande d'ordures! On ne va pas à la Green Zone! Ils se sont foutus de notre gueule!

Julien a eu raison de douter. Je fulmine tout seul. Personne ne dit rien. Je sens la colère monter en moi. Abou Dany, qui est sur ma droite, est lourd, inamovible. J'aimerais bien le faire bouger un petit peu mais rien n'y fait, il ne bouge aucun de ses membres d'un centimètre. J'étouffe, compressé entre son volume et la paroi de la voiture.

Mes bras me font mal. Les liens m'écorchent la peau. Ma respiration reste gênée par ce sentiment d'étouffement, qui augmente avec l'angoisse et la colère! Que se passe-t-il?

Où allons-nous ? Je me dis soudain qu'on va nous vendre ! Tout ce que je sais, c'est qu'on ne se dirige pas vers la sortie… Ça recommence, conduite fluide sur route asphaltée, écarts multiples sur voies terreuses et caillouteuses, retour sur voie asphaltée.

Ça dure une bonne heure. Finalement, le véhicule ralentit, stationne, attend quelque chose ou quelqu'un. On entend des voix, ça s'agite dehors. Les portes s'ouvrent et laissent les quelques passagers avant sortir du véhicule, peut-être deux hommes. Le conducteur manœuvre du mieux qu'il peut pour que le coffre duquel nous allons sortir soit le plus proche de l'entrée de notre nouveau point de chute. Le temps d'attente est long à nouveau. On entend les hommes qui descendent du matériel du deuxième véhicule pour le transporter je ne sais où ! On nous sort ensuite un à un, toujours la même chose, la même procédure. On nous guide en nous prenant par la main ou le bras. On nous conduit lentement jusqu'à un lieu perdu au milieu de nulle part, jusqu'à nous asseoir sur quelque chose.

On nous souhaite bonne nuit. Nous reconnaissons la voix de l'homme qui nous parle, c'est celui qui nous a dit que nous étions libres ! Je demande :

— Hé, monsieur ! Vous nous aviez parlé de notre libération, d'une force à laquelle vous nous conduiriez et de la Green Zone !

Je l'entends répondre :

— Oui, c'est pour demain ! Reposez-vous !

Le lendemain, il ne se passe rien. Nous ne revoyons personne. Je commence à comprendre leur tactique. Nous faire tenir tranquilles à chaque fois qu'ils doivent nous déplacer. Nous calmer avec des promesses de libération…

Je repense à tous leurs palabres, les promesses du document à signer, le fait de nous avoir vus prier par la caméra, Dieu qui nous exauçait, la procédure qui allait s'ensuivre, la compassion et l'amitié avec lesquelles il s'exprimait, tout était bidon ! Tout, absolument tout ! Et nous, pauvres cons de légalistes, nous avons cru tout ça… Et comment aurions-nous pu faire autrement? C'était pathétique d'obscénité et de saloperie…

Quand nous ouvrons les yeux, nous retrouvons nos lits de fer noir, nos matelas de transats et nos couvertures crades. La pièce n'est pas plus grande que la précédente. Mais nous ne sommes plus dans un sous-sol, c'est déjà ça. Tout est en ciment. Certaines parties ne sont pas encore sèches. J'en conclus que ce travail de construction rapide, et bâclé à en voir les finitions, date d'une quinzaine de jours.

La pièce est rectangulaire. Je dirais 2 mètres 50 sur 7 mètres. Sans compter une pièce de 6 mètres carrés où se trouvent les toilettes à la turque séparées de notre pièce de vie par une porte en fer.

Mon lit est tout au fond de la pièce ; au-dessus de ma tête, au plafond, une caméra. La deuxième est à l'autre extrémité, en haut du mur à droite de la porte d'entrée, couleur bordeaux. Au-dessus de cette porte, une ouverture rectangulaire qui prend toute la largeur. On distingue nettement le ciel depuis nos couchettes. On se dit que le cloisonnement est moins rude que notre dernier lieu d'enfermement.

On voit le ciel. Plus de VMC, cette ventilation mécanique qui nous bourdonne sans cesse dans les oreilles. Les lumières intérieures sont moins nombreuses, moins agressives. On n'est plus en dessous de la terre et la porte est nettement moins impressionnante.

On reconnaît nos lits, ceux du sous-sol. C'était donc ça, tout ce temps avant de descendre de la voiture : ce qu'ils en déchargeaient, c'étaient les lits. Ils ont déménagé tout le sous-sol pour le transporter ici. Je comprends tout de suite que la Green Zone n'est pas pour demain. La télévision à l'angle à côté de la porte des toilettes le confirme…

À peine sommes-nous sortis du sommeil le lendemain matin que les gardiens nous invitent dehors à prendre l'air. Nous sommes sceptiques au premier abord – nous n'avons pas eu l'occasion de voir le soleil depuis notre enlèvement.

On nous conduit, toujours masqués, un à un dans un espace clos, sorte de petite cour intérieure entourée de murs en parpaings. Nous sommes dehors. Je ne vois rien à cause des lunettes, mais je peux sentir l'air frais. Il y a un petit vent qui effleure mon visage, c'est tellement bon de sentir le soleil nous chauffer la peau. La promesse de la vie qui continue.

Nous avons remarqué que nos ongles et nos barbes poussent peu en l'absence de lumière naturelle. On savoure ce moment, on le savoure dans chaque détail. Pendant ce temps, les gardiens font des travaux dans « notre chambre ». Ils finissent et quittent les lieux. Nous retirons enfin nos lunettes.

Nos pupilles n'ont pas vu la lumière du jour depuis plusieurs semaines. Les rares fois où nous avons pris l'air, c'était la nuit et dans un coffre de voiture.

Antoine et Julien regardent la paroi qui est dans mon dos et disent :

— On est revenu dans la caravane !

C'est vrai que le type de routes empruntées et le temps parcouru en voiture depuis le sous-sol jusqu'ici est à peu près identique à celui parcouru de la caravane au sous-sol. Mais comment en être sûrs ? Je me retourne alors et lève les yeux pour ressentir comme une sensation de vertige. Cet Algeco, ce découpage irrégulier dans cette paroi de tôle, cette VMC qui dépassait, mais cette fois-ci le tout vu de l'extérieur, bon sang, c'est la caravane ! On est dans un bâtiment juste derrière ! Tous ces bruits que nous entendions à l'époque, c'est parce qu'ils construisaient ce lieu pour nous, le lieu où nous sommes actuellement !

Un lieu propre, la télévision, l'espace pour sortir prendre l'air ! Tout est là ! L'officier nous en parlait déjà depuis le garage. Nous avons été ensuite transférés à la caravane, puis ensuite au sous-sol à plus d'une heure d'ici, et enfin dans ce bâtiment !

Durant toute notre détention, ils ont construit notre prison. Une prison rien que pour nous !

Je reste bouche bée ! Je ne comprends plus rien ou alors je comprends trop bien et me sens horriblement mal ! Je réalise maintenant que nous allons rester un sacré paquet de temps. J'ai mal au cœur, mal à la tête !

Notre peine d'enfermement vient juste de commencer et on nous a fait croire depuis déjà plus de quatre semaines qu'elle touche à sa fin ! C'est un cauchemar dont je veux me réveiller. Soudain le soleil ne m'est plus agréable. Il était doux, finalement il me brûle. L'air qui me caressait le visage maintenant m'agresse. Il faisait bon, j'ai soudainement froid. Je quitte la petite cour et rentre dans notre prison. Je me mets la couverture sur la tête, ferme les yeux. Je veux disparaître. Je veux m'évader en rêves, ne plus être là, rêver d'avant. Quand j'étais libre…

Les autres rentrent. Eux aussi ont compris. Antoine positive. Pour lui, l'essentiel est d'avoir quitté le cachot du sous-sol. Il dit qu'il y sent la présence du diable. À ce rythme-là, nous allons devenir fous avant d'être libres.

Je m'aperçois que les gardiens ont remplacé la caméra au-dessus de la porte d'entrée par une plus moderne avec vision nocturne. Celle qui est au-dessus de mon lit est branchée. À l'intérieur, nous constatons que l'espace vide au-dessus de la porte qui nous permettait de voir le ciel est obstrué par une grosse plaque de fer.

— Ils nous ont sortis dix minutes juste pour avoir le temps de finir le taf, c'est tout !

Et puis je reconnais la voix du « comique », celui qui nous gardait dans la caravane, celui que nous avons entendu une ou deux fois dans le sous-sol près de Bagdad. Il est là encore, pas étonnant puisque nous sommes juste derrière ce foutu Algeco et que ça semble être son lieu de travail. Nous avons eu le temps d'être déplacés deux fois et déjà deux semaines se sont écoulées. Nous entamons alors notre cinquième semaine…

Je suis abattu. Sur mon matelas de fortune, je ressasse les dernières heures, les dernières semaines, les derniers mois, les dernières années. Je cherche quelque chose de beau, de bon, de joyeux. Quelque chose qui me réchauffe l'esprit, qui me transporte, quelque chose qui me prouve que tout n'a pas été vain.

Alep, le sapin d'Alep…

37

Un sapin pour Alep ou la renaissance

Quelques jours plus tard, le soir du 22 décembre 2016, alors que je me promènais dans la rue principale du quartier de Azizieh, un soldat qui se tenait de l'autre côté de la corniche se mit à défourailler en direction du ciel. Instantanément, les tirs se firent entendre de partout, ainsi que les klaxons des voitures qui tournaient en boucle dans les rues de la ville. Les voitures passaient, repassaient, vitres grandes ouvertes, pour laisser entendre à tous ceux qu'elles croisaient des chansons patriotiques. Les drapeaux de la République arabe syrienne flottaient depuis les fenêtres, mais aussi ceux de la Russie, de l'Iran et du Hezbollah... Le ciel était régulièrement hachuré de pointillés rouges accompagnés de détonations.

— Les kalachnikovs chantent aussi ! me dit Vahan, mon ami arménien. Alep vient d'être totalement libérée.

Le soir, je fis le point avec Benjamin par WhatsApp sur le travail en cours. Le nombre de projets que nous avions lancés étaient assez considérable et de nature assez variée : pompage d'eau dans les nappes phréatiques ; raccordement aux générateurs d'électricité ; fourniture de moyens de chauffage au fioul pour les familles pauvres ; assistance à l'équipement des écoles, fourniture d'équipements pour les hôpitaux, générateurs, purificateurs d'air, matériel chirurgical, aide à la rescolarisation, paiement des frais d'inscription à l'université, reconstruction des maisons et appartements détruits par les roquettes et missiles des djihadistes, etc.

Les propositions de projets qui affluaient quotidiennement au siège aleppin de l'association étaient tous des projets vitaux pour les gens, mais j'aimerais offrir autre chose, quelque chose de plus symbolique, qui donne de la joie.

Nous étions fin décembre et voilà cinq ans que la ville n'avait pas eu de sapin pour Noël.

— Et pourquoi ne pas faire venir un immense sapin sur une des places d'Alep ?

Ce fut un ami de l'association, M. Choukri, qui me fit cette proposition. Jusqu'au commencement de la guerre, c'était la communauté arménienne du quartier de Azizieh qui gérait cette tâche.

L'idée me plut. C'était exactement ce dont avaient besoin les habitants éprouvés d'Alep libérée. Mais comment faire venir un vrai sapin ? Les seules régions boisées sont celles d'Idlib et de Lattaquié. Or Idlib était occupée par al-Nosra et la découpe de bois était interdite à Lattaquié.

M. Choukri me dit qu'habituellement les Arméniens en montaient un en métal avec tout le branchage en plastique. Le sapin pouvait atteindre selon ses souvenirs plus de cinq mètres de haut. Je lui donnai donc mon feu vert pour en fabriquer un.

Quelques jours plus tard, j'eus la surprise de le découvrir. Il était là, incontournable dans le quartier. Il trônait et surplombait tout Azizieh. M. Choukri était fier de me montrer les décorations qui ornaient le sapin géant. Rentrés au bureau, nous fîmes une dépêche sur l'événement en cours :

« À l'approche de Noël, SOS Chrétiens d'Orient a offert un symbole à la ville et à ses habitants : un sapin de Noël illuminé, signe d'espérance et de paix.

Jamais, depuis 2011, un sapin n'a été aussi fièrement exhibé et fêté à Alep. Après cinq années de guerre, il est là, trônant majestueusement, à plus de treize mètres de haut, dans le quartier d'Azizieh. Premier sapin de Noël depuis cinq ans, offert par SOS Chrétiens d'Orient. »

Rapidement, le voisin, un certain M. Fannoun, fit ériger des posters géants sur toute la façade d'un immeuble. Bachar al-Assad, Hassan Nasrallah et Vladimir Poutine étaient aussi grands que le sapin. Je lui dis en riant :

— Il ne manque plus que Ali Khamenei et toute l'équipe est au complet !

Le lendemain je repassai pour admirer la belle œuvre enfin terminée et je constatai que le Guide Suprême iranien avait été ajouté au trio de la veille. M. Choukri rit et me dit :

— On l'a ajouté pour vous !

C'était le grand soir. À quelques jours de Noël seulement, la décoration du sapin était achevée. J'interprète ce Noël comme le signe de la naissance de la paix pour tout un peuple. Sur la place, des centaines de personnes s'étaient rassemblées autour de l'arbre. Des chansons patriotiques à la gloire de l'armée syrienne victorieuse et de leur leader Bachar al-Assad résonnaient dans les hauts-parleurs ! Des femmes voilées de noir, dont même le visage n'est pas perceptible, posaient avec l'arme de guerre de leur mari devant le sapin géant ! Des familles entières, des civils et des militaires, des chauffeurs de taxi en turban s'arrêtaient devant le sapin, le temps d'un selfie, puis repartaient ! M. Choukri qui avait installé la sono devant la devanture de son magasin, faisait un discours à la foule.

Soudain, son regard s'arrêta net sur moi et il commença à m'interpeller devant tout le monde, en m'invitant au microphone à me frayer un passage au milieu de cette foule si dense et si compacte pour venir dire un mot. J'étais pris au piège. J'assumai mon rôle et me dirigeai vers M. Choukri.

Mes paroles étaient à peine traduites que tout le monde hurlait de joie à chacune de mes phrases. Je leur disais tout simplement que leur ville plusieurs fois millénaire allait renaître de ses cendres comme elle avait toujours su le faire. Je me retrouvais coincé sans pouvoir quitter ma place. On me prit en photo, me demanda des selfies, me posa mille questions. Tous étaient chaleureux et si souriants ! J'éprouvais une immense satisfaction, une joie intense qui me remplissait le cœur.

J'avais bien conscience que je vivais un jour historique, aussi je faisais le plein d'images dans ma mémoire afin de ne jamais oublier ce dont j'étais témoin !

Quatre ans que les Aleppins en rêvaient, quatre années que les tirs réguliers de l'ennemi déchiraient les corps des habitants de l'Ouest, que les populations étaient prises en otage et que les obus éventraient les habitations des deux côtés de la ville. Quatre ans que les Aleppins rêvaient de pouvoir enfin sortir et dormir tranquilles...

Il est vrai qu'Alep restait toujours encerclée. Mais elle n'en était pas moins libérée. Cette nuit leur appartenait et je prenais plaisir à contempler la scène qui m'était offerte. Elle cassait un à un tous les clichés qui étaient serinés en boucle par nos médias occidentaux.

Je voyais des sunnites, des chiites, des chrétiens main dans la main dansant de joie. Je les entendais crier et chanter « *Allah Sourya Bashar w bass !* » (Dieu, la Syrie, Bachar et c'est tout !), ainsi que « *Allah maa Jeysh* » (Dieu avec l'armée), et tant d'autres chants dont je ne comprenais pas tout à fait le sens. Les Aleppins dansaient, hurlaient et pleuraient de joie pendant toutes ces heures. La plus grande partie des gens présents sur place n'était pas chrétienne du tout, elle était à l'image du peuple syrien, majoritairement sunnite.

Les TV syriennes étaient là elles aussi, ne ratant pas une miette de cet événement historique où petits et grands chantaient à l'unisson, soit en groupe dans la rue, soit à l'arrière d'un pick-up, soit encore assis sur les rebords des fenêtres des voitures qui parvenaient tant bien que mal à se frayer un chemin au milieu de ce peuple en liesse ! Cette place n'était que l'un des lieux où les Aleppins exprimaient leur joie dans la ville ! Près des universités, des scènes d'attroupement de masse étaient diffusées en direct par la TV syrienne. Ce soir, c'était le peuple d'Alep qui manifestait sa joie pour sa ville enfin libérée et non pas tombée ! Ce soir, Alep venait de ressusciter !

38

Les otages de l'Armée syrienne libre

Noël se rapprochait et je décidai qu'avec tous ces réfugiés enfin libérés des griffes des djihadistes de l'ASL, il fallait faire quelque chose. Avec d'autres volontaires, nous nous partageâmes les hôpitaux de la ville, du moins ceux qui restaient encore debout.

Chaque jour, j'effectuais ma tournée des hôpitaux d'Alep pour finir immanquablement à Saint-Louis. L'hôpital Saint-Louis, tenu par des religieuses, était le plus proche. Ici nous étions un peu comme chez nous. Archangel, une petite sœur toute menue d'origine italienne, nous avait accompagnés. L'immense hôpital qui avait été construit par les Français durant l'époque du mandat français sur la Syrie, était son fief. Elle et toute son équipe, pour faire face au nombre insensé de réfugiés blessés qui avaient été détenus de force par les djihadistes de l'autre côté, s'affairaient dans tous les sens pour faire de la place et les recevoir. Près de 80 000 personnes auraient fui Alep-est et n'auraient donc pas suivi les djihadistes de l'ASL vers la Turquie et vers Idlib. Les hommes et femmes rencontrés dans les hôpitaux nous submergeaient de témoignages tous plus poignants les uns que les autres. J'étais étonné par le chiffre : 80 000 personnes, c'est énorme ! Loin de ce qui se racontait dans les médias.

Dans une semaine, ce serait Noël et nous décidâmes avec SOS Chrétiens d'Orient d'effectuer une distribution de cadeaux aux enfants malades dans les hôpitaux.

À Saint-Louis, il y avait cette jeune fille qui me tenait à cœur. Rescapée d'un bombardement sur son établissement scolaire, elle avait été blessée par des éclats d'obus quand tous ses camarades avaient été déchiquetés. L'école avait été bombardée par les islamistes le 20 novembre 2016. Les médecins, dans l'impossibilité de sortir l'éclat trop près de son cerveau, l'avaient plongée dans un coma artificiel. Je ne manquais jamais de passer la visiter et d'avoir une prière pour elle et ses parents.

Il y avait aussi mes « survivants ». À trois dans une chambre, ils étaient les seuls rescapés sur vingt-huit personnes au début du siège. Jean, Georgette et Colpi étaient des survivants. Les hasards de la guerre les avaient fait se retrouver enfermés dans leur maison de retraite au beau milieu de la ligne de front dans le quartier de Jdeide.

— Un beau matin, on s'est réveillés encerclés dans la maison, m'expliquera Jean.

À 55 ans, son bonnet vissé sur le crâne, il parlait sans s'arrêter. Employé de la maison de retraite de l'église syriaque catholique, Jean et les autres pensionnaires vécurent cinq ans du mauvais côté.

— Impossible de s'enfuir. L'ASL était dans la rue et trois rues plus loin, c'était l'armée syrienne.

Dix-sept d'entre eux réussirent à s'enfuir dès le début. Lui resta.

— Qui se serait occupé d'eux, me dit-il en désignant Georgette, 75 ans. Elle est chez nous depuis vingt-cinq ans. Elle n'aurait pas pu s'enfuir.

La maison de retraite était grande. Les bombardements succédèrent aux hivers et au rationnement.

— Du boulgour, des lentilles et des pâtes. Le reste était hors de notre portée.

Le café monta à 50 000 livres syriennes le kilo, soit 100 dollars, les cigarettes approchèrent les 40 000 livres le paquet.

— On s'en est passé. C'est tout.

Les premiers morts arrivèrent. Ce fut Jean qui s'en occupa.

— Le premier, c'était Abou Joseph. Il avait 75 ans. L'imam du quartier ne voulait pas qu'on l'enterre dans le cimetière musulman. Alors je l'ai poussé dans une brouette pendant des kilomètres en passant par le quartier kurde. Quand vous poussez un cadavre dans une brouette, personne ne vous arrête... Je l'ai laissé le plus près des lignes de l'armée syrienne. Les soldats sont venus le chercher.

Pour les autres morts, à cause des bombardements, Jean ne sortira pas.

— On a creusé des tombes dans le jardin…

En 2015, lors d'une sortie de ravitaillement, le mari de Colpi qui gèrait la maison de retraite mourut sous un bombardement. Colpi fut blessée par un éclat qui se ficha dans son crâne.

Jean s'occupa d'elle. Elle avait 50 ans, lui 55. Les épreuves les firent se rapprocher. Ils décidèrent de se marier, mais là encore, difficile de le faire. L'imam refusait.

Les bombardements continuèrent.

— Et puis un jour on est sortis et on a vu le drapeau syrien flotter sur la place près de la maison. Mais on a compris que c'était vraiment fini quand les soldats nous ont fait quitter la maison. Nous n'étions plus que quatre.

Une voiture de la Croix-Rouge les emmèna à l'hôpital Kalimé, à l'ouest de la ville.

— La quatrième avec nous, c'était Maggy. Elle avait 90 ans. Elle est morte trois jours après notre libération. Trop faible. Elle était devenue squelettique. Elle ne mangeait plus rien.

Des témoignages comme ceux de Jean et Colpi, j'en recueillais dans chaque chambre, recelant son lot de malheurs et de tristesse.

Il y avait aussi le petit brûlé veillé par sa grand-mère et par ses oncles. Il s'appelait Aboud et avait 10 ans. J'avais surnommé cette femme « Grand-mère courage » tant ce qu'elle avait fait m'avait impressionné. Ses mains étaient serrées quand elle parlait. Serrées à s'en faire blanchir les jointures. Un voile noir encadrait un visage poupin et laissait apparaître un regard traversé de tristesse. À 48 ans, Rania Mohamed Hajeali veillait sur son petit-fils criblé d'éclats.

— Ce sont les voisins qui m'ont appelée. Ils ont trouvé mon numéro sur le téléphone de ma belle-fille, marqué à « mama ».

Dans le lit, recouvert de bandages, son petit-fils attendait les soins de l'infirmière.

Le 10 décembre au matin, alors que la famille s'apprêtait à emprunter un corridor humanitaire afin de quitter Alep-est, un obus s'écrasa sur le balcon de l'appartement où elle était retenue en otage par les rebelles. Rania secoua la tête.

— Je n'étais pas là. Nous sommes tous de Tartous.

Rania avait dix enfants. Quatre garçons et six filles. Et comme tous les jeunes Syriens du même âge, ses fils devaient effectuer leur service militaire. En 2012, la guerre venait juste d'éclater. À peine un an lorsque l'aîné disparut.

— Les terroristes l'ont enlevé dans la région de Douma au cours d'une attaque, là où il effectuait ses classes.

Abdel Mohin, c'était le premier, le préféré. Puis elle reprit :

— Mon mari ne l'a pas supporté ; sans nouvelles de lui, il est mort de chagrin, quarante jours plus tard…

Le siège d'Alep venait de commencer. Quelques semaines plus tard, des amis de son second fils, Morhaf, suggérèrent que le frère kidnappé, Abdel, pourrait être retenu chez les rebelles qui venaient de prendre les quartiers Est de la ville d'Alep.

Morahf, le second fils, était vaillant. Il voulait explorer toutes les pistes pour retrouver son aîné. Mais il n'était pas seul. Il était marié et père de cinq enfants. Trois filles et deux garçons. Il hésitait à les abandonner.

— Ma belle-fille lui a dit : « On ne se sépare pas. On vient avec toi ou tu ne pars pas », lâcha Rania.

À Alep-est, la situation se durcissait chaque jour. Début janvier 2013, Morhaf prit sa décision et passa à l'est avec toute sa famille.

Quelques jours après leur arrivée, les rebelles découvrirent pourquoi ils étaient là et séquestrèrent toute la famille.

— Ils lui ont laissé son téléphone. Quand il y avait du réseau, je recevais un coup de fil rapide. Parfois pendant cinq mois je n'avais pas de nouvelles. Puis il appelait pour me dire que tout allait bien et que malgré les bombardements, la famille était toujours là. Je sais bien qu'il ne me disait pas tout. Il concluait ses appels toujours par la même phrase : « Nous vivons. Nous ne sommes pas encore morts. »

Puis le siège d'Alep rentra dans une phase de bombardements massifs par l'aviation russe.

— Un jour, mon fils m'a appelée pour me dire qu'il ne pouvait plus sortir, que ceux qui le retenaient voulaient faire un échange. Il devait appeler son plus jeune frère et lui demander de déserter pour venir rejoindre les rebelles. Alors seulement la famille pourrait sortir... Une vie contre une vie qu'ils lui disaient.

Les yeux de Rania s'embuèrent.

— ... Et il y a vingt jours, quand les bombardements sont devenus plus violents, des corridors humanitaires se sont ouverts pour que les civils puissent sortir. Ceux qui les retenaient ont compris que Morhaf avec toute sa famille allait en profiter pour s'échapper... alors ils l'ont tué dans la rue.

Sa belle-fille avait assisté à la scène avec son fils. Elle hurlait tandis que le corps était emmené.

— Les enfants se sont mis à pleurer. Elle les a rassurés en expliquant que papa avait été blessé, qu'il était parti à l'hôpital et qu'il allait revenir.

Il fallut faire vite. Dans la nuit, la famille se prépara. Au petit matin, les bombardements résonnaient au loin. Impossible de sortir. Alors qu'ils attendaient une accalmie, un obus explosa sur le balcon de l'appartement.

— Ma belle-fille est brûlée grièvement et le petit Aboud est criblé d'éclats et de brûlures. Merci à Dieu, les autres enfants n'étaient pas dans la pièce. Les voisins ont trouvé le téléphone et m'ont appelée.

250 kilomètres séparent Tartous de Alep. Après une nuit d'angoisse, Rania et son beau-frère prirent le premier bus du matin. Là où l'on mettait trois heures avant la guerre, il en fallait huit.

Rania ne connaissait pas Alep.

— Je me suis postée devant le premier officier et j'ai demandé où était le front.

En tant que mère de martyr, Rania bénéficiait d'un laissez-passer.

— J'ai expliqué que ma belle-fille, mon fils et mes petits enfants étaient de l'autre côté et qu'il fallait que je les récupère, même si je devais traverser la ligne de front...

L'officier donna les ordres tandis que Rania et son beau-frère récupérèrent une petite camionnette.

Devant le corridor désert, Rania s'avança, accompagnée de son beau-frère.

— Il n'y avait que l'écho des bombardements. À la moitié de l'avenue, on a entendu des cris qui nous disaient de ne plus avancer. Et on les a vus arriver au loin.

Immobiles, ils attendaient et virent s'avancer un couple âgé en train de pousser une charrette devant eux.

— C'était un chariot à trois roues qu'on utilise pour vendre les légumes. Puis je les ai vus. Les corps étaient mis les uns sur les autres. Il y avait du sang partout. J'ai cru qu'ils étaient tous morts.

Rania ne regardait plus. Elle eut à peine le temps de remercier le vieux couple, déjà reparti en trottinant. Avec son beau-frère, elle empoigna les montants et poussa devant elle jusqu'aux premières lignes de l'armée syrienne.

— C'est en arrivant que je me suis rendue compte qu'ils étaient blessés mais vivants.

Seul son fils manquait à l'appel.

— Aujourd'hui tout le monde est parti à l'est. Il n'y a plus personne pour me dire où il est. Si Morhaf est mort, blessé, ou s'ils l'ont brûlé. Je ne sais rien.

En sortant, j'étais passé voir Antoine Audo, évêque d'Alep. Sur les réfugiés, ce dernier me raconta ce dont je me doutais déjà.

— Les gens riches d'Alep ont quitté depuis longtemps la ville pour le Liban, c'est évidemment une grande perte pour la société syrienne ; un second groupe de gens a quitté Alep pour rejoindre des provinces plus sûres vers Lattaquié et Tartous ; ensuite un troisième groupe de jeunes gens a fui le service militaire pour aller se réfugier en Allemagne. Avant la guerre, il y avait 150 000 chrétiens à Alep, il en reste aujourd'hui 50 000 maximum.

Puis il m'expliqua :

— Les gens qui ont fui, c'étaient ceux qui avaient de l'argent, qui pouvaient se permettre de se payer un voyage et un passeur. Ceux qui sont restés, ce sont les pauvres, et aussi ceux qui aimaient leur pays, parfois les deux. Des patriotes pauvres. Imaginez si, en 1940, votre population s'était enfuie, il n'y aurait jamais eu de résistance.

Et de conclure :

— Pourquoi nous, Syriens, nous n'aurions pas le droit de nous défendre ? Parce que notre président est un dictateur, il nous faudrait nous laisser égorger ? Bien étrange raisonnement. Je suis fier d'être resté défendre mon pays.

Désabusé, j'étais rentré au bureau. J'avais déjà entendu cet argument. « Bachar al-Assad disparaîtra un jour, pas la Syrie. » C'était vrai ; aujourd'hui, une bombe et tout le monde s'enfuyait vivre ailleurs. Personne ne voulait rester pour défendre son pays. C'était une constante que je voyais un peu partout. Si tu aimes ton pays, tu te bats pour lui ! Cela paraissait logique. Mais cette leçon, l'Europe l'avait oubliée depuis longtemps. Pourtant nos cimetières étaient remplis d'hommes et de femmes qui étaient morts pour garder le pays indépendant, qui n'avaient pas fui, qui avaient fait face, qui étaient restés debout, qui n'avaient pas subi.

39

Des députés français à la rescousse – Une délégation en première ligne

La chute d'Alep restait le grand événement international. Les soutiens internationaux aux djihadistes enrageaient de voir la guerre basculer du côté de Bachar al-Assad. La France n'y échappait pas. Voir « le pire homme de la planète » reprendre la deuxième ville du pays avec l'aide des Russes et des Iraniens ne passait pas au Quai d'Orsay, qui s'étranglait de rage. Des manifestations étaient organisées à Paris à l'appel de journalistes qui n'avaient jamais mis un orteil dans le pays. Totalement ignares de la situation, des clones de BHL prônaient la guerre à outrance, comme en Lybie en 2011 ou en Irak en 2003, sans voir une seule seconde les conséquences. Peu importe, du moment qu'on les voyait chaudement emmitouflés dans les rues de Paris tapant du pied, derrière de vagues banderoles, en train de s'acheter une bonne conscience à peu de frais. Des amis parisiens m'envoyaient des photos et vidéos, histoire de me faire rire un peu. Ces attroupements m'avaient toujours paru ridicules et d'aussi loin que je me souvienne n'avaient jamais empêché l'histoire avec un grand H de se dérouler.

Ce fut dans ce contexte, le 5 janvier 2017, alors que j'étais à Damas pour deux jours, que j'appris l'arrivée de plusieurs députés français à l'hôtel Damarose. Je découvris les parlementaires en question. Thierry Mariani, Jean Lassalle et Nicolas

Dhuicq, députés français, avaient fait le trajet depuis Paris pour se rendre compte de la situation sur place.

Jean Lassalle, du haut de ses deux mètres, nous régalait de son accent chantant du Béarn et de quelques blagues. Des médias avaient accompagné les politiques afin de couvrir l'événement : Pierre-Alexandre Bouclay de *Valeurs Actuelles*, Charlotte d'Ornellas de *Boulevard Voltaire*, Marie-Baptiste Dhuart de RTL, Astrid de Villaines de LCP. Franceinfo était présent également.

Devant la difficulté pour rejoindre Alep en raison des chutes de neige, il avait été prévu de partir avec un avion mis à disposition par le président syrien vers la capitale du Nord.

Nous arrivâmes le lendemain pour le jour de la Nativité célébrée chez les Arméniens apostoliques dans le quartier meurtri de Villat. La sainte messe était célébrée par le Catholicos Aram Ier qui avait fait le déplacement d'Antélias au Liban. Juste après, il était prévu de visiter les quartiers libérés quelques jours auparavant. Devant les ruines criblées du quartier, je sentais en eux de la stupéfaction.

À mes côtés, Alexandre Ivlef, un ami syrien, ancien enseignant de français au centre culturel français d'Alep, nous raconta que François Mitterrand serait venu un jour en Syrie afin de fermer le consulat français d'Alep, estimant qu'il y avait trop de consulats français ouverts dans le monde. À cette nouvelle, toute une délégation civile aleppine aurait décidé de descendre à Damas afin de rencontrer le président français et de l'en empêcher. Ils auraient tenu les propos suivants : « Monsieur le président, le consulat d'Alep a été le premier consulat de France à ouvrir dans le monde et vous, vous voudriez être le premier homme d'État à le fermer ? » Lui-même, l'ignorant sûrement, aurait finalement décidé de le laisser ouvert.

Ce fut finalement un autre président socialiste, François Hollande, qui le ferma en désertant politiquement et culturellement le pays. Le rappel d'Éric Chevallier en France et la fermeture de l'ambassade de France à Damas condamna pour longtemps les portes de la diplomatie entre nos deux pays.

— La Syrie est peut-être un rival, mais pas un ennemi. L'Arabie saoudite est un ennemi ! Daech est un ennemi ! Certes la France ne peut pas s'entendre sur tout avec la Syrie, mais c'est justement ce à quoi servent les ambassades ! On ne dialogue pas avec ceux avec qui on s'entend, mais bien avec ceux avec qui on a des différends, expliquaient les députés devant le consulat, désormais vide.

Aux micros tendus par les quelques journalistes présents, Thierry Mariani commenta les portes fermées du consulat :

— Nous sommes à ce qui était le consulat de France à Alep. Tout simplement, dans ce pays, il n'y a plus aucune représentation diplomatique française, plus aucune représentation consulaire. On avait deux lycées qui étaient reconnus par la France avec des équivalences locales à Damas, à Alep ; aujourd'hui ces lycées continuent à fonctionner mais librement, sans aucune aide, sans aucun support de la France. Hier soir, on était avec le président de la Chambre du commerce, à un moment il nous a dit : « On était un pays francophone, mais aujourd'hui la France nous a oubliés, on mettra beaucoup de temps à l'oublier. »

Nous quittâmes les lieux pour nous diriger vers le camp de Jabreen, à la rencontre des déplacés. C'était là où les populations d'Alep-est étaient triées pour que soit faite la distinction entre civils et terroristes…

Les enfants se ruaient sur nous, comme le font tous les enfants et demandaient des sourires, de l'attention. À la vue des appareils photos, ils prenaient leurs plus belles poses, persuadés de devenir célèbres en Europe. Les femmes, en retrait, vêtues de noir, souriaient avec hésitation. Les hommes ne sortaient pas de leur baraquement. Certains interprètes parmi nous traduisirent les demandes des enfants. Ils voulaient des jeux, de quoi s'amuser. D'autres nous demandaient des cahiers, de pouvoir retourner à l'école. Ils pensaient que nous avions ce pouvoir. Ils étaient touchants. Beaucoup de ces petits bouts étaient nés pendant le conflit et ne savaient même pas ce qu'était l'école. Leurs petits sourires redonnaient vie aux visages si jeunes et pourtant déjà tant meurtris par la guerre. Nous ne restâmes pas longtemps. Les députés posaient leurs questions, essayaient de comprendre le conflit toujours un peu mieux.

Moi, je pensais déjà aux innombrables autorisations à obtenir pour revenir dans un lieu aussi inaccessible. Je pensais à tout ce que nous pourrions leur apporter. Rien à faire qu'ils soient des bébés de djihadistes. C'étaient des enfants. Ils ne savaient même pas ce que ça voulait dire. Beaucoup d'entre eux n'avaient pas d'existence légale. Ils n'étaient que le fruit d'adultères car de nombreuses femmes avaient refait leur vie après que leur mari fut parti mourir en martyr. Légalement, ils n'existaient pas.

L'avion nous attendait à l'aéroport afin de ramener la délégation vers Damas.

— Combien de temps jusqu'à Damas ? me demanda Nicolas Dhuicq.

— 45 minutes environ. Si on ne se fait pas tirer dessus, dis-je en riant.

Mal m'en prit. Pierre-Alexandre Bouclay et moi étions restés à discuter avec un des soldats. Il s'agissait d'échanger les adresses mails pour qu'il puisse envoyer à sa fiancée les photos que le journaliste avait fait de lui. Au loin, une explosion nous fit nous retourner. Bouclay dit :

— Ça tape tout près, dis donc.

Puis un deuxième sifflement perça les cieux pour laisser place à un vacarme. Une gerbe de débris et de fumée monta sur au moins dix mètres de haut. Bouclay hurla :

— Cette fois, c'est pour nous !

Ce fut comme si je perdais connaissance tout en restant éveillé. Je me rendis compte que sur ma gauche, à une centaine de mètres, quelque chose venait d'exploser. Une roquette ! Pas le temps de comprendre quoi que ce soit, juste remercier le Ciel de ne pas avoir été transpercé par des éclats.

Je courus vers l'entrée du terminal où étaient massés les autres. La roquette était tombée dans un fracas terrible... Je crus que nous étions finis ! C'était comme si la terre tremblait sous mes pieds. Nous étions une demi-douzaine à courir dans ce couloir pour nous réfugier dans le bâtiment. J'avais l'impression de perdre l'équilibre et manquai de me casser la figure. Une fois arrivés dans le salon principal, nous nous barricadâmes en attendant l'accalmie. Plusieurs tirs de roquettes tombèrent tout autour du bâtiment dans lequel nous nous étions abrités. À chaque impact, l'immense lustre du salon tremblait. S'il tombait, il tuerait tous ceux qui se trouveraient dessous.

Plusieurs personnes étaient blêmes, littéralement scotchées contre les murs. La plupart découvraient le terrain. Cela pouvait provoquer des crises de nerfs. Des filles se mirent à pleurer et crier. L'une dit qu'elle ne voulait pas mourir ici. Pour éviter que l'ambiance tourne à la panique totale, Mariani eut une énorme présence d'esprit. Il sortit sa tablette digitale et mit des clips des années 80, pour faire rire et détendre les plus nerveux. Il raconta des anecdotes sur ses voyages, la vie politique... Des sourires crispés apparurent.

Jean Lassalle avait allongé sa carcasse, mis son béret sur les yeux et demandé :

— Réveillez-moi s'ils arrivent. Ou quand on sera prêts à décoller.

Dehors, la nuit était tombée. Derrière le tarmac, on voyait des éclairs de tirs d'armes automatiques. Les djihadistes étaient donc à quelques centaines de mètres. Le député Nicolas Dhuicq, expert de la commission de la Défense nationale, fouillait la nuit du regard, tendait l'oreille et expliquait avec passion quels étaient les calibres utilisés de part et d'autre. Tout le monde ne partageait pas sa soif de connaissance.

Les explosions crépitaient de plus en plus vite et fort. À l'intérieur, une journaliste radio était livide. Elle pensait qu'on allait bientôt y passer. Bouclay la rassura :

— Non, non, t'en fais pas, ce sont des tirs amis !

La fille parvint à prendre un air pincé pour siffler :

— Amis, amis, tu crois pas que tu y vas un peu fort ?

Bouclay avait clôs le débat :

— Tous ceux qui ne veulent pas que je meure sont mes amis ! Choisis ton camp.

Après coup, nous vîmes que cette journaliste, arrivée pétrie de préjugés, avait fait les reportages les plus honnêtes du groupe.

Nous apprîmes plus tard que les tirs ennemis provenaient de Rashiddin, fief de Jabhat al-Nosra, à une quinzaine de kilomètres de là où nous nous trouvions. Quelques heures plus tard, les islamistes revendiquèrent l'attaque...

Nous allions patienter trois heures et demie à l'aéroport tandis qu'al-Nosra continuait de nous ajuster à la roquette. Puis, après une heure à lancer des leurres, pour voir si l'espace était sécurisé, le feu vert nous fut donné.

— Prenez vos affaires et courez vers l'avion ! nous dit un militaire.

La voie était dégagée. Dans un silence total, tout le monde se mit à courir avec sa petite valise à roulettes vers l'avion qui nous attendait, tous feux éteints. Nous baissâmes tous les volets une fois installés à l'intérieur, nul ne devait voir la moindre lumière depuis l'extérieur de crainte d'être abattu en plein vol ; nous plaquâmes nos manteaux sur des loupiottes impossibles à éteindre.

Nous décollâmes dans le noir, en chandelle, avec un commentaire encourageant du pilote :

— Si durant les cinq premières minutes nous ne sommes pas tués par une roquette, alors nous serons définitivement tirés d'affaire.

— Vous allez pouvoir en raconter à l'assemblée en rentrant, dit Benjamin en riant à Thierry Mariani.

Je regardai les journalistes et sentis une pointe de doute !

Le soir, à Damas, dans ma chambre d'hôtel, je repensais à tout cela. Là où les journalistes et autres observateurs auraient dû dénoncer l'islamisation totale des premiers révolutionnaires syriens, il n'y eut rien ou si peu. Pas la moindre phrase, ni la moindre remise en question. Le grand vide. L'ASL fut toujours les « rebelles » contre le terrible dictateur, même aux pires moments du siège et de la libération de la ville, les chaînes françaises continuèrent à donner la parole à ces pauvres rebelles écrasés par les méchants russes et syriens. Nous étions de ce pays où l'on disait en 1939 plutôt Hitler que Staline, le pays où Mao était passé pour un grand visionnaire, où la prise de Phnom Penh par les Khmers rouges en avril 1978 avait été une formidable nouvelle pour le Cambodge, et où, en 1986, lorsque les missiles SS20 et Pershing se faisaient face à Berlin, le slogan à la mode avait été : « Plutôt rouge que mort. » Rien n'avait changé, la lucidité était la chose la moins bien partagée dans ce pays, cela en devenait terrifiant…

Le lendemain, nous avions rendez-vous à la présidence afin de rencontrer Bachar al-Assad. Talal était parvenu à me trouver un costume à mettre pour être présentable.

À peine sorti du véhicule, j'étais parmi les derniers à monter les escaliers de la maison quand, en levant la tête, je vis le président juste au-dessus de moi. Il se tenait comme quelqu'un qui accueillait ses invités. Il n'y avait rien de pompeux, d'extravagant. Juste un homme qui saluait ses invités un par un. Je lui serrai la main et lui dis : « Bonjour monsieur le président », alors que des dizaines de flashes sur ma droite m'aveuglaient littéralement. Il nous fit signe de nous installer dans la pièce sur notre gauche.

Les échanges furent nombreux entre chacun des députés et al-Assad. À un moment, Thierry Mariani évoqua la France et ce que l'association SOS Chrétiens d'Orient faisait en Syrie et pour les Syriens, tout en me pointant du doigt.

Bachar al-Assad me fixa quelques secondes, en hochant la tête en signe de validation. J'étais gêné, je ne sus pas comment réagir quand ses yeux croisèrent les miens et qu'il esquissa un petit sourire. Puis il prit la parole pour exprimer toute l'importance de la présence des chrétiens d'Orient :

« Les chrétiens assurent la paix et l'entente entre les peuples. Ils sont facteurs d'unité et de paix. Sans chrétiens, c'est la guerre civile… Sans la présence de chrétiens en Syrie, c'est le retour au VIIe siècle pour les musulmans… »

40

Deir ez-Zor, le siège continue

À l'hôtel, devant la télé allumée, le personnel regardait les images défiler. À l'écran, le journaliste parlait du siège de Deir ez-Zor. Une équipe de la télé russe avait pu s'introduire par hélicoptère dans la cité. Perdue à l'est dans le désert, Deir ez-Zor était littéralement encerclée, n'offrant aucune autre option aux assiégés que de se battre jusqu'à la mort. Un ami syrien journaliste s'était rendu sur place avec un vol militaire, en pleine nuit, tous feux éteints. Il avait pu atterrir, mais n'avait pu redécoller que dix jours plus tard pour Damas. Il m'avait raconté combien la situation était chaotique :

— Aux côtés de l'armée syrienne, j'ai vu des grands-mères et des enfants de 7 ans côte à côte, cigarette à la bouche et kalach à la main, sur le pied de guerre, prêts à riposter contre Daech en cas d'attaque. Deir ez-Zor, c'est Stalingrad ! Chaque centimètre carré compte.

Il avait pu rentrer dix jours après, avec une hépatite C… Évoquer Deir ez-Zor, c'était évoquer un siège moyenâgeux. Contrairement à Alep, il n'y avait pas la moindre route pour permettre à la ville de souffler. Pas de tapage médiatique pour, en bien ou en mal, évoquer la situation. La ville était coupée en deux, les hommes de l'armée syrienne tenaient le sud de l'Euphrate, notamment l'aéroport. Les hommes de Daech tenaient le nord du fleuve et se faisaient ravitailler par les eaux depuis l'Irak…

La ligne de défense de l'aéroport de Deir ez-Zor avait été affaiblie par un bombardement, officiellement une « erreur » de l'aviation américaine qui avait tué entre 60 et 80 soldats syriens et permis à Daech de s'emparer de la colline surplombant l'aéroport. C'était de cette colline qu'était partie l'attaque des jours derniers. La route reliant la ville à l'aéroport était aujourd'hui coupée, empêchant désormais l'approvisionnement des civils et l'arrivée de renforts militaires. L'aéroport était le seul lien de la ville avec le reste du monde. Si Deir ez-Zor tombait, un nouveau massacre était à prévoir. En 2014, le groupe État islamique avait massacré une centaine de civils, après l'invasion des quartiers nord-est de la ville.

Les djihadistes, pris à la gorge, redoublaient de violence, comme ce fut le cas le 15 avril 2017 où, dans la région d'Alep, un terrible attentat ensanglanta la ville. Alors que des bus étaient en train d'évacuer des civils dont la moitié étaient des enfants, une bombe ravagea le convoi. L'explosion fit 126 morts. Tous étaient des civils, et tous fuyaient leur ville assiégée par les djihadistes. Bizarrement, il n'y eut pas de hurlements généralisés, pas de tour Eiffel éteinte, pas de bombardements de représailles, pas de réunion d'urgence. Juste un immense silence médiatique et une dépêche AFP. Comme d'habitude, un mort ne faisait pas nécessairement une victime.

Le 3 mai, je notais sur mon carnet que l'enterrement des martyrs de Maaloula avait eu lieu la veille. C'était le père Toufic qui était passé à la maison pour nous prévenir que cinq des six otages de Maaloula capturés en 2013 avaient été retrouvés décapités.

41

1271-2017 – Le krak des Chevaliers

31 juillet 2017

Les mots résonnaient dans la fraîcheur de la pièce. Ils se détachaient.

« *Deus in loco sancto suo, Deus qui inhabitare facit unanimes in domo, ipse dabit virtutem, et fortitudinem plebi suae.* »

Nous étions le 31 juillet et, dehors, la chaleur était accablante.

« *V/. Exsurgat Deus, et dissipentur inimici ejus et fugiant qui oderunt eum, a facie ejus. Gloria Patri.* »

« Dieu est présent dans son sanctuaire, Dieu qui fait habiter ensemble dans sa maison ceux qui n'ont qu'un même esprit, lui-même donnera à son peuple force et puissance.
V/. Que Dieu se lève et que ses ennemis soient dispersés ; que ceux qui le haïssent fuient devant sa face. Gloire au Père. »

Autour de nous, dans le silence et l'obscurité de la citadelle, battait le cœur de ce qui avait été la plus grande forteresse croisée de Syrie. Avec d'autres volontaires, nous étions dans la chapelle du krak des Chevaliers. Autrefois forteresse imprenable, aujourd'hui un vaisseau de pierre perdu mais pas oublié.

La masse de calcaire sur son rocher demeure une sentinelle imposante qui a traversé les siècles.

Tout en priant, autour de moi je sentais leur présence. Comme si les mots qui traversaient nos lèvres réveillaient leurs âmes. Je les imaginais sept cents ans auparavant, avec leur cotte de maille recouverte du drap blanc tracé d'une croix rouge, l'épée au fourreau prêts à combattre pour Christ. Un frisson me parcourut l'échine. Je me dis que c'est le plus bel hommage que nous puissions leur rendre après tous ces siècles de silence. Qu'ils n'étaient pas oubliés.

La voix du père Aubry, prêtre de la fraternité Saint-Vincent-Ferrier et conseiller religieux adjoint de SOS Chrétiens d'Orient, continuait d'égrener.

Ils nous entendaient, ils étaient tout autour, je le savais.

Je me sentais comme un apprenti venu chercher de la sagesse auprès de ceux qui avaient combattu les armes à la main pour l'honneur de la chrétienté européenne.

Fermant les yeux, je me remémorais les grands moments que ce château fort avait traversé ces derniers siècles. Conçu à l'époque des croisades, le krak était aux mains des Kurdes lorsque fut lancée la première croisade en 1099. Conquise puis abandonnée par Raymond de Saint-Gilles, elle fut finalement récupérée par le régent d'Antioche, Tancrède, en 1115. Mais le coût de l'entretien d'une telle forteresse était si élevé que Raymond II la confia finalement à l'ordre des Hospitaliers. C'est à cette époque que l'on commence à l'appeler le « krak des Chevaliers ».

Il fallut alors cent vingt-neuf ans pour que la forteresse retombe entre des mains ennemies : en 1271, le sultan des Mamelouks Baybars Ier se saisit du château qui ne fut jamais repris par les Francs.

— C'est l'unité dans le temps qui se refait, continua le père Aubry.

Et pour que l'unité dans le temps soit complète, le père célèbra la messe selon le rite dominicain, proche du rite latin traditionnel, qui était célébré en Orient au XIIIe siècle.

— Nous avons prié pour la paix, et pour les habitants de la région dans laquelle le Front al-Nosra a commis de terribles exactions, conclut le prêtre.

Un local émerveillé de cette présence étrangère massive nous raconta comment ce joyau architectural avait été pris par les djihadistes d'Al-Nosra le 8 mars 2012, avec l'aide d'islamistes libanais venus en renfort. Il avait ensuite fallu deux ans et deux mois à l'armée syrienne pour récupérer la forteresse justement réputée pour être... imprenable !

Parmi les volontaires, deux petites religieuses venues d'un village de la vallée chrétienne voisine. Sœur Lydia, visiblement très touchée, se saisit de l'occasion pour continuer à supplier le Ciel :

— Il y a longtemps que je n'avais pas entendu cette messe ancienne, c'était très beau et elle nous a portés vers le Ciel. Elle nous a donné la force d'espérer encore la paix pour la Syrie et pour la France qui souffre énormément. Nos deux peuples étaient rassemblés pour que Dieu bénisse nos actions et nos intentions.

Aujourd'hui, c'était le premier Noël sans bombe sur Alep. Je décidai d'aller le passer à Mhardeh sur la ligne de front avec M. Simon et les hommes de la Défense nationale, puis, de retour sur Alep, nous organisâmes avec les volontaires pour début janvier une distribution de cadeaux de Noël à Alep auprès de familles musulmanes pauvres.

42

Libération d'esclaves

L'année 2018 avait commencé et en quelques mois, nous avions assisté à la quasi-disparition de l'État islamique en Syrie. Les territoires situés au nord-ouest de l'Euphrate étaient tombés entre les mains des Turcs, excepté la ville d'Afrin encore tenue par les Forces démocratiques syriennes, ainsi que tous les territoires au nord-est de l'Euphrate. Malgré des tensions, les FDS, alliance entre Kurdes et anciens djihadistes de l'Armée syrienne libre, tenait toujours. Quelques mois auparavant, en octobre 2017, Raqqa, la « capitale » de l'État islamique, était tombée face aux FDS. Des milliers de djihadistes avaient fui en prenant la route du Nord. Aucun véhicule de ce large convoi de Daech n'avait été intercepté par l'aviation et les djihadistes s'étaient littéralement évanouis en direction de la Turquie.

Ils n'avaient pas disparu pour tout le monde. Des responsables syriens avaient affirmé que « les services turcs allaient les employer sur un nouveau front, s'en servant comme milices supplétives pour casser l'implantation kurde ». Trois mois plus tard, le 20 janvier 2018, les Turcs lançaient à la face du monde l'opération « Rameau d'olivier », en direction d'Afrin. Tout le monde baissa les yeux ou regarda ailleurs.

Je regardais les images des troupes turques épaulées de milliers de djihadistes en train de bousculer les forces kurdes. Ces derniers, après avoir effectué tout le travail sur le terrain pour éradiquer Daech, se retrouvaient seuls, abandonnés par l'Europe et les États-Unis.

Mon téléphone sonna. C'était François-Xavier Gicquel, le responsable des opérations de SOS Chrétiens d'Orient :

— Tu as entendu parler des chrétiens au Pakistan ?

Et de me parler de ces esclaves modernes tenus par leurs dettes, littéralement asservis à leurs patrons.

Je raccrochai.

Des esclaves ? Je restai silencieux. De l'esclavage au XXIe siècle ? Cela me paraissait aberrant. Et surtout que personne n'en ait parlé jusqu'à maintenant.

François-Xavier m'avait demandé de l'accompagner afin d'organiser des « libérations d'esclaves chrétiens » dans le nord du Pakistan. J'avais hâte. Venir en aide à tous les chrétiens en difficulté de par le monde, tel est le credo de SOS Chrétiens d'Orient.

En 1947-1948, les Indes avaient été divisées en deux vastes territoires : l'Inde pour les hindous et le Pakistan pour les musulmans. Les terres furent donc réparties entre ces deux grandes communautés qui peuplaient cette région du sous-continent indien. Minoritaires, les chrétiens furent exclus du partage. Contrairement à l'Inde où il était présent depuis les tout premiers temps avec l'évangélisation de l'apôtre saint Thomas, le christianisme au Pakistan était récent et datait de l'occupation anglaise du début du XIXe siècle. Quant aux catholiques, ils étaient issus de l'évangélisation des Irlandais qui composaient pour beaucoup les rangs de l'armée britannique. Il était donc très difficile de posséder une terre lorsque l'on était chrétien. De plus, le christianisme au Pakistan n'avait pas la même légitimité qu'au Proche-Orient, où son existence était plurimillénaire.

SOS Chrétiens d'Orient avait créé un programme pour libérer ceux qui étaient traités en esclaves, en négociant avec leurs « propriétaires ». C'était à la demande de la paroisse Saint-Paul que nous nous envolions, François-Xavier et moi, vers le Punjab où les membres de la communauté chrétienne du village de Pansara nous attendaient.

À l'aéroport de Faisalabad, les douaniers contrôlèrent longuement nos passeports. L'invitation était faite par l'Église. Les douaniers ne disaient rien, mais je voyais bien que cela ne leur plaisait pas. Pour le Pakistan, musulman à l'extrême, les chrétiens, qui ne représentaient que 1 à 2 % de la population, étaient une quantité négligeable. Après un dernier coup d'œil sur nos passeports, nous retrouvâmes derrière les portes vitrées une foule de gens qui attendaient les voyageurs.

Ladou était là. Je ne le connaissais pas, mais François-Xavier m'en avait parlé : il assurait l'intendance du père Parvez, qui nous avait invités. Ladou, souriant et sympathique, était très content de revoir François-Xavier, qui en était à son troisième voyage.

Nous devions rejoindre le village de Pansara, mais avant, il nous fallait nous arrêter à un point de contrôle. C'était une sorte de commissariat, où nous annoncions notre présence. La sécurité savait désormais que nous allions résider une semaine à Pansara, dans la région du Punjab.

Comme d'habitude, les services de renseignements vous protègent en même temps qu'ils vous surveillent. Il faisait nuit, il faisait froid, tous les hommes étaient en qamis, enveloppés dans leur palto avec un pakol sur la tête.

Vingt minutes plus tard, nous arrivâmes à Pansara. Après avoir passé quelques rues, nous nous trouvâmes face à un portail en fer qui renfermait un compound, un quartier résidentiel sécurisé. Un gardien fit coulisser cette grande porte et le véhicule entre. Sur notre droite, un petit bâtiment. Il s'agissait d'une école où, dans le renfoncement toujours sur la droite, se trouvait une petite église toute blanche dans un style architectural indien.

Avec François-Xavier, nous ne tardâmes pas à nous équiper en tenue locale. Nous ressemblions, lors de certaines sorties, à de véritables pashtouns ou plutôt à des Pathans, selon l'appellation locale.

Autour de la table, le père Parvez nous accueillit, tandis que des jeunes qui allaient et venaient dans cette pièce, nous observaient, souriaient entre eux, parfois ricanaient. Certains étaient d'anciens esclaves.

Je me tournai alors vers le père Parvez et lui demandai :

— Comment on devient esclave ? Enfin je veux dire… concrètement ?

— Les chrétiens n'ont pas de terre et la situation économique est très difficile. L'emprunt devient une question de survie. Leurs bailleurs sont souvent des grands propriétaires d'exploitations agricoles ou bien de briqueterie. Si un père de famille emprunte 500 $ pour nourrir sa famille, pour des soins médicaux dus à des problèmes de santé, pour scolariser les enfants, pour un mariage et une dot à payer, il sait qu'il ne pourra jamais rembourser sa dette parce que le salaire quotidien ne dépasse pas les 2 $. L'inflation et les intérêts ne lui permettent pas de s'en sortir. La spirale de l'endettement se poursuit, le salaire est reversé immédiatement au prêteur qui ne fournit que la nourriture et un toit vétuste. Au bout du compte, les travailleurs appartiennent aux bailleurs. Il devra donc travailler jusqu'à sa mort pour restituer la somme empruntée et ensuite, ce sont les enfants qui héritent de la dette de leur père…

Puis le père Parvez se leva pour nous faire visiter le compound.

— C'est d'abord une école. Les élèves sont de familles chrétiennes très pauvres. Il y a aussi un grand nombre d'élèves musulmans. Beaucoup viennent de familles que nous avons désendettées.

Quand le père Parvez ouvrit la porte de la classe, les enfants se levèrent aussitôt et saluèrent le prêtre. L'enseignant stoppa son activité et s'inclina. Un silence de quelques secondes régna avant que tous ne nous adressent un « bonjour et bienvenue » en anglais. La permission leur fut donnée de se rasseoir. Le sol était de terre, c'était aussi leur table d'études. En guise de chaise, leur cartable. Leur cartable, un sac plastique. Les petits livrets et cahiers étaient soigneusement empilés sur leur droite ou sur leur gauche, à leur convenance. Ils étaient propres, leur uniforme était impeccable. Leurs grands yeux noirs nous regardent, souriant.

Ici, la pauvreté était vertueuse. Je restai pensif longtemps. Je n'avais jamais vu pareille scène dans les meilleurs des établissements français.

Après ce tour, le père Parvez fit chercher sa voiture :

— Il est temps d'aller rencontrer quelqu'un. J'ai un rendez-vous aujourd'hui. Ensuite nous irons à la colonie du Christ-Roi.

Sur la route, François-Xavier m'expliqua ce qu'était la « colonie » :

— C'est un projet de construction de village pour plusieurs centaines de familles. Pour l'instant, le terrain acquis par l'Église catholique permet l'installation de 104 familles. Le père Parvez souhaite acquérir un autre terrain pour agrandir le précédent et augmenter de 200 le nombre de familles sur cet espace.

— Et y a déjà des familles qui y vivent dans cette colonie ?

— Oui, une cinquantaine. Elles sont là depuis sept ans. Père Parvez achète le terrain au gouvernement pour affranchir les familles esclaves de riches propriétaires musulmans qui les font travailler dans des fabriques de briques.

Le prêtre reprit :

— Cependant, le gouvernement de la République islamique du Pakistan tente quelques efforts pour appliquer les Droits de l'homme et faire sa place dans la mondialisation, un défi difficile à relever face à la pression de la rue essentiellement wahhabite. On parle d'une rue de plus de 200 millions de personnes, dont beaucoup de talibans, des combattants d'Al-Qaïda et de l'État islamique. Et là je ne mentionne que les mouvances guerrières du wahhabisme. Il existe des conflits d'ordre tribal aussi.

— Et vous observez une amélioration au quotidien ?

— Oui, mais avec bien des complications. Il y a trente ans, le gouvernement commençait à donner des terrains aux chrétiens, mais les musulmans ont contesté et commencé à faire des problèmes. Il a donc été contraint de stopper la distribution des terres. Actuellement, le gouvernement permet depuis quelques années la vente de terrains à l'Église. C'est par l'Église que l'implantation de familles chrétiennes est possible. Il reste malgré tout à tirer d'affaires celles qui sont devenues propriétés de riches familles musulmanes. Les musulmans n'acceptent toujours pas que ces terrains soient donnés aux chrétiens alors que chaque parcelle peut accueillir une centaine de familles…

Avec le père Parvez, nous partîmes visiter une fabrique de briques. Nous avions rendez-vous avec un propriétaire. Il y en a beaucoup dans cette région du pays. Le ciel du Punjab était brumeux et une odeur de brûlé planait dans l'air continuellement. La voiture ralentit pour s'enfoncer dans un large terrain vague. Le paysage était laid, le ciel gris. Les cheminées plantées sur des collines artificielles recrachaient de la fumée continuellement. Je repèrai des hommes à gauche et à droite du chemin, en guenilles, usés par les lourdes charges qui pesaient sur leurs épaules. Le véhicule ralentit lorsque nous arrivâmes à hauteur d'un baraquement.

Sur le perron, un homme nous attendait, assis à une table, un thé à la main, un chapelet dans l'autre. L'homme était rentier. Il avait sous sa main plusieurs dizaines d'hommes et de femmes qui travaillaient dans sa fabrique. Décontracté et nonchalant, il nous sourit et envoya un de ses intendants nous chercher du thé. Les échanges entre lui et le père Parvez commencèrent. S'exprimant en urdu, nous ne comprenions pas ce qui se disait, mais il semblait que le marché était déjà conclu. D'ici quelques semaines une famille entière pourrait être rachetée.

François-Xavier posa la question :

— Et ça ne l'ennuie pas de perdre toute une famille de travailleurs ?

Ce à quoi répondit immédiatement et toujours avec nonchalance le propriétaire :

— Oh non, pas de problème ! Demain, d'autres familles endettées viendront à ma porte pour les remplacer…

Il ne s'agissait pas de cynisme de la part de ce rentier visiblement peu éduqué. Mais tout simplement de la banalité d'une situation jamais remise en question.

En fait, ces collines recouvraient de vraies fournaises. C'était en dessous que les esclaves faisaient cuir la brique. L'ouvrier ouvrit alors sous mes yeux une sorte de trappe de forme ronde à l'aide d'un crochet fixé au bout d'un bâton. La chaleur qui se dégageait de ce trou était impressionnante, de même que la couleur de ce feu si intense. Je compris à quelle réalité étaient confrontés ces pauvres hères :

— Il y a parfois des « accidents », dit à demi-mot le père Parvez. Parfois des « punitions »… Des gens tombent vivants dans la fournaise.

Je redescendis de ce four géant et le contournai. Des quantités d'hommes et de femmes accroupis étaient en train de modeler la terre à l'aide d'un objet en bois rectangulaire. Les enfants étaient petits, certains n'avaient pas plus de 6 ans. Les adultes pouvaient avoir jusqu'à 70 ans. Impossible de leur donner un âge tant la pénibilité du travail les abîmait et vieillissait leurs traits. Je vis un homme très âgé, estropié, qui se traînait sur le sol pour façonner ces briques. Hommes et femmes respiraient la fumée et le charbon continuellement. Les briques étaient faites à la chaîne et si la pluie venait à tomber, tout le travail était à refaire.

— Ce type de fabriques et les moyens employés pour les faire fonctionner ne sont pas près de changer. Les villes s'agrandissent toujours plus et par conséquent les besoins en briques pour les constructions de maisons sont permanents... nous expliqua le père Parvez.

Pour rejoindre la colonie, notre véhicule emprunta des routes cabossées, des sentiers de terre avant de s'immobiliser devant une rangée de maisons qui en laissaient deviner d'autres derrière elles. À peine les portières eurent-elles claquées qu'une petite foule de personnes se massa autour de nous. Toutes les familles sortirent de leur maison pour nous faire accueil. Les enfants couraient vers nous puis repartaient se réfugier dans les saris de leur maman et de leurs grandes sœurs. Les hommes emboîtaient le pas dans notre direction, nous saluaient chaleureusement en nous accrochant des guirlandes de fleurs autour du cou, tandis que les femmes en retrait attendaient notre passage pour nous lancer des grains de riz et des pétales de rose au visage.

Leur reconnaissance et leur gratitude étaient affichées.

— Tout cela, c'est grâce à vous, nous répèta le père Parvez.

Et de nous rappeler que c'était grâce aux dons de l'association que toutes ces familles vivaient ici en hommes et en femmes libres et que leurs enfants allaient désormais à l'école.

Les familles nous offraient leurs plus jolis sourires et insistaient pour nous recevoir dans leur maison. Le père Parvez accepta de nous faire visiter quelques-unes d'entre elles afin que nous découvrions l'intégralité du projet.

— Les libérer de l'esclavage est une chose, mais ensuite il faut leur assurer un avenir. Dans cette colonie, nous leurs offrons une maison, des commerces de proximité pour leur assurer un revenu et une éducation pour leurs petits.

Il y avait aussi de nombreux animaux tout autour des habitations, des bestiaux qui leur assuraient le lait, la viande et le labour des terres.

De retour au compound, nous discutâmes encore avec le père. C'était un érudit. Il aimait aborder tous les sujets. Histoire, religion, spiritualité, phénomènes de société, les sujets nous emmenèrent au bout du monde et aussi dans les complexités de l'univers pakistanais. Le père Parvez était aussi un homme de lettres, il avait écrit pas moins d'une dizaine de bouquins.

— Ce que vous avez vu aujourd'hui est observable dans des milliers de fabriques de briques. On compte à l'heure actuelle environ deux millions d'esclaves au Pakistan. Vous voyez, il y a encore du travail.

43

Veille d'Achoura à Damas

Aujourd'hui, c'était le premier jour d'Ashoura, la commémoration depuis l'année 680 de l'assassinat de Hossein, le petit-fils du prophète Mohammed. Des millions de chiites se rassemblaient chaque année pour se souvenir ensemble de la décapitation du 3e imam Hossein par le calife Yazid. Les deux premiers, Ali et son fils Hassan, avaient été assassinés par le père du calife et le fondateur du califat omeyyade, Mu'awiya. Damas, jadis capitale de l'Empire omeyyade, fut le cœur du pouvoir désigné comme injuste par les chiites et combattu comme tel par ces derniers.

Chaque année depuis cette date, pendant quarante jours, les chiites du monde entier se remémoraient ce massacre.

C'étaient Amir et sa mère qui m'avaient proposé de les rejoindre pour la commémoration. Amir était syrien d'origine iranienne. Amoureux de l'Iran, il était fier de ce que ce les siens apportaient militairement en Syrie. Je les retrouvai au bout du souk Hamidiye, juste devant la mosquée des Omeyyades. Ici, un cordon de sécurité était installé. De l'esplanade qui faisait face à la grande mosquée jusque dans ses ruelles qui la bordaient sur sa gauche, allant jusqu'à Bab Touma, le périmètre était fermé. Il n'était en fait accessible qu'aux Iraniens sur présentation de documents. J'avais pris mon passeport.

Derrière les barrières, le Hezbollah veillait. Nous empruntâmes les ruelles jusqu'à déboucher sur une mosquée. Elle était toute blanche, sur son dôme flottait un grand drapeau rouge où était inscrit son nom, Roqiye. Ici, nos chemins se séparèrent. La mère d'Amir rejoignit le côté prévu pour les femmes, tandis qu'Amir et moi-même disparaissions côté hommes.

La foule, massée à l'entrée de la mosquée, se bousculait. Il y avait là des centaines de personnes, des Iraniens et des Afghans pour la plupart, des civils, des religieux, des combattants, des expatriés, tous essayaient de se frayer un passage pour entrer et prendre place. Ceux qui restaient aux portes de l'édifice un instant de plus étaient les spectateurs actifs dont les chants accompagnaient les groupes de jeunes qui se battaient la poitrine en récitant des lamentations guerrières. Personne n'était habillé autrement qu'en noir. Dans cette foule compacte, deux cercles d'une vingtaine de personnes chacun se formèrent et ceux qui les composaient chantaient à tue-tête une litanie scandée, des phrases répétées en crescendo, comme une redondance lyrique en se donnant la réplique. Le rythme, saccadé et entraînant, était ponctué par l'intonation de la langue persane largement accentuée, ainsi que par la résonance des coups portés à leur poitrine. Les hommes, serrés de très près, balançaient leurs bras vers le ciel en les ramenant à leur poitrine qu'ils battaient les mains jointes et c'était dans un éclatant « HOSSEIN ! » que leur refrain se terminait avant que l'autre groupe ne prenne la relève par une autre tirade.

La piété, la ferveur allaient à celui qui se battrait le torse et crierait le plus fort vers Hossein. La masse humaine entra en se bousculant dans la mosquée pour arriver devant un tombeau qui contenait probablement les « reliques » de Roqiye. Ils sautaient et se battaient la poitrine en répétant son nom encore et encore, tandis qu'un homme qui les surplombait chauffait littéralement la foule en répétant inlassablement « Hossein » dans son micro.

Les chants finirent par cesser et laisser place à un silence de mort. Tout le monde s'assit en tailleur. Un homme face à nous dans l'obscurité se mit à parler. D'une voix grave et douce, il raconta la bataille de Karbala, bataille dans laquelle Hossein mourut. La ponctuation était faite par des lamentations, des gémissements, des sanglots, entrecoupés par des prières spontanées lancées vers le Ciel. Le narrateur s'effondrait de chagrin après chaque morceau de phrase, comme le voulait la coutume. Je ne faisais plus qu'un avec cette foule, qui reprenait en cœur les jérémiades collectives. Les larmes coulaient tout autour de moi, certains sanglotaient son nom : « Hossein! » Je voyais ce que l'on pourrait appeler de la comédie à en juger les yeux de mes voisins, mais les larmes n'étaient pas toutes factices. Beaucoup de mes voisins pleuraient, comme rarement j'avais vu ça.

L'homme au micro continua l'histoire de Hossein, jusqu'à l'insoutenable, le moment de son supplice et de celui des membres de sa famille. Un silence s'installa. Le narrateur nous planta là, dans notre tristesse et notre confusion. Nous étions dans le sable, au milieu des corps, au fin fond du désert irakien... L'atmosphère était lourde, pesante. Le chagrin devenait palpable, le sentiment de désespoir aussi.

Nous revînmes au présent lorsqu'il se fit à nouveau entendre, de sa voix douce. Il nous expliqua alors que nous étions encore à Karbala.

— Karbala, ce n'était pas hier, Karbala, c'est aujourd'hui, les usurpateurs sont là, de retour, le combat n'est pas fini. Voyez autour de vous. Ils sont tout proches. Yazid et ses hommes sont revenus. Ils sont revenus faire couler notre sang mais nous... nous sommes les fils de HOSSEIN. Si nous n'avons pas pu empêcher le drame de Karbala, nous ne permettrons jamais qu'il se répète aujourd'hui!

Le discours, eschatologique, était lu à la lumière de l'histoire et des événements actuels.

Chacune de ses phrases devenait désormais un coup de poing. Elles renforçaient, ravivaient, donnaient un sentiment d'invincibilité et étaient ponctuées à l'unisson d'un *« Allah ma salle allah o Mohammad va hàle Mohammad!* », « Que le salut de Dieu soit sur Mohammed et sur les siens ! »

Je ne suis pas chiite, mais je me laissai transporter durant quelques minutes par cette envolée collective. Nous étions passés de la tristesse du désespoir au courage et à la soif d'en découdre en l'espace d'un quart d'heure. L'ascenseur émotionnel était raide. En sortant de la mosquée, nimbés d'un halo guerrier, d'une violence presque animale, tous autour de moi ressentaient une immense envie de combattre et de se sacrifier pour la cause.

44

Deir ez-Zor

Le 20 mars 2018, je décidai de repartir pour Deir ez-Zor. Sebastiano acceptait de m'accompagner avec Alexis, mon adjoint. Je repartais pour cette ville dans laquelle je n'étais pas allé depuis dix ans, et qui me semblait si loin de Damas à présent. Je voulais voir à quoi ressemblait la ville que j'avais visitée après tant d'années passées, de siège, de guerre... La route, malgré une pacification de la région par l'armée syrienne, restait incertaine. Nous décidâmes de prendre l'avion pour Qamishli, à l'extrême nord-est du pays, sur la frontière turque, puis de trouver une voiture sur place.

L'avion décolla tous feux éteints pour éviter d'être abattu en plein vol par les terroristes de la Ghouta. Le père Gabriel, prêtre syriaque orthodoxe de Hassake, nous accueillit. Il avait accepté de nous conduire sur place. Lui aussi voulait voir l'ampleur des dégâts dans la ville.

Alors que nous roulions, les barrages kurdes du PYD et ceux de l'armée syrienne s'enchaînaient avant d'atteindre la « Porte de Deir ez-Zor » que j'aperçus au loin dans la brume. Elle était noire. Déjà, le décor funèbre se profilait à mesure que nous avancions sur cette route. Des carcasses de voitures et de camions désossées jonchaient les deux côtés de la voie que nous empruntions. Ça me rappelait Alep et ses heures de trajet qui n'offraient qu'un spectacle de désolation depuis Istrye en passant par Khanasser.

Les véhicules lourds et légers pulvérisés sur la chaussée témoignaient de la violence avec laquelle ils avaient été stoppés net dans leur course. Pas très difficile d'imaginer les scénarios ! Des gens qui voulaient fuir, ou peut-être rentrer chez eux, foudroyés par les hommes en noir.

Nous nous enfoncions toujours en direction de la ville, mais impossible d'y accéder directement. Nous devions faire un long détour. Nous traversâmes alors des villages où eurent lieu de grands massacres, « avant que le Hezbollah ne vienne nous libérer », nous confia un marchand à qui nous achetions des bouteilles d'eau.

La marque de « la Bête islamique » était encore présente et se lisait au marqueur sur les façades de certaines maisons. Elle se lisait aussi sur les panneaux de signalisation, malgré les couches de peinture qui avaient tenté de les effacer... Ces villages reprennaient vie, c'est sûr ! Les jeunes allaient à l'école et les pères de famille sur le bord de la route étaient affairés aux travaux manuels que nécessitait le travail pour gagner son pain quotidien.

Les drapeaux du Hezbollah étaient partout bien présents, leurs hommes aussi. Le sabre d'Ali pendait autour de leur coup, leurs traits et leurs regards témoignaient de la dureté des combats.

La voiture s'arrêta enfin sur les bords de l'Euphrate. Plus de ponts, tous avaient été détruits par les affrontements entre l'armée syrienne et l'organisation islamique.

Sur la rive d'en face, j'apercevais les Russes. Ils avaient mis en place une sorte de pont flottant rattaché à deux engins amphibie qui le poussaient d'un bout à l'autre de la berge. Le père Gabriel demanda à un des soldats de nous faire passer en zodiac. Arrivés sur place, nous longeâmes l'aéroport, longuement et durement assiégé par les terroristes. Je repensais alors à des héros comme le général Essam Zahreddin, ce guerrier druze tant aimé des

Syriens et si redouté par Daech, j'imaginais les années de combats intensifs qu'il avait dû mener lui, ses hommes et les habitants dont il tentait d'épargner les vies.

Je me rappelais les fois où l'armée américaine avait pilonné la Garde républicaine syrienne en les affaiblissant devant l'ennemi. Cette « erreur » de cible avait valu la perte d'un lieu stratégique de l'armée syrienne, qui s'était vue séparée en deux parties, isolées l'une de l'autre, les rendant plus vulnérables qu'elles ne l'étaient face aux assassins de l'État islamique !

Malgré tout, ils avaient tenu bon, jusqu'à ce que l'armée syrienne fasse une percée par le sud et l'ouest, jusqu'à ce que le siège fût brisé... Nous avançions dans les quartiers les plus détruits de la ville. Sur la ligne de front, là où se trouvaient les églises, je cherchai la rue du cinéma Fouad ! Mais il n'en restait plus rien. Des églises, il ne restait que des gravats de pierres. La seule encore debout, quoique très abîmée, demeurait l'église syriaque orthodoxe ! Le toit du bâtiment qui y était rattaché, ou du moins ce qu'il en restait, nous donnait une vue imprenable sur ce spectacle de désolation. Des ruines à perte de vue. Avec Alexis, nous décidâmes de relever la croix en la stabilisant avec des gravats.

Néanmoins, tout le monde nettoyait, déblayait, et faisait attention où il mettait les pieds. Chaque jour, les mines antipersonnel mutilaient et tuaient. L'Euphrate n'était plus franchissable après 14 heures et il était déjà 13 heures. Sur le chemin retour, en sortant de la ville, nous nous arrêtâmes à un barrage qui se trouvait à hauteur d'un pont.

Celui-ci était détruit et s'enfonçait dans le fleuve. Je le reconnaissais, c'était celui qui avait été construit le siècle dernier par les Français. Je m'en souvenais parce que, dix ans auparavant, je plongeais de ce pont dans l'Euphrate et m'y baignais.

C'était devenu une sorte de rituel. Chaque fois que j'allais à Damas, je me rendais à Palmyre, puis je continuais ma route vers Deir ez-Zor avant de regagner Alep. Le passage par Deir ez-Zor était immanquablement marqué par des heures de baignades dans l'Euphrate.

L'image du pont était restée imprimée dans ma tête. Parfois je repensais à tous ces jeunes gens qui vivaient là et avec qui nous partagions ces moments, je me demandais ce qu'ils étaient devenus et ne pouvais m'empêcher de faire la moue.

Nous prîmes quelques photos puis nous repartîmes vite. En fait, il était même déjà trop tard. On ne laissait déjà plus passer personne à cette heure-là, dans un sens comme dans l'autre. Mais le respect que les Syriens ont pour les hommes d'Église nous ouvrait des portes et facilitait bien des choses. Les soldats de l'armée syrienne, les hommes du Hezbollah, les Russes, les Afghans et les miliciens kurdes du PYD que nous croisions ne refusaient rien à un homme d'Église, quelle que soit leur religion. À la vue d'un prêtre, on s'inclinait et on faisait une exception…

Nous parvînmes *in extremis* à franchir l'Euphrate dans l'autre sens, et nous reprîmes notre route vers Hassake puis Qamishli où notre avion nous attendait pour retrouver Damas, sous les bombes.

Le 4 avril 2018, j'écrivais :

« Négociation de l'exfiltration des djihadistes de la Ghouta orientale. Ils sont envoyés au nord de la Syrie pour la conquête de Manbijeh. En gros, les Turcs négocient leur exfiltration pour leur propre désir de conquête.

Les Kurdes sont un prétexte pour intervenir militairement en Syrie. Et les djihadistes recyclés en Armée syrienne libre sous les ordres d'Ankara. Le correspondant de guerre de SANA, l'Agence arabe syrienne de l'information, a affirmé la conclusion d'un accord dans le camp de Yarmouk, entre les groupes terroristes et l'État syrien. Il a expliqué que l'accord stipule la sortie des terroristes du camp de Yarmouk vers Idlib et la libération, à deux étapes, de toutes les personnes assiégées. L'accord entrera en vigueur lundi à l'aube à condition d'exécuter tous ses articles avant le début du mois de Ramadan. »

— Ce sont les Russes qui ont dû lui souffler cette stratégie. Tu les envoies tous le plus loin possible et le plus près de la frontière turque, et quand ils seront tous regroupés au même endroit, tu frappes ! m'avait confié M. Simon.

Les autobus destinés à transporter les terroristes du camp Al-Yarmouk au sud de Damas à la ville d'Idlib étaient entrés après minuit au camp, et ce en exécution de l'accord conclu hier et qui stipulait l'évacuation des terroristes et la libération des civils assiégés dans les localités de Kafraya et Fouaa, ainsi que les kidnappés du village de Ichtabraq dans le district de Jesr el-Choughour.

Le 12 avril 2018, la Ghouta fut libérée à 100 %. Quelques jours plus tard, nous profitions de l'ouverture de couloirs humanitaires à hauteur de Douma pour rencontrer les civils qui venaient de sortir sous nos yeux et de donner du lait en poudre pour leurs enfants...

Alep était toujours encerclée sur sa périphérie Ouest. La ville était libérée depuis le 22 décembre 2016, mais comme elle restait partiellement assiégée, elle continuait de recevoir des obus dans les zones proches de celles tenues par les terroristes.

45

Mariage

Ce mariage, nous y pensions depuis que nous nous étions fiancés.

Je voulais sceller mon amour avec Fimy.

J'avais envoyé des invitations un peu partout en Syrie. Tout le monde avait répondu présent. Rapidement, je me rendis compte que j'en avais oublié beaucoup… mais tous les membres de la famille de Fimy étaient là !

De mon côté, seuls ma mère, ma tante Anne et ses deux enfants avaient pu faire le déplacement. Mon cousin Sadjad était spécialement venu d'Iran. Une cinquantaine d'amis étaient venus de France. Il s'agissait d'anciens volontaires pour la plupart. Il y avait aussi Sébastien et Nicolas, deux amis du même quartier que moi, que je connaissais depuis plus de vingt-cinq ans déjà. Sur place, dès la veille du mariage, j'avais fait affréter un car de Beyrouth afin d'acheminer tout ce petit monde jusqu'à Maaloula où le mariage devait se dérouler.

Avec mes trois témoins, Ladislas, Damien et Sebastiano, j'étais resté sur place pour accueillir mes invités. Le lendemain, Fimy arriva en limousine avec sa mère et ses témoins. Ramez, lui, nous déposa tout en haut du village, devant le couvent Saint-Serge où nous attendaient des motos. Nous les avions enfourchées, et avions descendu Maaloula porteurs d'un drapeau français de l'ancien régime, ainsi que de drapeaux du

Sacré-Cœur. En bas, les invités nous attendaient devant les escaliers de la paroisse Saint-Georges.

Ma fiancée, accompagnée par son frère, me rejoignit. À peine arrivée à ma hauteur, la chorale entonna haut et fort le *Cantique de Moïse*. C'était un de mes chants préférés. Une chaleur monta soudain en moi et envahit tout mon corps. Je ne comprenais pas ce qui se passait. J'essayais de me contrôler sans y parvenir. Soudain je craquai, et fondis en larmes, tout en restant droit. Je tentai de les cacher, en vain. Je me mis à sangloter comme un gosse.

À ma droite, mes trois témoins se mirent à pouffer. Tout en pleurant, je me tournai vers eux :

— Je sais pas pourquoi je pleure, j'arrive pas à me contrôler...

Ils se mirent à redoubler de rire en disant :

— C'est l'Esprit Saint qui t'envahit...

Les prêtres nous firent face, la cérémonie commença. Nos alliances nous furent remises tandis que nous échangions nos consentements. C'était le chant du couronnement : « Seigneur, notre Dieu, couronne-les avec la gloire et la dignité... »

Des couronnes furent posées sur nos têtes, selon le rite byzantin, et main dans la main, nous les époux, avec les témoins, fîmes le tour de l'autel par trois fois. Le père Toufic nous bénit et nous appela à nous en remettre à la Vierge Marie, mère de Jésus, quand la joie de notre vie s'étiolerait.

J'étais assez fier d'avoir pu faire venir les représentants de nombreuses chrétientés orientales, ainsi que les différentes sensibilités de l'Église catholique latine. Il y avait ainsi le père Toufic qui était melkite, l'archevêque melkite de Homs Mgr Abdo Arbach, le père Elias de l'église grecque orthodoxe de Maaloula, le père Qassis venu d'Alep, lui-même prêtre syriaque orthodoxe, les pères franciscains Michel et Fadi. Côté français, le père Augustin de la Fraternité Saint-Vincent-Ferrier, le père Hervé, diocésain de Toulouse, et mon père spirituel, le père franciscain Emidio, étaient là pour m'épauler.

Dans la cour de l'école de l'église Saint-Georges, toute la nuit nous fîmes la fête et quand la soirée prit fin, les plus déterminés partirent la poursuivre au sommet de la montagne catholique, là où l'on célébrait la fête de la Sainte-Croix.

Ils firent l'ascension de nuit avec les lumières de leur téléphone portable et une bouteille de vodka de 5 litres bien entamée à la main. Voulant admirer l'horizon au lever du soleil, ils s'endormirent dans le froid du petit matin, saouls comme des barriques.

Afin de ne pas les faire venir uniquement pour la cérémonie, j'avais organisé pour tous mes invités un programme d'une semaine afin qu'ils se rappellent à jamais ce mariage.

Dès le lendemain midi, nous fîmes route vers Alep. Sur place, Mgr Jeanbart mit son évêché à notre disposition pour dormir. Installés place Farhat, nous passâmes la journée suivante à visiter le Vieux-Alep qui se situe juste derrière, aux côtés d'Alexandre Ivleff à l'intarissable connaissance. Nous allâmes jusqu'à l'incontournable citadelle.

Le jour suivant, nous fîmes route vers Mhardeh où M. Simon al-Wakil, fidèle à lui-même, nous reçut avec sa femme. Nous dînâmes tous ensemble dans un restaurant en plein air. Je traînais avec moi une grosse valise à roulettes remplie de bouteilles d'alcool en tous genres. J'en sortais régulièrement quelques-unes au fur et à mesure de l'avancée de notre voyage.

Le troisième jour, nous partîmes à Sqelbiye, à vingt minutes en car, pour déjeuner et passer l'après-midi.

Nabel al-Abdallah nous reçut avec ses hommes. Il nous mit à disposition une piscine. Elle était pour nous. Pendant ce temps-là, des kilos de cochons étaient brûlés au barbecue. La fumée de porc grillé partait en direction des djihadistes dont les positions se trouvaient à sept cents mètres de là au maximum.

Vivants, les porcs de Nabel étaient souvent tatoués du nom d'Erdogan !

L'alcool coulait à flot et le porc grillait en quantité. Une semaine pas très halal venait de s'écouler, il était temps de rentrer.

46

L'offensive d'Idlib commence – Quand les Turcs rentrent dans la danse, les Kurdes rentrent dans le rang…

La guerre s'était déplacée. Après avoir pris ses quartiers à Alep de 2012 à 2016, puis à Deir ez-Zor, le conflit s'était accroché à Damas toute l'année 2018. Une à une, les poches tenues par Al-Nosra et Daech se réduisaient comme peau de chagrin. La peau de léopard du début était en train de muer et de redevenir unie. Tout se passait au nord-ouest, à Idlib ; jour après jour, des convois de djihadistes vaincus s'y dirigeaient pour y finir leur vie. Laisser la vie sauve aux assassins nous paraissait surréaliste ! Pas un procès, pas de représailles pour ceux qui avaient terrorisé le pays toutes ses années. C'était ainsi.

Très vite dépassée par les événements, l'armée syrienne avait dû concentrer tous ses efforts sur l'ouest du pays, délaissant l'est de la Syrie. La Syrie utile devenait une priorité face à la Syrie du vide. Il était hors de question pour l'État de renoncer à un mètre carré de son territoire. Ce n'était qu'une question de priorité et de temps, Ainsi, en concentrant leurs forces sur Alep dès 2012, jusqu'à l'arrivée des Russes le 30 septembre 2015, les troupes syriennes s'étaient majoritairement retirées du Nord-Est syrien laissant les combattants kurdes du PYD assurer un rôle de supplétifs de l'armée syrienne.

La Turquie de son côté supportait mal de voir les Kurdes s'installer sur sa frontière Sud-Est. Depuis longtemps déjà, les combattants kurdes du PKK installés en Turquie utilisaient les liens étroits qui les unissaient avec leurs frères présents côté syrien, les combattants kurdes du PYD, la branche syrienne du PKK, pour faire du nord de la Syrie leur base arrière.

Face au danger de sécession sur son propre territoire, la Turquie accentua son aide à Daech pour anéantir la création d'un Kurdistan en Syrie qui pourrait avoir un impact considérable sur les 18 millions de Kurdes vivant en Turquie.

Dès lors, les Kurdes du PYD allaient devenir une menace pour la Turquie mais aussi pour la Syrie, bien décidés à reprendre les territoires kurdes pour les faire rentrer de nouveau dans le giron de l'État syrien. Turquie comme Syrie n'avaient dès lors qu'un seul but : éviter à tout prix la création d'un Kurdistan.

Présents à Qamishli, Kobane et Afrin, villes kurdes sur la frontière turque, les États-Unis et leur soutien aérien avaient permis aux Kurdes de faire la jonction entre ces trois villes qui, unifiées, devenaient un embryon d'État kurde. Pour les Turcs, c'était trop.

Le retour de bâton ne se fit pas attendre. En plus d'investir Idlib en soutien militaire aux djihadistes, l'armée turque riposta par trois grandes opérations espacées dans le temps, pour contrecarrer l'expansionnisme kurde : « Bouclier de l'Euphrate », « Rameau d'olivier » et « Source de paix ».

Quant à la poche d'Idlib, elle devint rapidement l'objet de toute l'attention de la Turquie et servit à négocier avec le pouvoir syrien.

— Nous ne laisserons pas le gouvernement syrien reconquérir la province d'Idlib tant que les Kurdes constitueront une menace pour la Turquie depuis la Syrie.

Voilà en substance ce que Erdogan fit passer comme message auprès de Bachar al-Assad et de ses alliés russes et iraniens.

En février 2018, l'armée syrienne lança une offensive sur Idlib, réduisant encore un peu plus la poche et reprenant du territoire. À l'intérieur, ce furent près de 3 millions de personnes qui s'y entassèrent. Peuplée de combattants d'Al-Nosra, anciennement Al-Qaïda en Syrie, dont le changement de nom en Fatah al-Cham permit de faire croire qu'ils n'étaient plus les mêmes, qu'ils avaient changé.

Ce fut en 2016, lors d'un accord mutuel, qu'Al-Nosra s'éloigna de la tutelle d'Al-Qaïda pour changer de nom et s'appeler Fatah al-Cham. Rapidement, ce mouvement fusionna avec six autres groupes islamistes et changea encore de nom pour devenir Hayat Tahrir al-Cham. Même principe : on décapite, on instaure la charia et la terreur. C'étaient de ces hommes que l'on parlait lorsque l'on évoquait l'ASL. C'étaient ces hommes-là que la Turquie protégeait en érigeant des tours d'observation et de contrôle sur tout le pourtour intérieur de ce réservoir à djihadistes.

Face à eux, deux armées s'installèrent pour contenir le « réservoir » de la poche d'Idlib. À l'ouest, les hommes de Maher al-Assad, le général soutenu par les Iraniens. De l'autre côté, à l'est, les hommes du général Souheil Hassan, alias le Tigre, soutenus par les Russes.

Lancée le 6 mai 2019 par l'armée syrienne et ses alliés contre les groupes djihadistes et les rebelles affiliés, l'offensive intervint malgré un accord conclu le 17 septembre 2018 entre la Russie et la Turquie, qui prévoyait l'instauration d'une zone démilitarisée à Idlib.

Les islamistes se vengèrent sur les quelques chrétiens de la province. L'une d'eux, Suzanne der Karkour, fut retrouvée assassinée. Sur Facebook, j'avais commencé à voir apparaître de nombreuses personnes transmettre leurs intentions de prières pour la défunte Suzanne.

Fimy m'expliqua qu'elle la connaissait, que c'était une cousine de sa mère.

Elle avait été massacrée par des djihadistes alors qu'elle se rendait au village voisin. Elle y enseignait l'arabe aux enfants, à l'église du village de Kneye, et faisait tous les jours le trajet à pied depuis Yaqubiye. Retraitée, elle apportait son aide bénévolement à ces enfants par crainte de voir la situation affecter leur avenir scolaire.

L'avant-veille, elle ne s'était pas rendue à l'église et n'avait pas donné son cours. Le prêtre s'était inquiété et avait envoyé des paroissiens la chercher. Elle n'avait été retrouvée que le lendemain dans son propre champ, assassinée. Son visage avait été brûlé à la cigarette et ses mains tranchées. Le médecin qui allait l'autopsier avait conclu qu'elle avait été violée par plusieurs hommes depuis l'après-midi de la veille jusque tôt dans la matinée, soit quelques heures avant d'être découverte. Suzanne était vierge et sexagénaire...

Le 30 août 2019, l'armée syrienne cessa son offensive après la proclamation d'un cessez-le-feu par l'armée russe. Pour que cette offensive puisse avoir lieu, les Turcs avaient retiré leurs tours d'observation à Latamina et permis à l'armée syrienne de pénétrer le sanctuaire djihadiste. En échange, le même jour, les Russes basés au sud d'Afrin avaient laissé le champ libre aux Turcs pour faire reculer les Kurdes et les attirer dans les bras de l'armée syrienne. À peine deux mois plus tard, l'armée syrienne, les Russes et la Défense nationale reprenaient Latamina, Kafr Zeyta et Murak. S'ensuivit alors un cessez-le-feu jusqu'à l'offensive de Khan Sheikhoun le 6 mai 2019. La libération de ces villes déboucha sur la victoire de l'armée syrienne à Khan Sheikhoun. Ainsi repoussée de plus d'une vingtaine de kilomètres, la ligne de front était suffisamment éloignée pour que Mhardeh et Sqelbiye puissent vivre en paix.

L'opération turque en territoire syrien, les images des anciens « rebelles » barbus, hurlant *Allah akbar* à chaque seconde, avaient ouvert les yeux de certains journalistes qui commençaient à changer de vocabulaire à leur propos. De « rebelle », on était passé à islamiste radicale puis à djihadiste. Pour nous faire plaisir, nous nous lisions à haute voix les articles de certains d'entre eux dont je pouvais sentir les circonvolutions afin d'essayer de faire oublier ce qu'ils avaient écrit quelques années auparavant. Le ridicule ne tuait plus depuis longtemps. Mais les écrits, eux, restaient... Soudain le monde découvrait qu'Idlib était juste un immense vivier d'islamistes radicaux où les groupes les plus extrémistes se disputaient la mainmise sur les populations de la province.

À Alep, les Turcs attaquaient les sites kurdes au canon à deux pas de l'académie militaire syrienne. Salem, toujours enrôlé à l'académie d'Alep, m'expliqua que « les bombardements turcs frappaient les sites kurdes depuis que les Russes avaient retiré leurs positions » ! D'autres sources me confirmèrent la partie de billards à trois bandes en train de se jouer dans la zone kurde.

La trahison américaine envers les Kurdes, le retrait de la zone de tous les conseillers américains, l'avancée turque sous le contrôle russe, la reprise par l'armée syrienne, l'écrasement de l'État islamique avaient grandement modifié le rapport de forces sur le terrain. Bachar, ses alliés russes et iraniens avaient repris près de 90 % du territoire. Les djihadistes avaient été vaincus, mais pour combien de temps ?

L'activité de l'association n'avait fait que s'élargir vers d'autres horizons. L'Arménie, l'Éthiopie, la Jordanie nous avaient ouvert d'autres perspectives.

47

Raqqa, ville kurde...

Le siège de Raqqa avait pris fin deux ans plus tôt. Les Kurdes, épaulés par les armées occidentales, avaient détruit le cœur noir de l'État islamique. La capitale avait succombé sous les bombardements et les djihadistes avaient fui avec leur famille plus au nord.

Zone difficile d'accès depuis Damas, c'est à partir de la Jezire qu'un tel voyage était possible. Mais il fallait faire vite. Un nouvel ennemi menaçait sur la région depuis le nord : la Turquie. À l'annonce du retrait des troupes états-uniennes dans le Nord-Est syrien prononcée par Trump le 9 octobre 2019, ces derniers allaient ouvrir la voie aux Turcs, qui à l'aide de leurs mercenaires s'emparèrent rapidement des territoires syriens le long de la frontière entre Tall Abyad et Ras al-Ein sur une profondeur de trente kilomètres. L'invasion alla jusqu'à atteindre la M4 à hauteur de Tall Tamar. Les armées russe et syrienne ceinturèrent rapidement la progression turque afin de ne pas la laisser déborder davantage. Leur rôle n'alla pas plus loin. Les Kurdes se sentaient désormais bien seuls et la région devait faire face à de nouvelles vagues de déplacés allant chercher refuge vers le sud, notamment à Hassake et à Raqqa.

Je décidai de me rendre sur place sans plus tarder avec mes deux adjoints, Wael et Arthur pour venir en aide à ces nouvelles victimes de guerre. S'ajoutaient aux précédents milliers de déplacés de Deir ez-Zor et du Khabour celles de toutes les villes et villages établis entre Tall Abyad et Ras al-Ein sur la frontière avec la Turquie. Cent vingt kilomètres d'habitations, plus de 150 000 personnes qui fuient les Turcs et leurs mercenaires qui viennent mutiler, violer et tout piller !

Le lundi 4 novembre 2019, nous quittâmes Damas tôt le matin pour prendre un avion jusqu'à Qamishli. Plus de trafic aérien depuis que Deir ez-Zor avait été libérée. Nous étions arrivés en fin de matinée et il fallait nous rendre le plus rapidement possible sur Hassake où la ville et ses alentours étaient subitement devenus un camp de déplacés à ciel ouvert. Nous fûmes accueillis par Saad, un jeune homme originaire de Chaddadeh, une ville plus au sud. Il vivait à Hassakeh depuis longtemps et s'occupait des affaires humanitaires de l'Église syriaque catholique. Il nous évoqua les 30 000 personnes qui s'étaient débrouillés pour s'installer dans des maisons, des hôtels, des squats ou chez des proches pour les plus chanceux. Grâce à lui, nous allions pouvoir financer 4 tonnes de farine pour la confection de 48 000 galettes de pain, ainsi que 9 000 litres d'eau. Il nous proposa de faire une donation de couvertures et de nourriture à soixante familles chrétiennes de la ville, et ensuite, dans 7 des 58 écoles publiques de la ville qui avaient été mises à disposition pour 1 950 familles, soit environ 9 000 personnes. Son aide fut précieuse pour nous aider à agir vite. Nous eûmes le temps d'assurer la distribution de 1 000 galettes de pain et de 9 000 litres d'eau pour les familles installées dans des abris de fortune.

Les familles en question s'entassaient avec leurs enfants dans des écoles : pour chaque famille une salle de classe ! Des morceaux de craies sur le sol, des restes de dessins sur les tableaux accrochés aux murs, des chaises et des tables entassées les unes sur les autres dans la cour de récréation à côté du panier de basket délabré rappelaient qu'il n'y avait pas si longtemps les enfants venaient ici passer des heures sur les bancs de l'école.

Mêmes les rires des enfants, pourtant si nombreux à y résider, avaient disparu !

Puis Saad nous conduisit à la sortie de la ville, sur la route de Tall Tamar. La scène était saisissante. Nous assistions à la création d'un camp de déplacés en direct. Les tracteurs et autres engins de BTP étaient encore en pleine activité sur ce terrain vague ! Le camp se fabriquait sous nos yeux, tous les moyens étaient mis à disposition pour accueillir les milliers de sans-abris... Un alignement de tentes à perte de vue où fourmillaient un nombre incalculable de femmes et d'enfants.

— Où sont les hommes ? demanda Arthur.

— Les époux, les frères, en fait chaque mâle en âge de travailler, sont dans la ville pour trouver de quoi subvenir aux besoins de sa famille. En attendant, les femmes et leurs enfants font la queue, auprès des organisations humanitaires qui viennent les visiter, pour quelques vivres, de quoi tenir deux jours !

— L'hiver approche ! Comment vont-ils se chauffer si on ne sait pas ce qu'ils vont manger dans trois jours ? murmurai-je.

Le lendemain nous allions à Raqqa. Là-bas aussi, environ 6 500 familles avaient cherché refuge. Depuis 2012, la ville était passée successivement entre les mains de l'Armée syrienne libre, du Front Jabhat al-Nosra, de l'organisation État islamique, puis des Forces démocratiques syriennes (alliance de Kurdes du PYD et de groupes arabes sunnites proches de l'ASL).

Depuis 2012, Raqqa n'a eu aucun répit !

Nous empruntâmes des routes secondaires à la M4 désormais devenue, depuis peu, une ligne de front. Havrin Khalaf en avait fait les frais lorsqu'elle avait été interceptée par les mercenaires djihadistes employés par les Turcs pour la conquête du nord du pays. Trois semaines auparavant, les mercenaires d'Erdogan avaient capturé cette jeune femme kurde de 35 ans, l'avaient violée et lui avaient mutilé la poitrine. Elle œuvrait du mieux qu'elle pouvait pour le Bien commun. Rapprocher les différentes ethnies et identités religieuses de la région à la fois contre le Gouvernement syrien et contre l'État islamique était le but de sa vie.

Anciens djihadistes de l'État islamique ou arabes réfugiés en Turquie dès 2012 après la confiscation de leurs terres par les hommes du PYD/PKK, Arabes frustrés de voir le vide politique pris d'assaut par des non-Arabes, des Kurdes qui les ont dépouillés pour nourrir l'effort de guerre du Parti... Beaucoup d'entre eux étaient également des djihadistes d'Idlib. La Turquie servait de vase communiquant recyclant ces hommes de main d'une région à l'autre de la Syrie pour les intérêts d'Ankara. Ces Arabes, djihadistes ou non, avaient une dent contre les Kurdes. Ce que les Kurdes ressentirent comme une trahison de la part des Etats-Unis fut une aubaine pour ces Arabes de remettre les Kurdes à leur place.

Saad avait bien prévu les choses. Nous embarquâmes avec 500 couvertures et 6 000 galettes de pain. Après environ quatre heures de route, nous entrâmes dans Raqqa. Sur place, nous constatâmes de suite l'ampleur des destructions. Aucune comparaison avec Alep. Ici, la ville avait été lourdement ravagée. Il y avait d'énormes places vides au milieu d'une ligne de bâtiments, qui nous rappelaient qu'il y avait eu un immeuble à cet emplacement. Le déluge de bombes avait laissé place à des champs de gravats à certains endroits.

— L'aviation n'y a pas été de main morte. Quand je pense à tout le foin qu'on nous a fait avec la destruction d'Alep-est ! C'est sans commune mesure avec ce que la coalition a fait ici ! lançai-je.

Après avoir atteint le centre, nous nous arrêtâmes brièvement pour manger un morceau sur la place al-Naim. Elle s'appelait

« la place du Paradis » avant la guerre. Elle avait été rebaptisée « la place de l'Enfer » après le passage de Daech. Le rond-point était devenu célèbre avec les images qui avaient fait le tour du monde des islamistes tournant autour avec leurs tanks et leurs drapeaux noirs. Des colonnes de véhicules et de tanks en file indienne remplissaient toute l'avenue. Mais surtout, cette place avait été le théâtre des nombreuses exécutions publiques. C'était à cet endroit que de nombreuses décapitations s'étaient déroulées. Les condamnés, hommes ou femmes, toujours habillés de couleur orange, tandis que les bourreaux étaient en noir. L'épée était souvent utilisée pour trancher les têtes. Après l'exécution, les hommes de Daech devaient présenter leur trophée, tenu par les cheveux. Les enfants jouaient au foot avec quand elle leur était jetée aux pieds. Sur les barrières en fer de forme octogonale qui bordaient toute la place, des têtes étaient enfoncées sur les pointes tandis que le reste des corps était démembré sur une table juste derrière, là où il y avait aujourd'hui un petit commerce. Les morceaux de cadavres étaient exposés à la vue du public. Les décapitations étaient filmées, médiatisées. Ces scènes pouvaient durer des heures. Autour, la population était obligée de regarder, et à la mort de la victime, devait crier son engouement.

À l'exact opposé de la place se trouvait le bâtiment duquel les homosexuels étaient jetés du toit. Ils devaient être jetés du point le plus haut de la ville et ensuite lapidés à mort, pour laver leurs péchés.

— L'État islamique légitimait les actes les plus insignifiants du quotidien comme les massacres les plus terribles, en se référant toujours aux textes fondateurs de l'islam, le Coran et la Sunna. Il ne se passait pas un jour sans punitions, crucifixions, amputations ou décapitations, servant d'exemples à ceux qui envisageraient de ne pas respecter la charia, nous expliqua un commerçant.

Environ 6 500 familles étaient venues s'abriter à Raqqa, elle-même encore vulnérable puisque des cellules de Daech existaient encore dans sa périphérie et très certainement dans la ville.

Alors que nous prenions la direction de la sortie de la ville, un collègue de Saad nous indiqua un endroit au loin.

— Il faut que vous voyiez le stade.

L'attroupement était massif aux portes de ce qu'était, il y avait encore si peu, « le stade noir ». Le stade de Raqqa était le lieu où Daech emprisonnait et exécutait ses victimes. Nous devinions çà et là les anciennes pancartes de l'EI arrachées au moment de la libération. On en remarquait les traces par endroits, remplacées par les couleurs des vainqueurs : du jaune, du rouge, du vert. Les drapeaux des FDS étaient là aussi, ainsi que ceux des Asayesh. Des dizaines de véhicules pick-up avec une foule de jeunes armés à l'intérieur. Les voix résonnaient dans les haut-parleurs, ça criait, ça chantait dans tous les sens.

Je connaissais ce genre de scènes où les slogans étaient récités en boucle à la gloire de Assad, de l'Armée syrienne et de la Syrie. Ici, les louanges allaient à Ocalan et à ses combattants du PKK et du YPG/YPJ. Je voyais des gosses âgés d'à peine 13 ans, clope au bec, kalach brandie vers le ciel. Plus loin, nous croisâmes des jeunes filles kurdes, combattantes du YPJ comme leur uniforme le laisse deviner. Leur foulard toujours coloré autour du cou et la kalach en bandoulière, elles posaient avec leur arme de guerre. Je me dis que, sans le vouloir, les combattantes kurdes étaient devenues en quelques années les meilleures propagandistes de la cause kurde pour le plus grand plaisir des féministes occidentales.

À côté de moi, Arthur eut cette réflexion :

— Il faudra se poser un jour la question : une femme combattante qui tue comme un homme est-elle vraiment une avancée pour la cause féminine ?

48

Partir à la défense des chrétiens du monde

11 novembre 2019

— Hovsep Hanna Bidoyan a été abattu avec son père et un diacre. L'assassinat a été revendiqué par Daech… Ils étaient partis de Hassake et se rendaient à Deir ez-Zor… Voilà, je voulais te prévenir.

Après avoir raccroché, j'étais resté abattu un long moment. La zone autour de Deir ez-Zor n'était pas encore pacifiée et des islamistes y rôdaient encore.

Le père Hovsep était en charge de l'église arménienne catholique de Qamishli. Nous nous étions rencontrés dans cette ville. C'était lui qui m'avait proposé de venir en Arménie.

— Si vous apportez de l'espoir aux chrétiens, alors il vous faut venir en Arménie, ils en ont besoin…

Le père m'avait sollicité car il avait besoin d'aide pour faire partir quelques dizaines de jeunes Arméniens afin qu'ils participent au grand rassemblement des Arméniens catholiques. Il faut se rappeler que l'Arménie avait été le second royaume à se convertir au christianisme, en 301, après le petit royaume d'Édesse, de 204 à son absorption par l'Empire romain en 216. L'Arménie d'aujourd'hui a perdu près de 90 % de sa surface par rapport à son royaume historique. Enclavée entre la Turquie à l'ouest et l'Azerbaïdjan à l'est, elle est bordée au nord par la Géorgie et au sud par l'Iran.

L'Arménie est un pays chrétien mais non chalcédonien, et seulement 10 % de la population est catholique. Le père m'avait invité pendant l'été 2018 à partir avec ses jeunes ouailles à Gyumri, dans le nord de l'Arménie, là où devait se dérouler la rencontre. SOS Chrétiens d'Orient avait aidé financièrement le prêtre afin que tous ces jeunes Syriens d'origine arménienne puissent échapper à cette guerre quelques jours et revisiter le pays de leurs ancêtres. Des volontaires français s'y rendirent également pour participer aux activités avec eux.

Gyumri est la deuxième ville du pays après Erevan, mais aussi la principale ville de la région la plus pauvre, celle de Shirak. Jadis verdoyante et riche, Gyumri avait été détruite à 60 % par le tremblement de terre de 1988. La ville avait vu s'écrouler ses dizaines d'industries, ses milliers de maisons et ses églises. Même la région avait perdu ses forêts car, pour survivre, les habitants avaient eu besoin du bois pour se chauffer.

L'économie devenue catastrophique avait poussé la jeunesse à s'exiler à Erevan ou à l'étranger pour un avenir meilleur. C'était la plus grande malédiction du pays : l'Arménie était un pays qui se vidait. Officiellement peuplée d'environ trois millions d'âmes, on en comptait en réalité beaucoup moins. Après le tremblement de terre, 2 500 familles à qui l'État avait promis des logements avaient été placées dans des Domiks, sortes de containers aménagés en lieux de vie, le temps de trouver une maison où s'établir. Seulement voilà, cela faisait trente ans que ces familles vivaient dans ces conditions. Un abri où la température descendait à – 40 °C l'hiver et montait à 50 °C l'été…

Abandon des terres, des maisons, des véhicules, des usines. Abandon aussi des femmes et des enfants. Nombreux étaient les hommes qui partaient travailler en Russie près de onze mois et demi par an. Beaucoup ne revenaient pas. Or, une femme avec enfants qui se remariait ne pouvait pas, dans son nouveau foyer, emmener les enfants de son premier mariage et devait les confier soit à leurs grands-parents, soit à un orphelinat. Il existait ainsi dans certaines régions des « villages de femmes », entièrement peuplés de femmes. Et puis il y avait cette incompréhension majeure et grandissante entre la diaspora et l'Arménie. Les membres de cette diaspora, autrefois active, se contentaient aujourd'hui d'envoyer de l'aide par le biais de nombreuses petites associations diverses, sans se rendre compte que ce système n'était plus le bon. Se rendant de moins en moins en Arménie, ils ne parlaient plus la même langue.

À peine revenu d'Arménie, je fus envoyé par la direction de l'association en mission de supervision des actions SOS Chrétiens d'Orient en Éthiopie, dans le deuxième pays le plus peuplé d'Afrique. Avec ses 110 millions d'habitants, l'Éthiopie est constituée de près de 60 % de chrétiens et de 30 % de musulmans, le reste étant issu de diverses croyances, dont des animistes. L'Éthiopie moderne est issue du royaume d'Aksoum qui s'était convertie en 330 après J.-C.

Comme l'Arménie, l'Éthiopie est un vieux pays chrétien, mais là encore d'abord non chalcédonien. Les catholiques, eux, ne représentent que 1 % des chrétiens et fournissent 90 % de l'aide humanitaire. L'Église orthodoxe tewahedo éthiopienne n'apporte pas d'aide matérielle, mais invite les gens à leur liturgie en leur promettant une formation religieuse. C'est une aide « traditionnelle », c'est-à-dire qu'elle se contente de rassembler les gens autour de l'église après les offices pour leur distribuer à manger ou autre chose. Là encore, comme en Arménie, la plupart des jeunes migraient. Cette fois-ci en direction du Proche-Orient. Les passeurs cherchaient les familles les moins pauvres, puis les approchaient afin d'essayer de les convaincre de partir. Presque autant d'hommes que de femmes partaient, mais vers des destinations différentes.

Chaque jour, à l'aéroport de Beyrouth, atterrissaient des avions remplis de femmes en provenance d'Éthiopie. Dès la sortie de l'avion, elles étaient emmenées en rangs par deux par les autorités libanaises. Des esclaves modernes qui prenaient le relais des Srilankaises et des Philippines qui les avaient précédées. Cela faisait près d'une dizaine d'années que les Éthiopiennes affluaient en masse au Liban. Pour les garçons, les destinations étaient tout autres. La plupart fuyaient à pied vers le nord et malheureusement finissaient souvent enlevés au Soudan, ou pire par des membres de l'État islamique dans le Sinaï égyptien. Exécutés sur place ou bien objets de rançons, il n'était pas rare non plus de les retrouver au marché aux esclaves de Benghazi en Libye... Les plus « chanceux » se retrouvaient dans un bateau en plastique à traverser la Méditerranée en quête d'un eldorado européen. C'étaient pour toutes ces raisons que SOS Chrétiens d'Orient faisait le maximum pour aider cette jeunesse à trouver une raison de se maintenir dans le pays.

La Jordanie vit encore une autre situation. Depuis l'invasion américaine de l'Irak en 2003 et la chute de Saddam Hussein, les chrétiens sont devenus victimes d'exactions de la part de sunnites comme de chiites. En Jordanie, le roi Abdallah II est plutôt bienveillant envers les chrétiens, mais la rue jordanienne, largement gagnée par le wahhabisme du voisin saoudien, reste hostile vis-à-vis d'eux.

Des manifestations de soutien à l'État islamique avaient éclaté en 2014 en plein centre-ville de Kerak. La grande majorité des réfugiés irakiens qui avaient gagné Amman l'avaient fait dans le but de rejoindre l'Occident. Pour eux, la Jordanie n'était qu'une étape. Pour l'heure, ils étaient là afin d'obtenir le statut de réfugiés et prétendre à l'obtention d'un visa pour le Canada ou l'Australie, les deux destinations les plus prisées.

Interdits de travail en Jordanie, ils restaient totalement dépendants des organisations humanitaires qui ne les visitaient que rarement.

Nous étions là pour eux. Mais afin d'agir de manière équitable, nous venions aussi en aide aux chrétiens locaux en subvenant aux besoins des paroisses des différentes villes du pays.

Sur place, notre travail consistait essentiellement à donner des sacs de provisions alimentaires et hygiéniques à ces réfugiés chrétiens venus d'Irak. Ils vivaient essentiellement à Amman, dans les quartiers de Jabal Hussein, Ashrafieh, Al-Hashimi et Marqa.

On en comptait 12 000, soit l'équivalent de 3 000 familles. Nous étions présents aussi aux côtés des chrétiens jordaniens. Pour eux, nous développions des projets autour des paroisses chrétiennes des villes et villages de Kerak, Smakie, Ader et Mafraq, afin d'aider les prêtres à faciliter la vie de leurs paroissiens.

Eau potable, transports de bus du foyer à l'école, terrains de sport, quelques exemples de projets dont nous assurons les financements à distance et que nous visitons chaque mois. Activités d'été, pour Noël et pour Pâques, nous envoyons les volontaires à chacune de ces périodes pour nous tenir aux côtés de la jeunesse chrétienne de Jordanie et d'Irak.

49

Dernier voyage

Quelque part en Irak, non loin de Bagdad, le 20 mars 2020

Un gardien vient de rentrer. Nous ne l'avons jamais vu jusqu'à présent et ne connaissons pas le son de sa voix. Il demande à Abou Dany comment est le moral et comment nous allons. Abou Dany répond pour nous, en disant que nous sommes dépités, que nous n'avons plus d'espoir et que nous en avons marre d'être ici. Le gardien le coupe en disant :

— Vous allez sortir rapidement ! Votre sortie est pour dans trois ou cinq jours !

Abou Dany répond en riant nerveusement :

— Vous nous avez promis tellement de choses, plusieurs fois vous avez dit qu'on serait libres alors pardonnez-nous, mais on ne vous croit plus.

Le gardien reprend :

— Oui peut-être, mais moi je ne vous ai jamais rien dit auparavant.

La discussion s'arrête sur ses mots.

Abou Dany nous traduit alors ce que j'avais bien compris. Ça nous redonne un brin d'espoir. On a commencé à retrouver nos calculs : trois jours, ça correspond à quand ? Et cinq jours ? En même temps, j'ai un peu de mal à y croire. Une petite voix me dit de ne pas me faire d'illusions. Je refuse d'avoir mal et de souffrir pour une énième promesse non tenue.

Je dis à Julien :

— C'est du baratin ! Attends-toi à ce qu'on reste un an.

Je suis d'un seul coup totalement déprimé.

— Et si on commençait une grève de la faim ? lance Julien.

Lui veut vraiment qu'on entame la grève de la faim que l'on s'était promis de faire, mais que nous n'avions jamais commencée réellement. Je regarde Antoine. Nous sommes déjà réduits à un repas par jour. Je sens que j'ai perdu beaucoup de poids. Julien aussi est à un repas par jour.

Un gardien entre dans la cellule. Il n'est pas seul et demande en me désignant :

— Pourquoi lui là-bas ne sourit pas ? Il n'est pas content !

Ce n'est pas la première fois qu'on me pose cette question. On me dit que je ne suis pas content, que je ne souris pas, que je suis le seul à vivre différemment des autres, que je veille quand tous dorment, que je dors quand tous se réveillent. J'en ai ras-le-bol qu'ils fassent leur fixation sur moi !

Je réplique à Abou Danny :

— Pourquoi il veut que je sois content ? Je vous remercie. Je sais qu'on devrait se sentir privilégiés, mais nous sommes enfermés pour quelque chose que nous n'avons pas fait, nous sommes emprisonnés alors que nous sommes innocents, vous avez beau être corrects avec nous, il n'empêche que vous nous traitez comme des hors-la-loi.

Le gardien hausse le ton :

— Mais tu es un voyou ! Tu es entré dans le pays comme un hors-la-loi !

Piqué au vif, je le reprends :

— Je suis entré comme un hors-la-loi avec un visa ?

Désarçonné, il change de sujet :

— Et pourquoi tu es marié avec une Syrienne ?

Je réponds :

— Parce que je n'ai pas le droit de me marier avec une Syrienne ?

Sa voix devient soudain grave. Il se met à crier :

— Non, tu n'as pas le droit, tu n'as pas le droit !

Je tourne la tête. Je vais prendre un coup si je continue. Je sens qu'il n'attend que ça. Deux jours avant, pour la première fois, Antoine avait pris une grosse tape dans la nuque parce qu'il avait osé retirer ses lunettes de soleil alors qu'on prenait l'air. Je courbe le dos instinctivement en regardant le mur. Puis j'entends alors Abou Dany qui dit :

— Il plaisante, il plaisante !

Je sens qu'une étape vient d'être franchie. Désormais les choses vont être plus dures. Abou Dany à voix basse dit entre ses lèvres :

— Maintenant vous allez voir leur vrai visage, maintenant ils vont commencer à nous torturer...

Abou Dany. Toujours rassurant.

Aux côtés de cet homme, s'en tient un autre, silencieux. Je le reconnais quand il se met avec humour à lancer des « Aleksandeeeer ! » C'est « le comique », celui qui a une drôle de voix, nous parle toujours de manière sympathique ou nous fait des blagues. Je le trouve finalement assez fourbe...

Plusieurs fois, il s'est mis à m'appeler Abou Joseph et à me demander comment mon fils allait ! Comme si je pouvais le savoir ! Je pense qu'il a l'intention de me faire du mal sous ses airs de comique, c'est tout ! Il s'était déjà foutu de moi par le passé en se moquant de ce que je pouvais ressentir au sujet de mon bébé...

Je me suis arraché la peau d'un doigt en frappant la partie métallique de mon lit une fois que les gardiens ont refermé la porte. La plaie est profonde, alors j'éponge le sang avec des mouchoirs en papier.

Ils ne tardent pas à revenir pour demander comment je me suis fait cette blessure. Visiblement, ça leur a échappé malgré les caméras qui quadrillent la pièce. L'un a commencé à nettoyer ma plaie, après s'être assis à côté de moi. Des ombres et des voix, voilà ce qu'ils sont. Je ne distingue rien d'autre.

Le lendemain, ils entrent à nouveau. Le comique est là lui aussi. Une voix demande comment est notre moral. Abou Dany s'exprime en notre nom, répondant qu'il est au plus bas, que nous sommes là depuis trop longtemps et que nous souhaitons nous adresser à un responsable afin de faire savoir que nous sommes ici.

La grève de la faim que nous nous préparons à faire a cet objectif-là. C'est notre seule arme. Le rapport de forces n'est pas de notre côté, mais nous ne voulons pas non plus que cette action leur apparaisse comme du chantage. Il faut qu'en apportant la nourriture, ils réalisent que nous ne la toucherons pas. Il faut qu'ils nous demandent pourquoi. À cela nous dirons tout simplement que notre situation nous a fait perdre l'appétit. Ainsi, en nous voyant défaillir, ils s'affoleront peut-être ; affaiblis, nous n'aurons plus de valeur.

On commence à prendre conscience que rien à l'horizon ne nous permet de penser que nous sortirons dans tant ou tant de jours. Nous avons épuisé toutes nos hypothèses. C'est douloureux, mais il faut se faire une raison. Un des gardiens nous a dit dans trois ou cinq jours ! Très bien, mais nous allons vite être fixés. On ne se projette finalement que sur du court terme. Ces cinq jours passés, à quoi allons-nous nous raccrocher ? Il n'y a plus de carottes pour nous faire avancer.

Je dis aux autres qu'il faut nous mettre dans la tête que nous resterons peut-être au moins un an. Il faut partir du principe que ce sera la durée de notre détention. On s'était fait trop mal à penser en semaines ou en mois.

Le gardien à la voix comique vient de rentrer. Lunettes de ski sur le nez, nous attendons.

— Vous allez bientôt sortir.

Abou Dany traduit, puis il y a un silence.

— Mais vous devez savoir que dehors, il y a un virus qui tue énormément de monde. 50 millions de personnes sont déjà mortes, terrassées par ce virus.

J'écoute en me demandant quelle nouvelle histoire ils sont en train d'inventer pour nous rendre fous.

Il reprend :

— La France est au bord du chaos. L'Europe a fermé toutes ses frontières.

Il continue, mais je n'écoute plus. À un détail près.

Son explication dure longtemps et il y met les formes. Tout est trop détaillé. Mais nous ne le croyons plus. Il avait par le passé usé de ce même outil de langage très expansif pour nous faire croire à une libération prochaine. Deux mois plus tard, nous sommes encore là à l'écouter nous raconter ses salades…

Depuis que nous sommes entrés dans ce nouveau lieu de séquestration, nous avons « la chance » d'avoir la télévision. En fait ça nous démoralise encore plus. Je comprends que nous allons rester beaucoup plus longtemps que prévu.

Une seule chaîne possible et nous ne pouvons en changer. La commande n'est pas à notre portée. MBC2 nous diffuse des films américains en continu avec des publicités arabes toutes les dix minutes. Les rediffusions sont incessantes, nous visionnons parfois le même film trois fois en moins de 24 heures.

Une épidémie qui tue un nombre incalculable de personnes dans le monde entier ! Je me dis que les gardiens, en manque d'imagination, nous ont fait le résumé du film qu'ils ont vu hier soir !

— C'est vraiment des connards, lâche soudain Julien, excédé. Une épidémie ! J'ai hâte de voir ce qu'ils vont nous inventer la prochaine fois…

Le lendemain, la porte s'ouvre de nouveau. Une voix nous dit que le *Liwa*, le colonel, est ici. Mon cœur bat. On se tient tous sur nos gardes : le *Liwa* ne se déplace jamais pour rien.

Cela fait très longtemps qu'on l'a pas vu. Je me souviens qu'il nous a promis de revenir dans les dix jours. Cela fait plus de cinq semaines que nous l'attendons.

Nous savons qu'il est là, dans la pièce, mais il reste silencieux. Je m'attends au pire! Que va-t-il nous sortir? Cette visite va déterminer notre situation pour de bon, j'en suis sûr. J'ai peur.

Sa voix résonne dans la pièce.

— Bonjour. J'ai une très bonne nouvelle pour vous! Dans moins d'une semaine, vous serez auprès de vos familles.

Deux mois que j'attends ce moment. Je ne peux y croire. Puis il reprend :

— Si je ne suis pas venu à vous jusqu'à présent, c'est parce que je n'avais pas d'informations nouvelles à vous donner. Un fléau s'est abattu sur le monde. Un virus qui tue énormément de gens...

C'est reparti... Ils se refoutent de notre gueule. En même temps, le ton de la voix est sérieux. Un virus... Il ne manquait plus que ça.

— Le virus s'appelle Corona, et il s'est répandu partout sur la planète.

Corona! Là, j'ai failli rire tout seul. Corona! Comme la bière!

Je me suis dit qu'ils avaient fumé avant de venir nous voir, histoire de s'amuser avec nous.

Le *Liwa* poursuit :

— Avant dimanche qui arrive, vous allez être escortés par une force auprès de laquelle votre ambassade viendra vous chercher. Vous passerez ce message à la France : vous leur direz que si jamais nous retrouvons des ressortissants français sur le sol irakien, alors ces Français ne bénéficieront pas du même traitement qui vous a été offert. Ces Français seront directement exécutés. Vous allez aussi dire à la France de cesser son soutien à Daech...

En se retirant, il demande à un de ses gardes de changer la seule chaîne qui nous était accessible et de mettre la BBC.

— Vous enlèverez vos lunettes quand je sortirai.

La porte claque.

Nous retirons tous nos lunettes pour fixer l'écran. D'abord le son, puis l'image. Le journal de la BBC apparaît. Des images de rues vides.

Je regarde, interloqué, l'image sur l'écran. Les rues de Paris sont vides. D'autres capitales européennes apparaissent. Des rues tout aussi vides ou avec des gens qui marchent avec un masque sur le nez. Rome, Berlin, Madrid. Le présentateur parle d'un confinement général dans toute l'Europe. Et puis il y a le décompte des victimes par capitale européenne. Les chiffres sont sidérants. Des centaines et des centaines, voire des milliers de morts.

Nous restons silencieux tellement cela nous semble absurde.

— Merde…

Je ne peux me retenir. Je comprends mieux ce silence depuis la route au loin derrière nous. D'un coup, il n'y avait plus eu de circulation. Pas une voiture ou un camion là où ça n'arrêtait pas de pétarader. Et puis cette subite manie de nous demander de laver « notre chambre » avec du détergent sous peine de se voir punis, cette « délicate attention » alors que je m'étais ouvert le doigt. Le virus était bien réel. Ce n'était pas une invention.

Il y avait vraiment un virus qui faisait des victimes, un virus qui potentiellement pouvait nous démonétiser d'un coup. Quatre otages morts par un virus, c'était le pire des scénarios pour des kidnappeurs. Si ce virus existait, alors nous allions être libres. C'était évident. Le malheur du monde faisait en quelques minutes le bonheur de notre petit groupe. Le coronavirus en quelques secondes était devenu notre porte de sortie. C'est dans la mort que nous allions retrouver la vie.

50

Un virus libérateur

Deux jours sont passés depuis que nous avons appris la nouvelle. C'était un lundi. Nous sommes mercredi. Je constate que les gardiens entrent et remportent des affaires. On nous retire peu à peu notre mobilier. Alors, je dis à mes camarades :

— C'est aujourd'hui qu'on va être transféré, ils sont en train de vider la pièce.

Abou Dany réplique :

— Non, ce sera samedi puisqu'ils ont dit que ce serait avant dimanche.

Je maintiens ce que je pressens et finalement Abou Dany tire les mêmes conclusions. Quelques heures plus tard encore, un gardien rentre dans la pièce et nous dit :

— Préparez-vous ! Vous avez une heure. On vous emmène ailleurs, rassemblez vos affaires !

Je maugrée. Chaque fois qu'on nous a sorti d'un endroit, on s'est retrouvé dans un nouveau lieu de séquestration. Dehors, un gros GMC nous attend dans lequel nous nous entassons les yeux bandés ; nos mains sont attachées devant, nous n'avons pas mal aux bras et notre circulation sanguine n'est pas coupée. Le trajet dure une heure trente. Je comprends alors que nous sommes de retour sur Bagdad. Nous alternons entre des routes asphaltées et des routes terreuses, il n'y a pas de barrages.

On nous sort de la voiture un à un et celui qui prend ma main pour m'emmener vers la maison est chaleureux et amical.

Je sais que ce n'est pas la première fois qu'il est à côté de moi, qu'il me parle, c'est comme si je le connaissais.

On nous place dans la maison, alignés contre le mur. Il y a du va-et-vient dans la salle, ça rentre par une porte, ça ressort par une autre. Je sens que nous sommes dans un espace avec pas mal de circulation. Puis les portes se ferment et le *Liwa* se trouve face à nous. Il nous demande de retirer nos lunettes afin que nous le voyions. Je procède toujours à cette opération avec doutes, craintes et délicatesse : j'ai peur de ce que je vais voir quand je retire mes lunettes, j'ai peur du pire. Il se tient devant nous. Pour la première fois nous pouvons le voir, nous sommes toujours debout, lui est assis avec une cagoule kaki qui va jusqu'au bas des yeux et sur la tête une casquette Fila vissée jusqu'au-dessus des sourcils. Je distingue ses yeux rieurs. Il a un téléphone portable à la main.

— Je vais prendre une vidéo de vous et je vais vous interroger individuellement. Vous me direz qui vous êtes. Votre nom, prénom, lieu de naissance, situation familiale. Marié, célibataire, si vous avez des enfants, le nom de vos enfants, ce que vous faites dans la vie

Tout le monde s'exécute. Quand vient mon tour, je n'ai pas le temps de dire que je suis français qu'il me coupe, en disant à l'adresse d'Abou Dany :

— Lui, il n'est pas français.

Abou Dany traduit et je réponds :

— Si, je suis français.

Il rétorque à nouveau avec ses yeux rieurs :

— Non, lui n'est pas français, il ressemble aux gens de chez nous.

Il continue avec Abou Dany et sa présentation. Puis conclut en répétant ce qu'il nous a dit quelques jours plus tôt :

— Voilà, vous allez être libérés. Si quelqu'un après votre libération vous dit que celle-ci a eu lieu en échange d'une somme d'argent, alors ce sera un menteur. Il n'a jamais été question d'argent! Vous direz à votre gouvernement de cesser son soutien à Daech, de cesser de soutenir le terrorisme en Irak. Nous avons des documents importants grâce auxquels nous pourrions facilement fragiliser la France. Ces documents, nous nous en servirons si les Français refusent de se retirer du pays! Enfin vous direz à votre gouvernement que les Français ne sont plus autorisés à venir en Irak et que la prochaine fois qu'on attrapera des Français, on les exécutera.

Puis il nous montre son poignet : sa montre indique 2 heures du matin.

— Demain soir, avant 21 heures, un véhicule de l'ambassade viendra vous chercher.

Nous passons la nuit à essayer de dormir. En réalité, personne n'y réussit vraiment. J'observe les lieux depuis la fenêtre, je distingue des palmiers et quelques usines au loin. On aperçoit un canal creusé à quelques mètres devant, avec de l'eau stagnante.

Le lendemain, très tôt le matin, Abou Dany est en panique :

— On nous a laissés là. On va mourir, ils vont nous tuer, c'était une mise en scène pour se débarrasser de nous, j'en suis sûr…

Quelques heures plus tard, aux alentours de 20 heures, des hommes entrent dans la salle. Nous remettons nos lunettes. On nous rapporte nos passeports et on nous demande de vérifier si nous avons bien toutes les pages, si tout est là – ce que nous faisons. L'autre porte s'ouvre sur le dehors, des véhicules nous attendent. On entend leur moteur vrombir et on devine dans la nuit noire les lumières puissantes de leurs phares.

Nous sommes de nouveau ligotés, les mains devant, tandis que l'on nous escorte délicatement à la voiture. Aujourd'hui, ce ne sera pas le coffre; nous avons droit à la banquette arrière. Le véhicule démarre et roule pendant environ vingt minutes tout au plus pour arriver dans une espèce de terrain vague. On nous sort de la voiture pour nous emmener dans une maison. Je sens le retour à la vie.

Il y a du monde, je peux le sentir, beaucoup de monde. Il y a de la lumière, il y a une télévision qui fonctionne, il y a des va-et-vient, des échanges. Je sens que nous sommes entourés. Je sens l'odeur de la nourriture. La personne qui me prend par la main m'appelle par mon prénom, est gentille avec moi. Je reconnais sa voix. L'homme me pose à un endroit pour que je m'assoie et me dit d'ôter mes lunettes, ce que j'hésite encore à faire. Les autres sont sur ma droite, je suis celui qui est le plus à gauche. Quand je retire mes lunettes, je le fais tête tournée vers celui qui m'a sorti de la voiture, celui qui m'avait auparavant parlé en persan. Je vois qu'il est gêné, il cache son visage de sa main en souriant et en me disant de regarder devant moi.

J'ai le temps de voir un jeune homme de 19-20 ans, assez long et fin, une chemise élégante, un jean assez serré, des baskets, une énorme touffe de cheveux qui lui descend jusqu'au bas du cou et qui entoure tout son visage. Quand je retourne enfin mon visage vers l'homme qui est devant nous, je distingue un homme petit de taille, trapu, costaud, portant un costard mauve de mauvais goût, qui nous regarde et attend que nous lui donnions toute notre attention.

Il commence son discours où il nous dit qu'il est désolé que nous ayons eu à vivre une telle situation, que l'Irak est en crise, que c'est un pays dans le chaos, qu'ils n'ont pas le contrôle sur les choses que nous venons de vivre, qu'ils ont réuni tous les moyens avec les forces irakiennes pour nous retrouver. Son discours se termine assez vite et déjà nous devons repartir.

Pendant qu'il me parle, je ne peux m'empêcher de scruter toute la pièce. Tout autour de lui, il y a plein de gus bardés d'armes lourdes qui quadrillent le périmètre. Parmi ces hommes, j'en vois un qui ressemble à celui qui m'a sorti du véhicule. Même touffe de cheveux, une énorme barbe colorée au henné par endroits, une casquette vissée sur la tête également. Derrière lui, il y a un autre gars tout en noir. Le t-shirt un peu trop moulant, son ventre est presque apparent. Grosse moustache avec une petite barbe, les cheveux plaqués en arrière. Je me souviens qu'il me regarde avec gêne. Il y a dans son regard tendresse et compassion. On peut lire dans ses yeux : « Désolé, les gars, on obéit aux ordres, j'espère que vous ne nous en voulez pas trop. » On aurait aussi pu lire : « Qu'est-ce qu'on vous en a fait voir, hein ? J'espère que vous allez bien quand même ! »

C'est le moment où nous devons partir et, comme un bon hôte, celui qui nous a reçus sort le dernier de la pièce. Juste en face de nous, le véhicule qui est censé nous ramener à l'ambassade. Alors que je m'apprête à monter, quelque chose retient mon attention. Un des hommes cherche à cacher son visage. Sa main cache son profil gauche et entre ses doigts je perçois son œil, son œil qui me fixe sèchement, son œil qui me dit : « Ne me regarde pas », un œil noir et menaçant… Je ne m'en rends pas compte dans la seconde, mais dans celle qui suit je reconnais cette silhouette, cette tenue vestimentaire : c'est exactement la même que celle que j'ai vue quand le *Liwa* nous était apparu la veille avec cagoule et casquette.

Maintenant, le véhicule roule dans Bagdad. L'ambassade n'est plus loin. On nous fait descendre du véhicule. Avec nos claquettes au pied, je me sens totalement ridicule. La porte de la voiture se referme bruyamment derrière nous tandis que le chauffeur explique rapidement :

— C'est la rue en face, il n'y a qu'à marcher tout droit…

Et de conclure que c'est là que se trouve « *the Ambassador résidence* ».

Dans cette ruelle, des forces de sécurité protègent un bâtiment derrière de gros murs de plusieurs mètres d'épaisseur avec de gigantesques barbelés. Ils nous regardent et demandent où nous allons. Nous répondons que nous nous rendons à l'ambassade de France. On nous indique que c'est tout droit.

Craignant d'être enlevés à nouveau, nous regardons derrière nous et voyons que le véhicule qui nous a déposés est toujours là, à nous surveiller du coin de l'œil pour finalement disparaître dans l'obscurité.

À la hauteur de l'ambassade de France, Antoine sonne à l'interphone. Je l'entends dire que nous sommes les quatre otages français et que nous venons d'être libérés. Au même moment, derrière nous arrive un gros véhicule de l'ambassade de France. En descend un homme de la Sécurité qui nous pose immédiatement la question :

— Vous êtes les Français ? Vous êtes les otages ?

Nous répondons par l'affirmative. On nous fait monter dans le véhicule, porter un masque, puis nous entrons tous dans l'ambassade.

L'homme de la Sécurité est très étonné que les milices nous aient relâchés dans la rue sans même avoir procédé à un échange concret. En même temps, il nous dit que les moments les plus dangereux lors d'une prise d'otages, sont ceux de l'enlèvement et de la libération. On nous avait peut-être évité le pire justement, en nous déposant dans cette rue.

51

D'un enfermement à l'autre

Quand nous arrivons au cœur de l'ambassade, on nous présente les lieux, la cuisine, nos chambres. On nous offre des cigarettes et des vêtements nous attendent sur nos lits. En bas, il y a une salle de sport. Je vois un pèse-personne qui n'attend que moi. Je monte dessus et découvre que j'ai perdu quatorze kilos. J'en faisait 86. J'en fais désormais 72. Le soir même, un médecin militaire nous auditionne pendant environ 1 heure chacun. Il fait l'état de notre santé physique, morale et psychologique. Le jour suivant, on nous permet de téléphoner à nos familles. J'appelle ma mère qui fond en larmes en reconnaissant ma voix. Elle me donne le numéro de ma femme que je contacte tout de suite après et là c'est moi qui ne peux plus retenir les miennes. Il me tarde de les serrer dans mes bras. Ensuite, nous participons à toutes sortes de débriefings dans le but d'aider les services compétents de Bagdad à localiser, retrouver et peut-être neutraliser les hommes qui nous ont enlevés et séquestrés durant soixante-six jours.

Chaque détail compte et le but est d'empêcher que cette histoire se renouvelle auprès d'autres ressortissants français. Nous portons le message à l'ambassade que nous avons reçu de nos ravisseurs : les Français étaient menacés sur le territoire irakien. Et que ces hommes possèdent des dossiers compromettants qui peuvent menacer la stabilité de la France. Et que la France doit cesser son soutien à Daech.

Abou Dany est reparti hier avec les autorités irakiennes afin de rejoindre les siens à Erbil. Juste avant, il avait rencontré le responsable des services de renseignements irakiens. Abou Dany n'était pas tranquille à l'idée de se retrouver nez-à-nez avec ceux dont se revendiquaient nos ravisseurs. L'homme en uniforme lui avait dit :

— Cher ami, je suis désolé pour ce qui vous est arrivé, mais nous ne sommes malheureusement plus en mesure d'assurer la sécurité de notre peuple !

Nous sommes samedi soir et dans une heure, nous allons rejoindre l'aéroport de Bagdad. Nous faisons nos adieux aux équipes qui s'étaient chargées de nous libérer. Dehors, il fait nuit sombre et les rues de la capitale que nous traversons, sont à peine éclairées. Nos conducteurs franchissent les barrages irakiens lourdement armés les uns après les autres, en agitant un document aux couleurs de la France derrière le pare-brise.

Dans l'aéroport, un petit groupe d'hommes plantés au milieu du tarmac nous indique la position où stationner. L'avion de transport militaire est là dans l'obscurité. Il est imposant. Nos deux véhicules se garent, le transall est juste derrière nous. De l'arrière, la soute est ouverte et laisse apercevoir par la lumière qui en ressort quatre hommes en tenue d'aviateur, les bras croisés, qui attendent que nous montions à bord. Ce sont les pilotes.

— Bienvenue les gars. Bon retour au pays !

Nous nous regardons tous les trois, émus.

— Dieu le Père ne nous a pas abandonnés ! lâche Julien.

Et Antoine de poursuivre :

— Et la Mère Patrie est venue nous chercher !

On a les larmes aux yeux. Un membre de l'équipage prend nos bagages pour les ranger, tandis qu'un autre s'occupe de notre température, en nous posant des questions relatives à notre santé. Je jette un dernier coup d'œil sur la piste dehors pour dire au revoir aux hommes de l'ombre qui nous ont ramenés à la lumière. Puis nous nous asseyons, harnachés, adossés à la carlingue de l'engin, les uns face aux autres sur des sièges en toile. Le transall amorce sa course avant de s'envoler péniblement. Pas de hublot, pas de fenêtre sur l'extérieur, mais de nous savoir en train de quitter le pays nous suffit. Nous nous regardons avec un sourire vainqueur. Au-dessus des têtes des gars d'en face, je vois une civière suspendue. Il y en a une au-dessus de la mienne aussi. Sur ma gauche au bout de l'appareil, juste avant d'entrer dans le cockpit, se trouve une table de cuisine avec une grande nappe à carreaux rouges et blancs. Nous sommes déjà en altitude quand l'un de nos accompagnateurs nous explique :

— L'avion fera deux escales avant d'atterrir à Paris. Donc si vous voulez dormir…

Je tente de grimper sur la civière là-haut pour dormir un peu. Incapable d'y arriver. Les copains me viennent en aide. Mes muscles ont fondu. Quatorze kilos en moins. Je n'ai plus de force pour me hisser. Surplombant la scène, je m'endors avec un sourire aux lèvres en me projetant sur l'avenir : revoir les miens.

À peine une heure plus tard, au réveil, je vois Julien et Antoine attablés sur ce qui ressemble à une table de bouchon lyonnais : camembert, vin rouge, gâteaux faits maison. Tout s'étale sur la nappe à carreaux. Les membres d'équipage ont pensé à tout. Ça tape dans une gamelle, puis dans une autre. Nos verres se croisent, se remplissent et se vident. On est déjà à la maison. Je suis ému par ces hommes qui font un aller-retour pour nous. Ils ont pensé à ramener ces victuailles pour nous faire plaisir. Ils ne se sont pas trompés. Nous sommes profondément touchés…

Le lendemain à midi, nous atterrissons à l'aéroport militaire de Vélizy.

Sur le tarmac, un haut responsable du Quai d'Orsay, accompagné de son assistant, nous accueille et nous explique les mesures de distanciations sociales, le mètre à garder entre nous et toutes les nouvelles règles.

— Je sais qu'il vous sera difficile de respecter tout cela, mais veuillez, s'il vous plaît, ne pas vous embrasser ou vous serrer dans les bras. Nous prenons bien conscience de la difficulté, surtout dans une situation pareille, mais il est important que vous vous familiarisiez avec ce nouveau mode de vie !

Puis il reprend :

— Beaucoup de choses ont changé depuis votre disparition et il va falloir rapidement vous faire à ces nouveaux codes.

Il nous mime alors les salutations par le coude et par le pied. Un bref instant, je me demande si tout ça est bien réel.

J'ai juste hâte de sortir pour retrouver les miens qui se tiennent derrière ces vitres. Ceux pour lesquels nous ne nous étions pas résignés. Dans le bâtiment vitré, je vois Benjamin et François-Xavier de l'association, et puis ma mère et ma sœur qui m'attendent. Nous nous tombons dans les bras. Antoine enlace sa femme et ses filles, Julien est étreint par ses parents. Ma sœur laisse éclater sa joie.

— Ça y est, Alexandre ! Tu es là ! Tu es avec nous ! Tu es enfin avec nous !

C'est trop court, les retrouvailles sont interrompues. Nous devons déjà nous séparer afin d'effectuer un examen de santé à l'hôpital militaire Begin à Vincennes.

Dehors par la fenêtre de la voiture, les rues sont vides. C'est dimanche et les rares personnes portent des masques. Tout est étrange.

Le soir, Antoine, Julien et moi sommes conduits par des équipes du Quai d'Orsay à quelques rues de Saint-Lazare à Paris, où nos familles nous attendent. Nous retrouvons les nôtres ainsi que des membres du bureaux de SOS Chrétiens d'Orient dans un grand appartement. Nous mangeons et buvons à satiété, tout en nous relayant tous les trois pour raconter nos deux mois d'enfermement. À 20 heures précises, tout le monde s'arrête pour se précipiter aux fenêtres afin d'applaudir en regardant les voisins d'en face.

— Qu'est-ce que c'est que ce bordel ?!

Les gars et moi nous regardons, assez surpris. On nous explique que c'est en solidarité avec le personnel soignant. J'acquiesce, vaguement perdu.

Décidément, je suis resté trop longtemps chez les Syriens.

On nous parle de centaines de morts chaque jour à cause de la maladie. J'ai l'impression d'être dans un film de science-fiction.

Le lendemain matin, après avoir été ensemble vingt-quatre heures sur vingt-quatre pendant pas loin de dix semaines, cela nous fait bizarre de nous séparer. Sur le quai de la gare Montparnasse, je reste avec ma mère et ma sœur pour prendre le TGV direction Cholet. La file est interminable, le « mètre de distance » devant être respecté. Lorsque j'arrive à hauteur de la police et du compostage des tickets, l'un des agents tient à vérifier mon identité.

— Pour quel motif vous vous déplacez ?

Je lui explique que je reviens de Bagdad après deux mois de captivité. Je peux voir ses yeux soupçonneux, mais pas sa bouche cachée par le masque. Il sort son téléphone et vérifie l'information après avoir tapé mon nom et prénom sur Internet, tout en me détaillant du regard.

— Je vous en prie, monsieur ! Veuillez m'excuser, on nous raconte tellement de conneries, vous savez…

Arrivé à Cholet, je suis heureux de retrouver mon chez-moi. Mais je ressens une sensation étrange. Je me sens seul tout à coup. Du vide. Rien à quoi me raccrocher. Un sentiment de vertige.

Le soir, je tarde à m'endormir. Je suis réveillé au milieu de la nuit par un cauchemar. Mon fils y est présent. J'ai peur de ne plus le revoir. L'objet de ma souffrance me poursuit jusqu'ici. Puis je me ressaisis. Dans le lit, je me redresse, je suis chez ma mère. Tout va bien. Ma sœur habite à quelques minutes à pied. Tout va bien. Je ne suis plus dans mon Algeco. Les jours passent sans heurt.

J'oublie souvent de remplir le papier d'autorisation de sortie. Je sors peu de toute façon. Je n'ai pas trop la tête à ça. J'écris sur l'ordinateur pour évacuer, pour ne rien laisser disparaître dans l'oubli. Dehors, dans Cholet, les rues sont vides. J'entends parler de conf-call, de télétravail, de chômage partiel et aussi d'amendes, d'arrestations, de délations, bref de tout un tas de trucs que je n'ai pas très envie de comprendre. J'ai l'impression d'avoir été cryogénisé, comme le personnage dans *Hibernatus* avec Louis de Funès, d'avoir fait un bond dans le futur, dans un monde encore plus fou, absurde, irrationnel. Les nouvelles des membres de la famille, des amis, des connaissances me submergent. Il y a les appels, les courriels, les textos auxquels il me faut répondre. Je croule sous leur bienveillance et leur bonté. Je suis touché, ému. J'essaie de répondre à tout le monde.

Toujours fidèle, Nicolas qui était venu jusqu'en Syrie assister à mon mariage deux ans auparavant, passe me prendre à la maison. L'œil vif, l'autre de verre, clope au bec, une chemise ouverte jusqu'au nombril qui laisse dépasser sa grande cicatrice pectorale et sa chaîne en or :

— Rien à battre du confinement, ma poule ! hurle-t-il en démarrant sa Mercedes de gitan.

Il m'emmène chez Jérémie, autre ami d'enfance. Chamo est là lui aussi. Ils veulent faire un barbecue :

Une fois sur place, on ne me brusque pas, on ne me demande pas d'en parler et on reste à l'écoute quoi qu'il arrive. Je découvre qu'ils sont plus pudiques que je ne le pensais et cela me fait les aimer encore plus. On mange, boit et ri jusqu'à la nuit tombée. Mes amis sont des rustiques, mais leur délicatesse me laisse sans voix. L'atmosphère devient soudain un peu trop sentimentale. Sans crier garde, Nicolas balance un « En tout cas, tu nous auras fait prier, mon salaud ! T'auras réussi à nous traîner à l'église, hein ! Enfoiré, va ! » Nous rions aux éclats et je me dis en moi-même que Jésus a un sacré humour.

Petit à petit, le confinement se relâche. Les restaurants et les commerces rouvrent. Je sors et descends l'avenue pour aller plein centre. Arrivé sur la place principale, je me surprends à faire demi-tour de peur de passer là où il y a de la foule. Je prends des rues parallèles, là où je suis sûr de ne croiser personne.

Je découvre tout ce qui a été fait pour nous et j'en reste saisi. Swann, mon petit cousin, avait lancé des chaînes de prières via Facebook pour obtenir notre libération. Des chapelets, des trentains, des messes ont été organisés aux quatre coins du monde : de la Birmanie au Pérou, et de l'Éthiopie jusqu'en Suède.

Je suis tellement touché de découvrir ça. J'aurais aimé les remercier individuellement, tous, sans exception. Tous ensemble, ils avaient obtenu ce miracle de Dieu pour nous quatre. Ce truc microscopique qui avait mis le monde à genoux et la raison de mon retour parmi les miens. J'en pleurais. J'étais ému de savoir que mes amis avaient assisté à des messes et à des prières hebdomadaires au couvent franciscain, en espérant me voir revenir : incroyants, non baptisés, cathos de nom, non-pratiquants, musulmans, ils étaient venus ensemble prier pour notre sauvetage. Ils s'étaient souvenus que je leur demandais de m'accompagner à la messe quand nous étions plus jeunes. L'un d'eux dira entre deux prières, au milieu des paroissiens :

— Il aura réussi à nous faire aller à l'église, nous les incroyants !

J'apprends un peu plus tard qu'Angélique, une amie, ancienne volontaire à Alep qui était fâchée contre Dieu, animait finalement des chapelets à Nantes pour notre libération et vivait depuis un chemin de foi remarquable. Je me rappelle aussi le coup de fil que Julien avait passé à son père depuis l'ambassade de France à Bagdad, le lendemain matin de notre libération. Son papa lui avait dit la voix tremblante :

— Mon fils, je veux que tu saches que je me suis mis à croire en Dieu à cause de toi !

Julien avait enfin la réponse à cette question :

— Pourquoi ? Si Dieu n'a pas voulu notre malheur, pourquoi le permet-il ?

Comment ne pas saisir les indéfinissables bienfaits qui avaient découlé de ce calvaire. Nous étions parvenus, grâce aux prières du monde entier, à trouver cette force pour offrir notre tristesse à Dieu. En retour, il avait touché leur cœur.

Les fruits de cette dure épreuve étaient déjà là. On pouvait déjà les cueillir. Je n'osais même pas imaginer ce que le Seigneur pouvait encore faire avec le temps...

Je vis désormais d'un confinement à l'autre. Le retour au réel se fait en douceur. Être tenu à résidence avec ma famille reste le plus agréable sas de transition.

Fimy et bébé Joseph me manquent cruellement. Nos retrouvailles s'étaient d'abord faites par caméra. Il me tarde de les serrer dans mes bras. Quand ? Le monde est confiné, les aéroports internationaux fermés. Encore deux mois à attendre pour finalement voir la situation se débloquer entre les autorités françaises, libanaises et syriennes afin que ma femme et mon fils puissent me rejoindre ici en France.

L'été passe, agréable. Nous avons roulé et visité nos amis dans toute cette France déconfinée, puis septembre arrive. Fimy et bébé Joseph repartent à Damas pour quelques semaines, puis ce que j'avais oublié revient en force par un jour d'octobre.

Le 16, un enseignant français du nom de Samuel Paty est égorgé puis décapité par un jeune fou de Dieu, Tchétchène de 18 ans à Conflans-Sainte-Honorine, à quarante kilomètres de Paris.

La France est retombée en sidération et comme une mauvaise habitude, comme pour repousser le mal, a entamé ses processions moyenâgeuses de contritions, d'explications, d'expiations à travers des manifestations, des veillées et des discours vides de sens. Il faut de nouveau se rouler par terre, ne pas nommer l'ennemi, l'islam est amour, pas d'amalgame, surtout pas. Nous sommes pris au piège par une population que pendant quarante ans nous avons fait venir volontairement, parce que nous n'avions plus envie de ramasser nos poubelles, ni de construire nos immeubles, ni de balayer dans nos maisons. C'est ainsi. Treize jours plus tard, dans la basilique Notre-Dame à Nice, un Tunisien égorge trois fidèles avant d'être blessé par la police municipale de Nice.

Je repense à mes années syriennes, à ce mal que j'ai vu sur place, cette gangrène qui s'est répandue dans les cœurs et que tout le monde ne veut, n'ose et a du mal à nommer. L'islamisme radical, les Frères musulmans, l'islam politique, le wahabisme et ses créateurs et soutiens, le Qatar, l'Arabie saoudite, la Turquie. Oui, mais comment nommer un ennemi qui nous passe des milliards de commandes d'armement, dont nos élites vantent « l'ouverture d'esprit » et autres fadaises ?

Nous crevons debout de ne pas savoir nommer notre ennemi… intéressant et pathétique.

La désolation syrienne, tel un froid glacial, m'a suivi. Je connais le film, je l'ai déjà vécu, j'en ai vu les conséquences, la France n'est pas la Syrie bien sûr, mais croire que notre République laïque est assez forte pour faire face à l'islamisme revendicatif est une erreur grave. La nature a horreur du vide et nos sociétés sont tellement vides de sens que l'islam comble chaque trou, chaque interstice laissé béant, avec ses certitudes. Encore une fois, l'homme ne vit pas que de pain…

Épilogue

La Syrie aujourd'hui est un pays exsangue. L'État syrien a reconquis 90 % de son territoire notamment grâce à ses deux alliés, la Russie et l'Iran. Mais le coût humain de cette reconquête est exorbitant. Près de 7 millions de Syriens ont fui le pays et se retrouvent dans des pays limitrophes. Comme me le confiera un fonctionnaire du Quai d'Orsay, « Bachar vit un rêve de dictateur. Il a purgé son pays de toute opposition. Tous ceux qui ne voulaient plus vivre sous son règne sont dehors. Il ne reste que ses supporters actifs ou passifs. S'il est intelligent, c'est maintenant qu'il doit faire les réformes politiques, mais le fera-t-il ? »

Car si Bachar al-Assad a réussi à se maintenir, il reste maintenant entre les mains de deux alliés qui n'ont pas le même agenda. Pour l'Iran, l'ennemi israélien est à portée de main et la pression pourrait entraîner la Syrie dans une guerre encore plus terrible que celle dont elle sort à peine. Pour les Russes, rien de tel. Un pays pacifié leur permettrait de s'enraciner et de maintenir leur présence avec un débouché sur la mer.

Tout le monde n'a pas perdu la guerre en Syrie. Une oligarchie a fait fortune pendant dix ans. Ceux qui se sont battus ont le sentiment d'avoir versé trop de larmes, de sueur et de sang pour voir les restrictions économiques imposées par l'Occident sur la Syrie aggraver leur état de pauvreté pendant que la richesse de guerre s'accumule chez les nouveaux nantis de l'oligarchie syrienne. S'estimant trahis, ils attendent des réformes économiques et sociales réelles pour le pays. En tant que chrétiens surtout, on refuse d'avoir à choisir entre la peste et le choléra. Ceux qui se sont fait une raison et sont restés, pensent qu'ils n'ont fait que renforcer une mafia au pouvoir. Même s'ils se sont battus pour la défense de leurs vies, ils réalisent que leurs efforts ont nourri un renforcement du pouvoir qui n'est plus capable de répondre à leurs besoins.

Engluées dans une crise économique sans précédent, plusieurs régions du pays ont manifesté contre la hausse des prix des produits de première nécessité. Le grenier à blé de la Syrie a brûlé, on manque de pain à Damas. Les régions côtières et la Vallée des Chrétiens ont brûlé également. Les oliviers ont disparu. Il n'y a plus d'essence pour circuler ni d'électricité pour s'éclairer et se chauffer. Dans plusieurs villes du pays, les manifestants protestent contre la pauvreté, sans mettre en cause le pouvoir central de Damas. Parallèlement, les partisans du régime sont descendus dans les rues pour réaffirmer leur soutien au gouvernement. Esseulé, Bachar al-Assad peine à proposer un plan de sortie de crise. Son allié russe s'impatiente et réclame des réformes politiques et économiques pour procéder à un règlement du conflit. La Turquie, quant à elle, conserve ses positions sur tout le nord de la Syrie, la région transfrontalière ainsi que la province d'Idlib.

Comment les journalistes du monde ont-ils pu faire semblant de croire que l'ASL était le camp des gentils et n'ont pas vu que la plupart des groupes rassemblés en son sein étaient des groupes djihadistes ? Un aveuglement ? Simplement en voyant les sponsors de l'ASL, il était facile de s'en rendre compte. Arabie saoudite, Qatar, Turquie, que des grandes « démocraties ». Des dictatures religieuses à l'assaut d'un régime autoritaire séculier. La peste ou le choléra. Les Frères musulmans ont perdu une bataille, mais pas la guerre. Pour eux, rien n'est fini. Ne pouvant pas supporter un autre modèle politique que le modèle islamique, ils ne renonceront jamais aux tentatives de prises du pouvoir. À chaque bataille livrée contre le pouvoir en place, ils avancent leurs pions.

Hafez al-Assad, après les avoir écrasés à Hama en 1982 suite à six années de guerre larvée, accepta de nombreuses concessions qui déboucheront sur un nouveau conflit trente ans plus tard. Il fragilisera la laïcité en permettant aux Frères musulmans d'ouvrir des salles de prières dans les institutions du parti Baas et fera construire plus de mosquées dans tout le pays qu'il n'y en avait jamais eu en mille quatre cents ans de califats successifs. Le fils Assad confronté aux conséquences de la politique de son père règlera l'addition.

La Syrie est empêtrée depuis dix ans dans une lutte où tente de survivre la Nation syrienne face à l'islamisme et ses différents parrains. Le wahhabisme est vaincu, mais les Frères musulmans appuyés et soutenus par Erdogan tiennent encore des territoires dans le nord du pays. La région d'Idlib sera sans doute grignotée avec le temps, mais que faire des trois millions de réfugiés dont les trois quarts sont ces islamistes transportés des quatre coins du pays en bus par les autorités ?

Pour moi, la Syrie nous livrait un témoignage. Elle nous mettait en garde. La diversité qu'elle abritait était certes riche, mais devait être encadrée d'une main de fer. Sans une autorité forte, c'était la conflictualité assurée.

La détention m'avait ouvert les yeux, un peu comme un rideau qui se serait déchiré devant moi et à la fois, elle n'avait fait que renforcer mes convictions profondes. J'ai vécu l'enfermement comme une retraite ignacienne extrême. Au début j'ai eu peur, j'étais révolté. Puis plus tard, j'ai commencé à accepter. Il fallait faire confiance à Dieu. Alors je lui ai remis notre devenir. Surtout, j'ai prié pour les miens qui devaient angoisser terriblement de ne rien savoir à notre sujet. J'ai vécu cela comme un purgatoire, un emprisonnement où l'âme serait torturée. Chaque minute, j'ai revu mes péchés, mes vices, les fautes que j'avais commises, mes manquements, mes mauvaises actions et mauvaises pensées. Tout m'est apparu clairement. Ce fut une torture quotidienne, un feu dévorant qui vous consumait de l'intérieur. Aucune échappatoire possible en pareil lieu. Pas de distraction, pas de fuite en avant, pas de téléphone, d'internet ou de TV. Pas de fenêtre sur l'horizon, pas de nouvelles du monde extérieur, aucune information sur ce que nous allions devenir.

Rien. Juste moi face à moi-même, et finalement moi face à Dieu. Mes laideurs très enfouies, bien cachées au fond de moi, refaisaient surface. Tapies dans l'obscurité, elles étaient démasquées par la lumière divine qui venait me nettoyer l'âme. Puis le silence de Dieu est venu s'ajouter à cette épreuve douloureuse. La foi demandée quotidiennement au Seigneur m'a aidé à tenir. Je voulais sortir, changer ma vie. Je voulais faire mieux.

J'ai compris une chose dans cette obscurité, c'est que le Seigneur te donne ce que tu désires ardemment lorsque tu es finalement prêt à t'en passer. Il en était ainsi de ma liberté. J'essayais de trouver du positif dans tout ça. Je n'étais plus un taulard, mais un moine priant. Je m'étais mis dans le crâne, non sans tristesse et sans angoisse, que nous resterions beaucoup plus longtemps que ce que nous avions imaginé. C'est quelques jours après que nous avions été libérés. L'ironie divine. Un virus exterminateur nous a permis de sortir vivants de l'obscurité dans laquelle nous étions plongés… J'ai pris cela comme une seconde chance, un signe, une espérance que le Seigneur m'avait donnés.

Table

Remerciements

Merci au Seigneur pour ce miraculeux retour à la vie.

Merci à ma femme, à mon fils, à ma mère, à ma sœur et à Hakim pour avoir supporté ces dures épreuves.

Merci à Antoine, à Julien et à Tarek pour avoir été là, avec moi.

Merci à Philippe, sans qui le livre n'aurait jamais vu le jour.

Merci à mes amis pour leur fidélité et leur soutien. Merci à ceux qui se sont manifestés auprès des miens dans ces moments difficiles et à ceux qui ont fait le choix de s'effacer par pudeur.

Merci à Agnès Geminet pour ses illustrations cartographiques à la main.

Merci à Benjamin Blanchard, à François-Xavier Gicquel, à Luc Legarsmeur, à Henri-Adam de Villiers, à Étienne Mignot, à Elisa Bureau et à Charlotte d'Ornellas pour leur soutien et leurs corrections.

Merci à Pierre-Alexandre Bouclay pour son aide.

Merci à la Syrie de se salir les mains pour tout le monde.

Merci aux Syriens pour ce qu'ils sont et pour le combat qu'ils livrent.

Merci à chaque personne citée dans ce livre pour m'avoir livré son témoignage avec confiance.

Merci à tous ceux qui m'ont encouragé à écrire ce livre, notamment à Jocelyne.

Merci à tous ceux que j'ai oublié de mentionner ici.

Je tiens à remercier la totalité de l'équipe de SOS Chrétiens d'Orient, qui s'est démenée pour nous faire revenir. Je remercie aussi les anciens collaborateurs, les anciens volontaires, les sympathisants de l'association, qui ont prié pour nous, durant notre captivité. Je remercie les autorités et tous ceux qui, dans l'ombre ou la lumière, ont agi pour nous faire libérer.

Je ne remercie pas mes ravisseurs, mais j'espère qu'ils sauveront leur âme, un jour ou l'autre.

IMPRIM'VERT®

Achevé d'imprimer par CPI,
en février 2021
N° d'imprimeur : 162638

Dépôt légal : mars 2021

Imprimé en France